ZHONGGUOSHANGYEDICHANLANPISHU

中国商业地产蓝皮书

2010

■ 中国房地产业协会商业和旅游地产专业委员会 编 ■

◎ 中国商业地产市场研究总报告

◎ 中国重点城市商业地产市场报告

中国建筑工业出版社

图书在版编目（CIP）数据

中国商业地产蓝皮书 2010/中国房地产业协会商业和旅游地产专业委员会编．—北京：中国建筑工业出版社，2011.9

ISBN 978-7-112-13511-0

Ⅰ．①中…　Ⅱ．①中…　Ⅲ．①城市商业-房地产-研究报告-中国-2010　Ⅳ．①F299.233.5

中国版本图书馆 CIP 数据核字（2011）第 174237 号

中国商业地产蓝皮书（2010）

中国房地产业协会商业和旅游地产专业委员会　编

*

中国建筑工业出版社出版、发行（北京西郊百万庄）

各地新华书店、建筑书店经销

霸州市顺浩图文科技发展有限公司制版

北京同文印刷有限责任公司印刷

*

开本：787×960 毫米　1/16　印张：14¾　字数：280 千字

2011 年 9 月第一版　　2011 年 9 月第一次印刷

定价：**38.00** 元

ISBN 978-7-112-13511-0

（21291）

本书通过对2009年及2010年商业地产相关数据分析整理的基础上，全面客观反映2009～2010年中国商业地产的市场运行情况。本书包括两部分：第1篇，中国商业地产市场总报告；第2篇，中国重点城市商业地产市场报告。第1篇对我国当前商业地产发展政策及经济环境、我国商业地产发展现状、商业地产市场状况、商业地产企业存在问题及原因、商业地产融资环境等多个角度进行了详细细致分析。第2篇对北京、广州、沈阳、成都、太原、深圳、天津、杭州、银川9个城市商业地产相关数据指标进行了详细分析。

本书旨在提供相对完善、翔实的数据资料及科学研究成果，为政府决策、企业投资提供依据及数据支持，促进商业地产的持续健康稳定发展。

* * *

责任编辑：封　毅
责任设计：李志立
责任校对：王誉欣　王雪竹

《中国商业地产蓝皮书 2010》编委会成员

主持单位：
中国房地产业协会商业和旅游地产专业委员会

合作单位：
住房和城乡建设部政策研究中心
第一太平戴维斯
高力国际
楼市传媒

编委会顾问：朱中一　苗乐如

编委会主任：李　明　房　超

编委会委员：（排名不分先后）
杨　铿　边华才　肖晓俭　文林峰　隋　峰　董少宇　郭献群
何关培　蔡　云　高晓晖　李荣丽　谢靖宇　徐伟成　蔡鸿岩

《中国商业地产蓝皮书 2010》
负 责 人：肖晓俭　蔡　云　文林峰

第 1 篇　中国商业地产市场研究总报告
负 责 人：蔡　云　文林峰

研究人员：李　雪　陈建兴　张江涛　李培升　张　磊
金　程　秦　璇　宋微婷　马　威　吴　丹

第 2 篇　中国重点城市商业地产市场报告

负 责 人：徐伟成　高晓晖　谢靖宇　李荣丽

研究人员：林木雄　朱天博　陈松龄　王　鹏　倪　洁
刘晓丹　张　颖　田　甜　袁鑫鑫　董　月
隋　峰　白建新　赵基宁　朱康泉　蒋鸣风
张若毅　周　怡

序

自2008年以来，在世界金融危机和国内经济的压力下，在行业自身调整的推动下，房地产市场出现了新的局面，特别是随着国家出台了一系列调控政策，对于商业地产发展来说，既是机遇，也是挑战。也正为此，许多房地产开发企业，包括万科、合生创展等原专注住宅地产开发的龙头企业纷纷调整战略，进军商业地产。

一方面，近年来我国经济快速稳定发展，GDP年增长率均在9%之上，城市化进程加快，人均收入逐年提高，为商业地产发展创造了良好的经济及社会基础。国家统计局公布的数据显示，2010年全年商业营业用房投资达5598.8亿元，增长率为33.9%，2010年全国办公楼投资达1806.6亿元，增长率为31.2%，年增长率均为近七年最高。另一方面，房地产开发企业积累的资金及融资能力、项目开发的经验、成熟的专业团队等因素，也成为房地产开发企业进军商业地产的优势条件。

商业地产虽然近些年取得较大的发展，但仍存在不少问题。一是相比于住宅来说商业地产发展滞后，一些城市甚至出现“商住倒挂”的现象。二是商业地产融资渠道单一，资金的来源方式主要依靠银行贷款。三是商业地产发展不均衡，东部地区商业地产发展较好，内陆地区发展相对较差一些，全国商业地产呈现从东到西、从沿海到内陆的阶梯状发展格局。四是商业地产开发人才缺乏，我国商业地产的开发商大部分是从住宅开发商转变而来，缺乏专业的商业地产知识，既懂商业又懂房地产的人才尤其少。五是商业地产开发企业招商运营难及商业零售商难于找到合适的商铺店面的问题同时存在，如何整合资源实现商业地产与商业零售业共同发展是商业地产开发企业及商业零售商需要共同探讨的问题。

中国正处于城市化加速阶段，未来一段时间大量人口由农村涌入城市，商业的需求也会随之增加，商业需求必将推动商业地产发展，商业地产将迎来一个新的发展阶段，可以预测，未来商业地产将呈现新的特征。一是商业地产需求增加，商业地产价格及租金将上升，“商住倒挂”的局面将会有所调整。二是随着城市化进程加快，商业地产开发热点逐渐向二三线城市及郊区转移。三是商业地产经营模式将得到改善和发展，商业地产项目运营进一步与国际接轨。

当前商业地产发展机遇和挑战并存，商业地产要取得更大发展需要政府、企业及行业组织共同努力。首先，政府需要落实政策，在宏观调控下，把握好商业地产发展方向和节奏，为商业地产发展提供一个良好的政策和市场环境。其次商业地产企业要夯实内功，加强学习国内外优秀企业经验，熟悉商业地产的发展规律、运营特点和行业要求，外树形象内强素质，顺应时势抓住机遇，稳步拓展。最后，行业相关组织要加强理论研究，适时发布行业发展态势，扩大社会服务功能，既为政府制定政策提供信息咨询，也为企业发展提供行业指导。

中国房地产业协会商业和旅游地产专业委员会，自 2008 年成立至今坚持为政府、企业服务的宗旨，联合中国商业联合会购物中心专业委员会、中国商业联合会步行街工作委员会致力于为房地产企业搭建合作交流平台，实现零距离对接，实现共同发展。真诚希望通过我们的服务，共同创造商业地产的美好明天。

苗乐如

2011年7月

前　言

经过编委会近九个月资料收集、调查及研究，《中国商业地产蓝皮书2010》圆满完成了。本书旨在提供相对完善、翔实的数据资料及科学研究成果，为政府决策、企业投资提供依据及数据支持，促进商业地产的持续健康稳定发展。

《中国商业地产蓝皮书2010》力求通过对2009年及2010年商业地产相关数据分析整理的基础上，全面客观反映2009～2010年中国商业地产的市场运行情况。在深入分析2009～2010年全国商业地产市场发展总体态势及重点城市商业地产各项指标的基础上，根据当前宏观经济形势及商业地产政策环境，提出了商业地产健康持续发展的相关对策。

《中国商业地产蓝皮书2010》包括两部分：中国商业地产市场总报告和中国重点城市商业地产市场报告。中国商业地产市场总报告对我国当前商业地产发展政策及经济环境、我国商业地产发展现状、商业地产市场状况、商业地产企业存在问题及原因、商业地产融资环境等多个角度进行了详细细致分析。在此基础上，对未来商业地产发展趋势做出了预测，对商业地产发展提供了一些专业性意见，最后，利用相关计量模型对我国大中城市商业地产投资潜力做出了专业性评价。中国重点城市商业地产市场报告对北京、广州、沈阳、成都、太原、深圳、天津、杭州、银川9个城市商业地产相关数据指标进行了详细分析，9个城市既有东部沿海城市，也有中西部二线城市。

《中国商业地产蓝皮书2010》是在中国房地产业协会商业和旅游地产专业委员会的组织下，在住房与城乡建设部政策研究中心、第一太平戴维斯、高力国际、楼市传媒等单位的合作下完成的。课题组成员既有房地产、商业等各个领域的资深专家，也有从事商业地产开发经营的一线企业管理者，还有商业地产行业的相关政府官员。在商业地产数据收集、调查及整理过程中，住房与城乡建设部政策研究中心及中国社科院研究生院的一些博士、硕士付出了艰辛的努力。为此，对参与本书编写的专家学者、企业家、政府官员及博士、硕士表示感谢。

限于研究组成员的水平有限，虽然我们经过认真研究及仔细校对，但仍然难免存在一些错误，恭请读者批评指正。

目 录

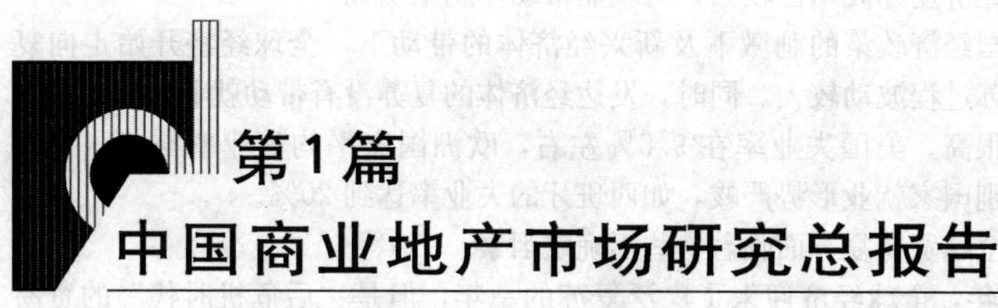

第1篇 中国商业地产市场研究总报告

1.1 产业发展环境与背景

商业地产的发展不仅与房地产业自身发展环境密切相关，还深受社会经济环境和政策环境影响。2010 年，一些受金融危机影响的国家已经逐渐走出低谷，但也有一些国家市场复苏缓慢，有些国家还出现恶化迹象。国内社会经济在全球经济中依然发展强劲。房地产市场从 2009 年年初开始复苏以来一直高位运行，2010 年更是在宏观调控政策的影响下，出现多次反复与房价上涨趋势。

1.1.1 国际经济及房地产形势

2010 年全球经济复苏呈现明显的差异性，新兴经济体国家经济增长速度明显快于发达经济体，大致是发达经济体的两倍。

1. 2010 年国际经济总体形势

(1) 全球经济形势“冰火两重天”

当前，世界经济发展可谓“冰火两重天”：发达国家经济复苏前景莫测，新兴市场国家经济发展面临过热。主要发达经济体美国、日本和欧元区的复苏前高后低，就业疲软，处于低增长和低通胀的“双低”阶段；而中国、印度和巴西等新兴经济体 GDP 增速始终强劲，但通胀压力也迅猛袭来，进入高增长和高通胀的“双高”周期。“双低”“双高”的经济形势，导致各国财政政策及货币政策迥然不同，美日等发达经济体试图采取更宽松的财政政策及货币政策，欧洲实施“紧财政，宽货币”的政策组合，而新兴市场国家逐渐退出财政刺激政策，同时已启动加息进程，财政政策及货币政策趋向从紧。

(2) 经济复苏波动性较大，对就业带动作用不明显

在各国经济政策的刺激下及新兴经济体的带动下，全球经济开始走向复苏，但复苏过程波动较大。同时，发达经济体的复苏没有带动就业的复苏，失业率仍然很高。美国失业率在9.5%左右，欧洲国家平均失业率与美国差不多，但个别国家就业形势严峻，如西班牙的失业率达到20%。

(3) 全球贸易复苏面临着一些不确定因素

2010年，全球经济迎来了广泛复苏的一年，但是“后危机时代”的贸易却渐显紧张格局。各国刺激措施效果逐渐减退，私人消费和投资未能顺利推动经济增长，各国保护国内市场和争夺国际市场的竞争日趋激烈。美国将自身的问题归结为世界范围内的贸易失衡，并企图通过贬值美元、刺激出口、向外输出通胀等方式撇除债务；欧洲国家则将主权债务危机的原因归结为新兴国家低价产品的入侵，于是对包括中国在内的商品生产大国频频发难。各个国家的贸易保护措施不断出台，使得全球贸易在复苏的同时也面临着一些不确定因素。

(4) 发达经济体债台高筑已成为全球长期稳定增长的一个隐忧

2008年10月冰岛主权债务问题浮出水面，2009年12月全球三大评级公司标普、穆迪和惠誉分别下调希腊的主权债务评级，此后欧洲多个国家也开始陷入危机。除希腊以外，爱尔兰、意大利、西班牙、葡萄牙的赤字和债务问题都很突出。严格地说，欧元区16个成员中，无一个国家的政府赤字目前在GDP的3%以内；它们的平均赤字在GDP的7%以上。2009年，美国的赤字占GDP的比重已经上升超过10%，日本是200%。按照这一趋势，至2015年，美国的赤字累积量占GDP比重要达到110%，意大利要达到125%，日本要达到249%。

发达经济体国家债务不断增加，恶化了本国公共财政状况，削弱了本国主权信用，制约了本国经济复苏。同时，发达经济体的债务危机影响会扩展至其他国家，造成市场出现恐慌情绪，投资环境不稳定影响了国际贸易和投资，成为全球增长的长期隐患。

2. 全球房地产市场状况分析

(1) 发达国家房地产市场处于低迷期

发达国家过去十年的房地产周期与历史上的经济周期明显不同，因为房地产周期变动被银行的信贷强化了。宽松的货币条件和不受约束的金融创新使家庭融资变得更加容易，进而放大了家庭的投资杠杆。去杠杆化使本轮房地产衰退对宏观经济的影响“史无前例”，家庭去杠杆化的过程比公司或金融机构的去杠杆化过程缓慢得多，因为家庭资产负债表中的房地产价值占绝对比重，而

出售房屋比出售股票和债券更加困难。因此，房地产市场复苏比由公司资产负债表相关问题触发的衰退复苏更加艰难。

(2) 欧洲国家房地产市场复苏更为缓慢

房地产市场需求和信贷投放的相互作用促成了像西班牙和爱尔兰这样的国家房地产业的过度繁荣，导致房地产在所有产业中占比“畸高”，扭曲了社会资源的配置。2006 年底，西班牙和爱尔兰的房地产业占经济增加值的比重分别为 12%和 10%，而欧元区的平均比重为 7%。过度“繁荣”的房地产业的衰退直接导致产出的大幅下降和失业率剧增，目前西班牙的失业率超过 20%。

将本轮房地产周期与经济周期相比发现，发达国家的房地产价格走势和私人消费支出走势与历史走势基本一致，房价趋稳，私人消费逐步恢复，但房地产投资仍远低于历史水平，恢复非常缓慢。历史上，发达国家的房地产投资与房价走势正相关，相关系数约为 0.3。IMF 预计未来 5 年发达国家房地产价格将回归到基础价值，每年跌幅在 0.5%～1.5%，在此期间，房地产投资将持续低迷。

(3) 亚洲将出现另一轮泡沫

部分亚洲国家和地区，像中国、新加坡和香港地区，尽管其经济基本面对高房价形成了支撑，但由于投资投机性购房比例较高，房地产市场风险日益增大。空置率上升、房贷规模扩张和巨额外资流入（尤其是流入中国）意味着房地产市场依然是过热行业。

(4) 2011 年全球商业房地产市场发展趋势

第一，全球商业房地产直接投资额将比 2010 年的水平增长 25%～35%。大量的权益资本将投向房地产市场，新的融资活动将使房地产市场进一步趋于活跃。第二，各大银行和房地产服务提供商将采取更为积极的姿态处置不良资产，从而释放出更多的次级房地产产品。第三，美国的商业抵押担保证券(CMBS) 市场将继续保持快速发展势头，但仍将显著低于金融危机前的水平。第四，租赁总量将达到全球金融危机以来的最高水平，企业租户的租赁信心将得到增强，但仍将尽量寻求最佳的租赁条件。第五，亚太地区将超过欧洲和北美地区，引领全球租赁市场的上升势头。第六，优质地产的表现将继续好于次级地产产品。第七，一线城市中优质产品的匮乏将迫使投资者转向二线城市。第八，拉美地区将继续保持强劲增长势头，从而赢得企业租户和投资者的大力青睐。第九，众多市场中甲级办公楼存量的匮乏将开始限制企业租户的迁租选择。第十，国内企业将在亚太地区崭露头角，这在印度和中国尤其明显。

3. 全球经济形势及房地产市场对商业房地产影响评价分析

中国当前已经与世界经济融为一体，虽然现在中国在其他发达国家经济

低迷的情况下仍然保持经济强势增长的势头，但如果美日欧国家出现经济二次探底的情形必然导致中国经济增长后劲不足。从以上分析可以看出世界经济正逐渐走向复苏，中国经济将继续保持增长趋势，中国商业房地产市场前景较好。

世界房地产市场较为低迷，“双低”“双高”经济形势和货币政策的差异，衍生出经济增速差和利差，进而影响全球资本流动。高增长和利差扩大趋势下，中国面临的问题则是短期涌入流动性过多。涌入大量热钱必然投资于商业房地产，在为商业房地产融资提供方便的同时易引发商业房地产市场过热，这是需要引起高度关注的一种态势。

1.1.2 国内经济及房地产形势

2010 年，在全球经济缓慢复苏的大背景下，我国经济从应对国际金融危机的特殊状态，成功地转入了常规增长轨道，全年 GDP 增长率接近 10%。房地产市场在中央出台的众多政策调控下有所回落，从过热转向冷静。

1. 经济运行开始回归正常增长轨道

2010 年前三季度我国 GDP 同比增长 10.6%，增速比上年同期加快 2.5 个百分点。其中一季度 GDP 同比增长 11.9%，二季度增长 10.3%，三季度增长 9.6%，增速逐季趋缓。这一方面与 2010 年以来实行或强化的房地产调控政策、节能减排政策、淘汰落后产能政策等有关；另一方面也与上年经济增速的“前低后高”有关，该基数显然也影响到今年经济“前高后低”的走势。总体而言，经过短期调整后，我国经济增长已经趋于稳定，这将有利于经济结构调整和发展方式转变。

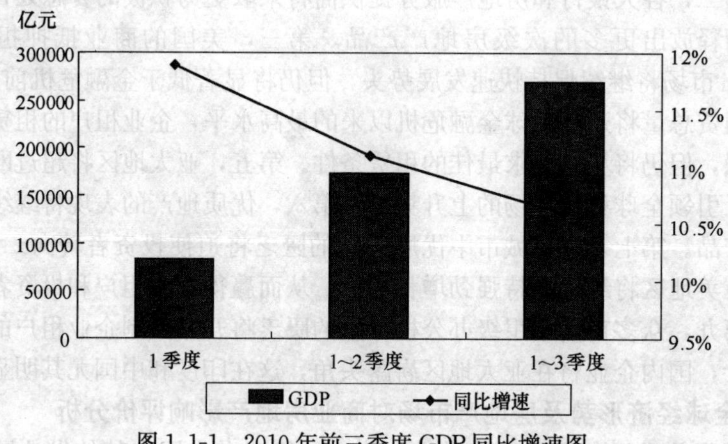

图 1.1-1　2010 年前三季度 GDP 同比增速图

2. 固定资产投资放缓，投资结构发生变化

2009年，我国经济能迅速扭转增速下滑势头，主要得益于一揽子经济刺激计划。其中，政府主导的投资快速扩张发挥了关键作用。但随着政府主导的投资增长逐步下降，市场驱动的投资成为增长的主要动力。2009年全年城镇固定资产投资同比增加30.5%，截止2010年11月各月城镇固定资产投资同比增速均低于27%，相比于2009年投资放缓。2010年城镇固定资产投资中国有及国有控股投资比重均比2009年减少，国有及国有控股投资同比增速逐月减小。

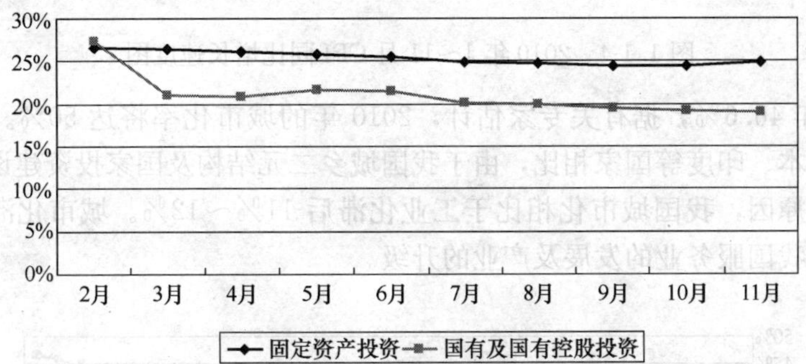

图1.1-2 固定资产投资与国有及国有控股投资同比增速对比图

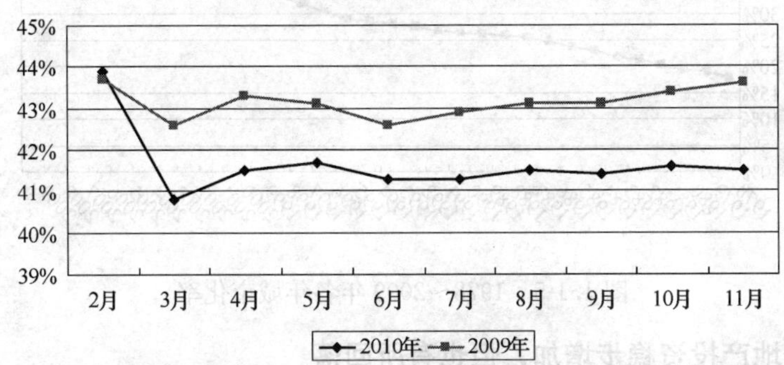

图1.1-3 2009年与2010年1～11月国有及国有控股投资比重对比图

3. CPI环比上扬，通胀压力明显加大

受倒春寒、洪涝灾害等特殊天气和国际市场农产品价格上涨等因素影响，2010年居民消费价格呈逐月上升趋势。1月份CPI同比增长1.5%，11月份CPI同比增长已达5.1%，再次刷新年内纪录并创下28个月以来的新高。在经济增长趋稳的同时，物价的上涨开始引发对通胀的担忧。

4. 城市化率稳步提高，但仍然滞后于工业化

改革开放三十年来，我国城市化速度稳步提高，由1978年17.92%提高

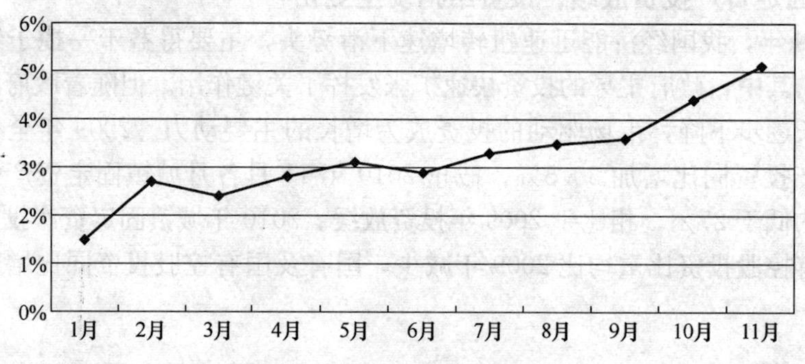

图 1.1-4　2010 年 1～11 月 CPI 同比增长速度图

至 2009 年 46.6%，据有关专家估计，2010 年的城市化率将达 50%。然而与美国、日本、印度等国家相比，由于我国城乡二元结构及国家投资建设比重较大等多种原因，我国城市化相比于工业化滞后 11%～12%。城市化滞后，严重影响到我国服务业的发展及产业的升级。

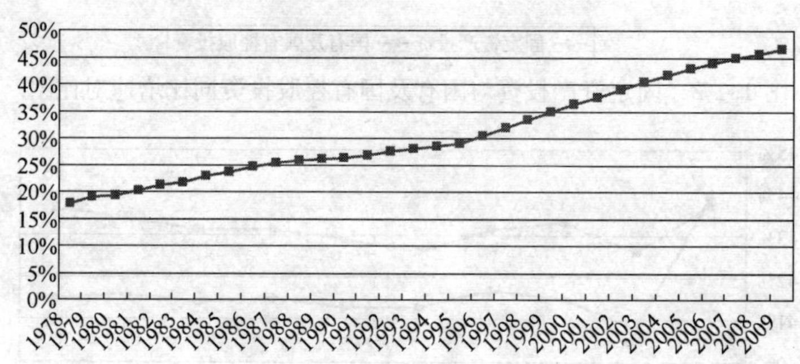

图 1.1-5　1978～2009 年各年城市化率

5. 房地产投资稳步增加，但也有所回落

2010 年，在房地产宏观调控政策的作用下，房地产投资增速仍然强劲，但从 5 月份开始，增速有所回落。2010 年 2 月，房地产投资及住宅投资同比增速分别为 31.1%及 32.8%。2～5 月，房地产投资及住宅投资同比增速逐月增加，5 月房地产投资及住宅投资同比增速分别为 38.2%及 35.7%。5～11 月，房地产投资及住宅投资同比增速逐月降低，11 月房地产投资及住宅投资同比增速分别为 36.5%及 34.2%。

6. 销售面积及销售额逐月提高，但增速呈降低趋势

2010 年，房地产市场依然火爆，在强有力的宏观调控下有所降温，但年

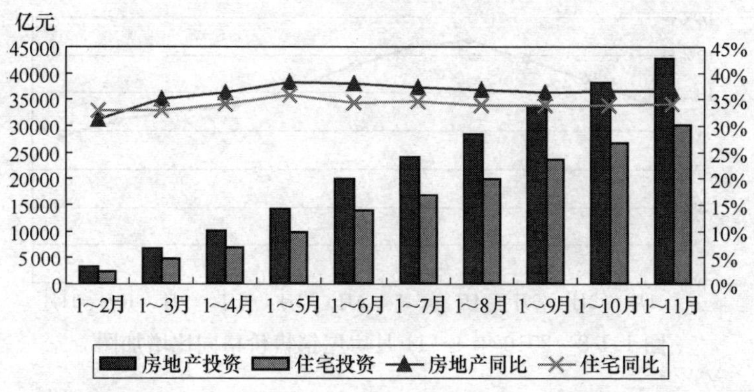

图1.1-6　2010年1～11月房地产及住宅投资增速图

底又有回升趋势。2010年1～2月，商品房销售面积及销售额为7155.18万平方米、4115.74亿元，同比增加38.2%、70.2%。3～8月，同比增速一直回落，8月份销售面积及销售额同比增加6.7%、12.6%。9～11月，同比增速有回升趋势，至11月份，销售面积及销售额同比增加9.8%、17.5%。

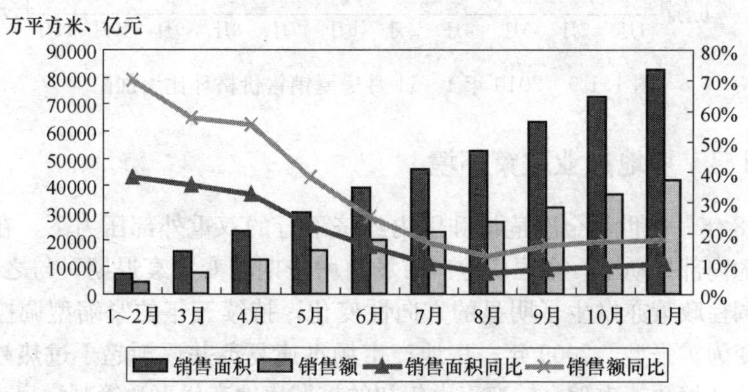

图1.1.7　2010年1～11月房地产销售面积及销售额增速图

7. 房屋销售价格同比增速及环比增速波动较大

2010年房价仍在高位运行，2010年11月，房屋销售价格同比增加7.7%，环比上升0.3%。1～4月，房屋销售价格同比增速逐月增加，4月同比12.8%，4～11月，同比增速逐月减少。房屋销售价格环比增速波动较大，4月环比增速最大，为1.4%，受“4.27新国五条”的影响，5～8月环比增速急剧下降，6月环比增速为－0.1%，7月、8月环比增速均为0%，大有楼市降温之势，然而9月、10月、11月环比增速又有所回升。

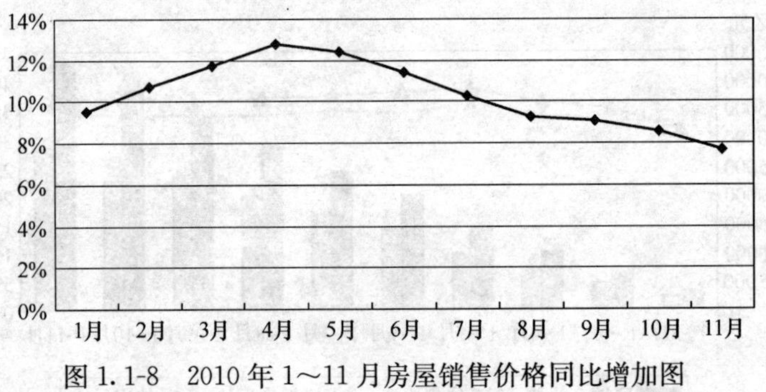

图 1.1-8　2010 年 1～11 月房屋销售价格同比增加图

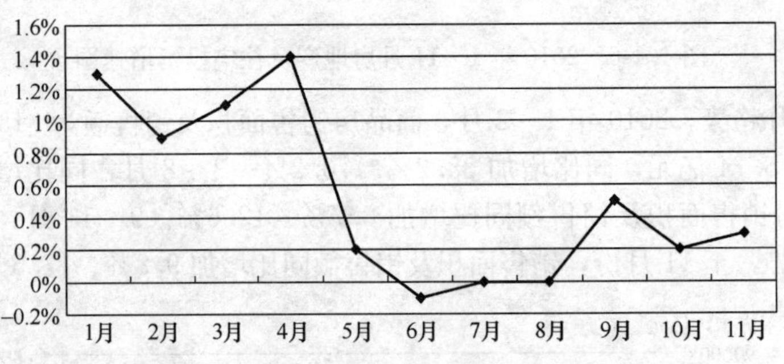

图 1.1-9　2010 年 1～11 月房屋销售价格环比增加图

1.1.3　房地产业政策环境

2008 年，在世界金融危机和国内经济下行的双重外部压力下，在行业自身调整的内部推动下，全国房地产市场由增长期转变为衰退期，与之相适应，房地产调控政策亦发生了明显的方向性变化，持续五年的紧缩型调控慢慢放松，转变为扩张型。2009 年，房地产市场迅速复苏并逐渐趋于过热趋势，房地产宏观调控政策也随之转变，由年初的贯彻房地产优惠政策刺激房市，到年中的加大土地供给、整顿市场秩序，再到年末的防范泡沫扩大，遏制房价过快上涨。2010 年国家继续加大了对房地产市场调控力度。

1. 2010 年房地产政策简要回顾

2010 年是房地产业的调控之年。宏观调控一轮接着一轮，调控措施出台的力度、涉及范围之广都是史上最严厉的。

2010 年 1 月 1 日，财政部出台“5 年内住房转让全额征收营业税”的规定，国际金融危机时期的二手房转让营业税优惠政策就此终止。紧接着，1 月 10 日，国务院办公厅又出台了“国十一条”，即《关于促进房地产市场平稳健

康发展的通知》，规定购买二套房的家庭，贷款首付比例不得低于40%；房地产企业必须“公开房源、明码标价”。1月21日，国土资源部发布《国土资源部关于改进报国务院批准城市建设用地申报与实施工作的通知》。提出申报住宅用地的经济适用住房、廉租住房和中低价位、中小套型普通商品住房用地占住宅用地的比例不得低于70%。

2010年3月8日，国土资源部再次出台了19条土地调控新政，即《关于加强房地产用地供应和监管有关问题的通知》。该通知明确规定了开发商竞买保证金最少两成、1月内付清地价50%、囤地开发商将被“冻结”等19条内容。3月9日，财政部、国家税务总局联合下发了《关于首次购买普通住房有关契税政策的通知》。通知明确，对两个或两个以上个人共同购买90平方米及以下普通住房，其中一人或多人已有购房记录的，该套房产的共同购买人均不适用首次购买普通住房的契税优惠政策。3月18日，国资委一纸“清退令”，要求78家非主营房地产的央企退市。

2010年4月13日，住房和城乡建设部召开会议要加快保障性住房建设，提出公共租赁住房建设是下一阶段工作的重点。4月14日，国务院常务会议要求，对贷款购买第二套住房的家庭，贷款首付款不得低于50%，贷款利率不得低于基准利率的1.1倍。对购买首套住房且套型建筑面积在90平方米以上的家庭，贷款首付款比例不得低于30%。4月17日，国务院又发出《关于坚决遏制部分城市房价过快上涨的通知》，提出了调控楼市的10项具体措施，被称为“新国十条”。随着北京、上海等各地出台“限购令”。4月27日，住房和城乡建设部公布了《关于加强经济适用住房管理有关问题的通知》。《通知》规定，经济适用住房购房人在取得完全产权以前，只能用于自住，不得出售、出租、闲置、出借，也不得擅自改变住房用途。

2010年5月5日，住房和城乡建设部、民政部、财政部联合印发了《关于加强廉租住房管理有关问题的通知》。《通知》针对部分地方廉租住房管理中出现的房源闲置、出借，日常管理和维修养护资金不落实，准入退出管理机制不完善、日常监管和服务不到位等问题，做出了有关规定。5月26日，国家税务总局发布《关于土地增值税清算有关问题的通知》，明确了土地增值税清算过程中若干计税问题。如房企逾期开发缴纳的土地闲置费不得在土地增值税中扣除、土地增值税清算时收入确认的问题等。

6月3日，国家税务总局下发《关于加强土地增值税征管工作的通知》。《通知》抬高了土地增值税预征率的下限。6月4日，住房和城乡建设部、央行和银监会联合发出通知，就商业性个人住房贷款中第二套住房的认定标准进行了明确的规范。6月12日，住房和城乡建设部、发改委、财政部等七部门联合发布《关于加快发展公共租赁住房的指导意见》。《意见》对发展公共租赁住房提出了保障土地供应等相关政策支持。

9 月 27 日，国土部、住房和城乡建设部联合发布了《关于进一步加强房地产用地和建设管理调控的通知》。《通知》明确，企业违约开发土地、因自身原因土地闲置一年的，都将禁止竞买资格。9 月 29 日，财政部、国家税务总局、住房和城乡建设部联合发布《关于调整房地产交易环节契税个人所得税优惠政策的通知》。同日，央行、银监会联合发布《关于完善差别化住房信贷政策有关问题的通知》。

10 月 20 日，住房和城乡建设部根据《中国人民银行关于上调金融机构人民币存贷款基准利率的通知》，迅速下发了《关于调整住房公积金存贷款利率的通知》，从 2010 年 10 月 20 日起，上年结转的个人住房公积金存款利率上调 0.2 个百分点，由现行的 1.71％调整为 1.91％。当年归集的个人住房公积金存款利率保持不变。与此同时，个人住房公积金贷款利率同时上调。其中，五年期以下（含五年）从 3.33％调整为 3.50％，五年期以上从 3.87％调整为 4.05％。10 月底，多家银行总行已向分支行下发通知，从 11 月 1 日起，全面取消房贷七折利率，首套房首付最低 30％，利率优惠下限调整为同档期基准利率的 85％；二套住房最低首付 50％，利率执行同档期基准利率的 1.1 倍。

11 月 3 日，住房和城乡建设部、财政部、人民银行、银监会发布《关于规范住房公积金个人住房贷款政策有关问题的通知》。《通知》规定使用住房公积金个人住房贷款购买首套普通自住房，套型建筑面积在 90 平方米及以下的，贷款首付款比例不得低于 20％；套型建筑面积在 90 平方米以上的，贷款首付款比例不得低于 30％。同时，第二套住房公积金个人住房贷款的发放对象，仅限于现有人均住房建筑面积低于当地平均水平的缴存职工家庭，且贷款用途仅限于购买改善居住条件的普通自住房。第二套住房公积金个人住房贷款首付款比例不得低于 50％，贷款利率不得低于同期首套住房公积金个人住房贷款利率的 1.1 倍。停止向购买第三套及以上住房的缴存职工家庭发放住房公积金个人住房贷款。

12 月 26 日，在人民银行宣布加息的第二天，住房和城乡建设部宣布上调住房公积金存贷款利率。从 2010 年 12 月 26 日起，五年期以下（含五年）及五年期以上个人住房公积金贷款利率均上调 0.25 个百分点。五年期以下（含五年）从 3.50％调整为 3.75％，五年期以上从 4.05％调整为 4.30％。同时，开展住房公积金支持保障性住房建设项目贷款试点的城市，贷款利率按照五年期以上个人住房公积金贷款利率上浮 10％执行，并随个人住房公积金贷款利

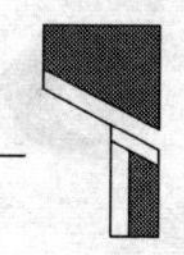

率变动做相应调整。

一系列房地产调控政策的出台对房地产市场过热起到一定的抑制作用。尤其是 4 月 17 日出台的“新国十条”及 9 月 29 日出台的“新国五条”，效果明显，现对两次调控政策内容及效果做简要评价。

2. 4 月 17 日出台的“新国十条”解读

4 月 17 日，国务院又发出《关于坚决遏制部分城市房价过快上涨的通知》，提出了调控楼市的 10 项具体措施，被业内人士称为“新国十条”。其将遏制房价与维护社会稳定等量齐观，要点包括要求房价过高、上涨过快、供应紧张的地区暂停发放购买第三套及以上住房贷款；对不能提供 1 年以上当地纳税证明或社会保险缴纳证明的非本地居民暂停发放购买住房贷款等。

“新国十条”有以下五大亮点：

(1) 建立考核问责机制

“稳定房价和住房保障工作实行省级人民政府负总责、城市人民政府抓落实的工作责任制。住房和城乡建设部、监察部等部门要对省级人民政府的相关工作进行考核，加强监督检查，建立约谈、巡查和问责制度。对稳定房价、推进保障性住房建设工作不力，影响社会发展和稳定的，要追究责任。”这意味着，维护房价稳定已经被纳入领导干部的考核体系，堵死了地方官员在遏制高房价上侥幸和绥靖的退路。

(2) 发挥税收的调节作用

“要发挥税收政策对住房消费和房地产收益的调节作用。财政部、税务总局要加快研究制定引导个人合理住房消费和调节个人房产收益的税收政策。税务部门要严格按照税法和有关政策规定，认真做好土地增值税的征收管理工作，对定价过高、涨幅过快的房地产开发项目进行重点清算和稽查。”由于我国房地产市场起步较晚，理论与实践经验不足，在房地产市场发展的过程中产生了一些问题，这就需要我们运用各种政策手段加以规范、引导。税收作为政府的一项重要的政策工具与房地产行业的发展具有较强的相关性，因此运用税收政策来促进我国房地产市场的发展成为理论界的共识。

(3) 国家对民生保障房产项目的开发会给予更多的优惠政策

“增加居住用地有效供应。国土资源部要指导督促各地及时制定并公布以住房为主的房地产供地计划，并切实予以落实。房价上涨过快的城市，要增加居住用地的供应总量。”在增加住房有效供给方面，国务院提出了增加居住用地有效供应，包括对房价上涨过快的城市，增加居住用地的供应总量，依法加快处置闲置房地产用地，尽快形成有效供应，给市场以信心。从这一条要求可以看出，国家对民生保障房产项目的开发，会给予更多的优惠政策。

(4) 将改变当前土地市场价高者得现状

“保障性住房、棚户区改造和中小套型普通商品住房用地不低于住房建设用地供应总量的70%，并优先保证供应。城乡规划、房地产主管部门要积极配合国土资源部门，将住房销售价位、套数、套型面积、保障性住房配建比例以及开竣工时间、违约处罚条款等纳入土地出让合同，确保中小套型住房供应结构比例严格按照有关规定落实到位。房价过高、上涨过快的地区，要大幅度增加公共租赁住房、经济适用住房和限价商品住房供应。再次强调土地供应的“70%”，将确保市场上普通住房的有效供应，缓解房价上涨压力。探索新的土地出让方式，则将改变当前土地市场价高者得、助推房价上涨的现状。这一系列措施实施，将让火热的楼市“退烧”。

(5) 个人跨区域的购房信息将得到有效监管与披露

“完善房地产市场信息披露制度。各地要及时向社会公布住房建设计划和住房用地年度供应计划。住房和城乡建设部要加快个人住房信息系统的建设。统计部门要研究发布能够反映不同区位、不同类型住房价格变动的信息。”值得注意的是，“国十条”要求住房和城乡建设部加快个人住房信息系统的建设。这意味着，个人跨区域购房行为将得到有效监控。可视为对异地炒房不予贷款的补充，个人跨区域的购房信息将得到有效监管与披露。

“新国五条”出台后，许多地方都出台了实施细则，其中以“限购令”最为奏效，也是2010年楼市调控的一大亮点。先是北京在4月30日出台的“国十条实施细则”中明确提出：5月1日起北京家庭只能新购一套商品房。

北京的开山之举旨在对投资投机性购房需求实施更为严厉的打压，随后，上海、深圳、厦门纷纷效仿，直到9月29日，国家有关部委出台“新国五条”，“限购令”蔓延全国，例如深圳9月30日晚紧急出台“限购令”，规定从10月1日起，在深圳暂时实行限定居民家庭购房套数政策。至2010年年底，全国已有16个城市颁布“限购令”。

3. 9月29日出台的“新国五条”解读

9月29日，财政部、国家税务总局、住房和城乡建设部联合发布《关于调整房地产交易环节契税个人所得税优惠政策的通知》，央行、银监会也在这天联合发布《关于完善差别化住房信贷政策有关问题的通知》。业内人士将这两个通知称为“新国五条”。

“新国五条”主要内容为：

(1) 各地要加大贯彻落实房地产市场宏观调控政策措施的力度。房价过高、上涨过快、供应紧张的城市在一定时间内限制购房套数，政策落实不到位、工作不得力的地方将被约谈直至追究责任。

（2）完善差别化的住房信贷政策。全国暂停三套房贷，全国暂停无1年以上纳税或社保证明的异地购房，首套房首付2成提高到3成，禁止消费型贷款用于购房。

（3）调整住房交易环节的契税和个人所得税优惠政策。定价明显超过周边房价楼盘进行土地增值税清算和稽查，加快推进房产税改革试点工作，并逐步扩大到全国。

（4）切实增加住房有效供给。

（5）加大住房交易市场检查力度，依法查处经纪机构炒买炒卖、哄抬房价、怂恿客户签订“阴阳合同”等行为。囤地捂房者暂停再融资、公司债和新买地资格。

“新国五条”亮点主要体现在税收政策更为严厉。

自从4月17日国务院发布“新国十条”政策以来，楼市调控一直是信贷政策唱主角，在9月29日发布的“新国五条”中，更将暂停三套房贷政策推向全国执行，同时提出了将首套自住型购房的贷款首付提高到30%及以上。而“新国五条”亮点在于更侧重于税收杠杆。“9·29”新政当中提出了尽快推出房产税试点，并将房产税征收范围扩大到全国的要求，第一次明确了征收房产税的决心。同时，“9·29”新政当中还提出，要对房价明显高于周边地区的楼盘进行土地增值税清算。一系列税收政策的出台，不仅加强了房地产税收管理，同时给予市场明显的抑制投资需求的预期。

9月29日发布的“新国五条”指出：“对于个人购买普通住房，且属于家庭唯一住房的，减半征收契税；对于个人购买90平方米及以下住房，且属于家庭唯一住房的给予按1%征收契税。”契税是二手房交易和新房买卖当中，个人负担的最重要税种，约占总房价的3%。“新国五条”将房地产交易环节的契税优惠范围缩小到个人首次置业，且是购买家庭唯一住房的范围内，若要享受1%的契税优惠税率，所购房屋面积还必须小于90平方米。契税优惠的紧缩性调整将导致改善型需求购房不能享受到契税优惠。因此“新国五条”不仅通过暂停第三套房贷款打击投资性需求，还通过契税优惠措施调整，压制改善型需求。

“新国五条”当中还规定，出售自有住房并在1年内重新购房的纳税人不再减免个人所得税。这一环节的个人所得税实际上是买卖房屋所获得差价收益的税费，原本是按照差额收益的20%征收，一般执行中按照交易价格的1%进行征收。新规定执行后，市场上一般房屋买卖交易双方都要增加相当于房价2%～3%的税负，这不仅是对改善型购房需求的抑制，也间接增加了炒房者的成本。

1.2 商业地产发展现状

1.2.1 2010年商业地产发展概述

1. 商业地产投资持续稳定增长

近年来我国经济快速稳定发展，GDP年增长率均在9%之上，促使商业地产需求也逐渐增加，使得商业地产投资保持持续稳定增长。据国家统计局统计，2010年全年商业营业用房投资达5598.8亿元，增长率为33.9%，为近七年最高。可以看到，2005～2009年商业营业用房投资有所放缓，保持在15.4%～24.6%之间，2010年商业营业用房投资得到较大提高。2001～2010年的10年期间，商业营业用房各年投资额及增长率见表1.2-1。2010年各月商业营业用房投资额增长率较为平稳，保持在30%～36%之间，其中7月份最大，为35.3%，2月份最低，为30.4%，2010各月份商业营业用房投资额及增长率见图1.2-1。

2001～2010年商业营业用房投资额及增长情况（亿元）　　表1.2-1

年度	2001	2002	2003	2004	2005	2006	2007	2008	2009	2010
投资完成额	755.3	933.6	1302.3	1723.7	2039.5	2353.9	2785.6	3354.5	4180.7	5598.8
增长率	30.2%	23.6%	39.5%	32.4%	18.3%	15.4%	18.3%	20.4%	24.6%	33.9%

数据来源：国家统计局及中国房地产信息网

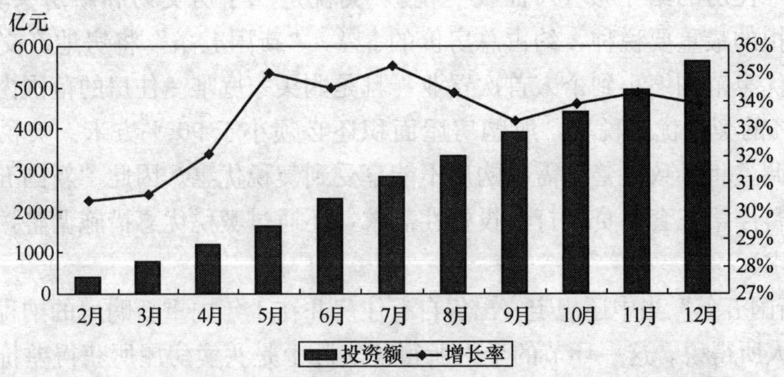

图1.2-1　2010年各月份商业营业用房投资额及增长情况

数据来源：中国房地产信息网

2010年全国办公楼投资达1806.6亿元，增长率为31.2%，相比于去年提高了13.2个百分点。2001～2006年办公楼投资额均低于1000亿元，2007年为1035.0亿元，首年超过1000亿元。2001～2010年办公楼投资额增长率变化较大，2001年最低，仅为3.4%，2003年最高，达到33.4%，大部分年份增长率保持在10%～30%之间。2001～2010年的10年期间，办公楼投资额及增长率见表1.2-2。2010年各月办公楼投资额增长率较大，均保持在30%以上，其中6个月份保持在40%以上，4～6月份投资额增长率超过50%，分别为54.2%、53%、59.7%。2010各月份办公楼投资额及增长率见图1.2-2。

2001～2010年办公楼投资额及增长情况（亿元）　　　**表1.2-2**

年份	2001	2002	2003	2004	2005	2006	2007	2008	2009	2010
投资完成额	307.9	381.0	508.3	652.2	763.1	928.1	1035.0	1167.2	1377.2	1806.6
增长率	3.4%	23.7%	33.4%	28.3%	17.0%	21.6%	11.5%	12.8%	18.0%	31.2%

数据来源：国家统计局及中国房地产信息网

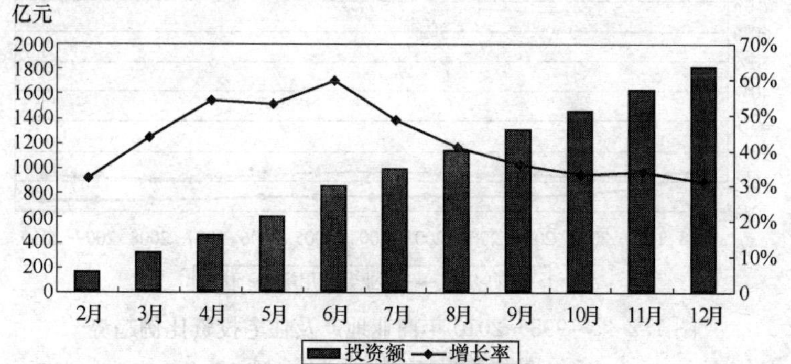

图1.2-2　2010年各月份办公楼投资额及增长情况

数据来源：中国房地产信息网

2. 商业地产投资占房地产投资比例较低

自从1998年我国住房改革以来，房地产业取得巨大发展，住宅产业取得的成效最大。相比于住宅地产，商业地产发展较慢，取得的成效较小，一些城市甚至出现了同一地段商业地产价格比住宅价格低的“商住倒挂”现象。据国家统计局公布的数据可知：2010年商业营业用房投资5598.8亿元，办公楼投资1806.6亿元，分别占房地产投资的11.60%及3.74%，而住宅占70.52%，约为商业营业用房和办公楼投资总和的4倍。具体比例图如图1.2-3所示。

从历年统计数据来看，商业地产投资占房地产投资比例有萎缩趋势，其中办公地产最明显。办公地产投资从1998年的12%下降至2010年的3.74%。商业营业用房从1998年的13.17%下降至2010年的11.60%，其中最高年份

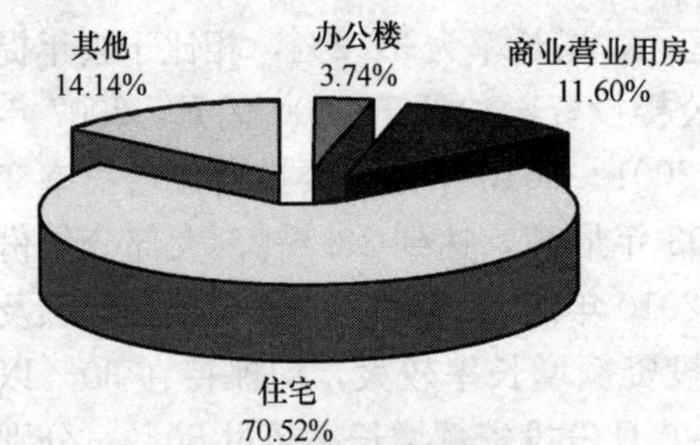

图 1. 2-3　2010 年房地产投资按用途分布比例图

数据来源：中国房地产信息网

为 1998 年的 13.17%，最低年份为 2008 年的 10.75%。住宅投资则从 1998 年的 57.59%上升为 2010 年的 70.52%，最高年份达到 71.92%，为 2008 年。具体趋势见图 1.2-4。造成这种趋势主要有两个原因：一是受住宅需求刚性影响，近 10 年住宅产业发展速度较快，远远快于商业地产；二是住宅改革开始时房地产开发商投资缺乏理性，对商业地产过于乐观，投资开发过量，超过商业地产现实需求，而近几年开发商逐渐趋于理性，依需求定供给，商业地产开发逐渐回归现实。

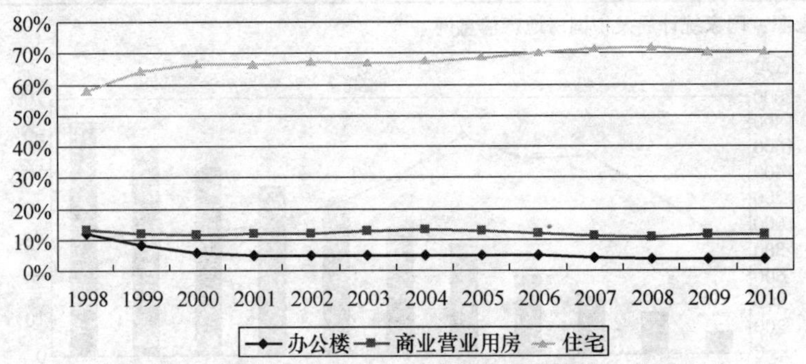

图 1. 2-4　1998～2010 年商业地产及住宅投资比例趋势

数据来源：中国房地产信息网

3. 商业地产融资渠道较狭窄

商业营业用房和办公楼的主要资金来源有国内贷款、利用外资、自筹资金和其他资金。如表 1. 2-3 所示，2010 年我国房地产企业的资金来源方式主要还是依靠银行信贷融资，其次是股票与债券等金融工具的融资，而利用外资的融资方式目前在我国还刚刚起步，所占比例并不大。

2010 年房地产企业开发资金来源情况（亿元）　　**表 1. 2-3**

	总数额	增长率	所占比例
总计	72494.3	26.90%	100.00%
国内贷款	12540.5	11.05%	17.30%
利用外资	795.6	69.38%	1.10%
自筹资金	26704.6	49.14%	36.84%
其他来源	32453.7	18.19%	44.77%

数据来源：中国房地产信息网

目前我国商业营业用房和办公楼所采取的投资模式和其他用途的房地产类似，主要以银行信贷为主，债券、股票、信托及基金等作为辅助方式。融资渠道狭窄、过度依靠银行信贷是我国目前商业地产融资市场面临的最大问题，这种问题在短期内很难改变。从 2009 年年底开始，为了抑制国内流动性过剩以及固定资产投资增速过快的问题，同时为了防止局部资产价格泡沫膨胀，央行开始执行从紧的货币政策，使得以银行贷款为主要融资方式的商业地产行业将面临一定的贷款限制，建立多元化融资方式成为未来相当长一段时间内行业融资的发展方向。2010 年 7 月 31 日，保监会发布的保险基金新政中明确，允许 10％的保险基金投入房地产，这为商业地产融资拓展了渠道，使得商业地产融资渠道较狭窄问题稍微得到缓解。

4. 商业地产主要集中在发达省市

商业地产发展与当地经济发展、商业形态、人均收入水平等各方面相关。对于办公类商业地产来说，一个城市的办公类商业地产主要取决于以下几个方面：一是经济发展水平，尤其是第三产业发展程度；二是交通的通达性；三是城市的技术设施及社会服务水平；四是城市的性质，是否为中心城市，对周边区域的辐射程度。北京、上海等东部发达城市经济发展水平及对外开放程度较高，大部分国内外知名公司总部都云集于此，因此办公类商业地产发展自然走在最前面。

通过国家统计局公布的数据分析可知：2009 年写字楼开发投资完成额前五名省市分别为上海、北京、浙江、江苏、广东，其总和占到全国总投资的 56％。从 2010 年办公楼销售情况来看，2010 年全国共销售 1882 万平方米，东、中、西部销售面积分别为 1318.5 万平方米、246.5 万平方米、317 万平方

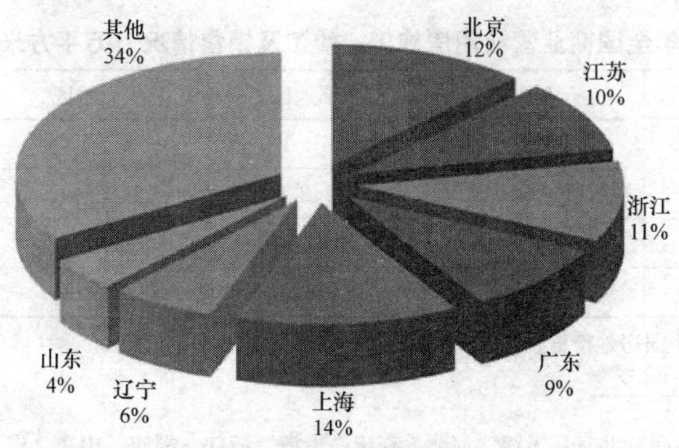

图 1.2-5　2009 年全国重点省市写字楼投资额分布

数据来源：国家统计局

米，分别占全国销售面积的70.06%、13.10%、16.84%。其中浙江销售面积最大，为271.9万平方米，占全国总销售面积14.45%，而中部地区2010年销售面积总和仅为246.5万平方米，八省总和比浙江一省还低25.5万平方米。

2010年全国办公楼销售情况❶（万平方米）　　表1.2-4

全国	东部地区	北京	上海	江苏	浙江	广东	中部地区	西部地区
1882	1318.5	208.1	162.9	204.1	271.9	162.6	246.5	317

数据来源：中国房地产信息网

商业营业用房主要是为商业提供营业的场所，因此商业营业用房跟当地人均收入、经济发展、商业繁华度等因素密切相关。中国高GDP省份主要集中于东部地区，北京、天津、上海、江苏、广东、浙江、山东是人均GDP最高的地区，商业营业用房发展基础良好，相比较而言，内陆地区发展相对较差一些。所以，全国商业营业用房总体发展水平会有所不均，呈现从东到西、从沿海到内陆的阶梯状发展格局，这一点与办公楼相似。然而，商业营业用房与人们生活息息相关，中西部人口较多，对商业地产需求较大，因此商业营业用房东中西差距相比于办公楼来说有所缓和。

统计局公布数据显示：2010年全国商业营业用房销售面积为6921.5万平方米，其中东部地区3658.7万平方米，中部地区1739.2万平方米，西部地区1523.5万平方米，分别占52.86%，25.13%，22.01%，相比于办公楼东中西部差距有所缓和。从北京、上海等中心城市来看，与办公楼相比，商业营业用房销售面积占全国总数比例较小，分别仅占2.05%、1.81%。这一特征也体现在竣工面积、施工面积、新开工面积上，具体情况见表1.2-5及表1.2-6。

2010年全国商业营业用房施工、竣工及销售情况（万平方米）　　表1.2-5

统计指标	全国	东部地区	中部地区	西部地区
竣工面积	7931.4	4270.1	2110.4	1550.9
施工面积	44615.7	24243.8	10281.1	10090.8
新开工面积	17461	8807.6	4474.4	4179
销售面积	6921.5	3658.7	1739.2	1523.5

数据来源：中国房地产信息网

❶ 东部地区包括北京、天津、河北、辽宁、上海、浙江、福建、山东、广东、海南；中部地区包括山西、吉林、黑龙江、安徽、江西、河南、湖北、湖南；西部地区包括内蒙古、广西、重庆、四川、贵州、云南、西藏、陕西、甘肃、青海、宁夏、新疆，下同。

2010年北京上海等省市商业营业用房施工、竣工及销售情况（万平方米）

表1.2-6

统计指标	北京	天津	辽宁	上海	江苏	浙江	山东	广东
竣工面积	271.9	235.3	535.7	176.4	1127.1	546.2	497.5	448.6
施工面积	1229.3	1004.5	3954.6	1293	4824.9	2620.4	3280.5	2623.2
新开工面积	242.4	407.8	1838.7	298.1	1680.3	868.8	1250.3	692.8
销售面积	142.1	103.6	509.9	125.6	954.7	458.5	609.9	371.3

数据来源：中国房地产信息网

1.2.2　商业房地产业存在的问题

1. 商业地产盲目、无序开发

一些商业地产开发商出于自身利益的需要，追求新的投资盈利模式，引发了大型商业网点建设热潮，结果绝大多数项目论证都不充分、建设开发盲目无序。许多开发商在建造之前缺少可行性研究，对同行业的供给状况和运营的商业结构缺少分析，按照自己的主观想象投资商业地产，往往采取“先开发后招商”的方式，不仅导致商业网点布局过于密集、结构不合理、规模大型化等问题出现，而且还经常引发开发商、经营商、物业管理商三方的矛盾，从而导致了就业、扰民、影响交通、破坏环境等一系列问题。

2. 商业地产“模块化”开发影响其整体运作

现代商业地产是与各种零售业形态充分结合的高专业化产业，因此应该是多功能相协调的。目前国内绝大多数商业地产项目采用了所谓“模块化”的运作模式，即简单地把整个项目分割成若干模块再进行叠加，放弃了统一规划和专业化的开发操作程序，结果导致模块之间、商业项目与零售业态接口出现偏差削弱了整个商业项目规划的合理性，严重制约了商业地产的正常发展。比较普遍的情况是，在同一区域内的几个项目相隔距离较远，无法形成整体规模，反倒削弱了项目的总体竞争优势。

3. 商业地产的前期开发与后期经营脱节

很多商业地产开发商都抱着“卖完就走”的经营思路，只注重前期开发并尽量缩短开发周期，项目建成后能租则租、能卖则卖，根本不考虑能否经营、是否适合经营等问题，结果导致了很多开发商功成身退，投资人和经营者则被深度套牢的情况，甚至有的开发商自己都无法全身而退。有的开发商虽然考虑了后续经营问题，但是将项目部分或全部出租给投资者后，往往缺乏对项目的整体控制能力，很难把握未来入驻经营商户的档次和品位以及对整个商业项目的影响。

4. 商铺运营模式的不足

商业地产项目在推向市场时，多数采用的“产权式商铺全零售”模式或“主力店租赁＋商铺全零售”模式。这些经营模式在运行过程中，暴露出如各租户都重视自家营业面积内的形象，而忽视了公共空间的重要性；项目整体推广后劲不足，业态调整与品类调整引发纠纷等问题，最终导致很多项目停止营业。

5. 商业地产融资渠道单一

我国商业地产融资渠道比较单一，主要就是依靠银行贷款。目前在银行对商业地产项目的贷款越来越谨慎，限制越来越多的情况下，融资渠道相对单一的众多商业地产开发商将面临资金链断裂的危险。由于大型商业设施投资动辄几亿、有的甚至高达几十亿，在国外多是靠基金支撑运作。而在国内，无论是国有还是民营，其大型商业设施项目多数是建立在银行贷款基础上的。即使项目按期完工并顺利开业，投资回收期也需要八年左右，一旦出现销售收入不高或利润率下降的情况，长期达不到盈亏平衡点，将引发债务风险，形成银行不良贷款。虽然我国房地产金融业不断发展，房地产股票、债券、信托等金融产品逐渐进入众人视野，但由于我国相关制度缺失，依然改变不了大多数商业地产开发商主要依靠银行贷款的现状。

6. 商业地产企业开发经验和开发人才严重缺乏

目前，商业地产的开发商多为房地产商。对商业的选址、功能要求等专业知识知之甚少，而精通地产和商业的复合型人才更为稀缺。开发经营商业物业需具备与之相适应的经营模式和管理人才，人才短缺则导致开发商业地产的风险加大。

1.3 商业地产市场供需状况分析

1.3.1 商业地产市场供需影响因素分析

1. 商业地产需求影响因素分析

商业地产需求可从微观和宏观两个角度分析。从微观角度看，商业地产需求是指商业地产消费者（包括生产经营性消费主体和个人消费者），在特定的时期内、一定的价格水平上，愿意购买而且能够购买的商业地产数量。这里所说的需求不同于通常意义的需要，而是指有支付能力的需求，即有效需求。从

宏观角度看，商业地产需求是指社会对商业地产的总需求，而在某一时期内全社会或某一地区内商业地产需求总量，包括实物总量和价值总量，即销售面积和销售额。本节分析的商业地产需求，指的是宏观商业地产需求。市场经济条件下商业地产需求影响因素主要包括：国民经济发展水平、居民收入水平、城市化水平、商业地产价格及国家有关经济政策等。

(1) 国民经济发展水平

一国或一个地区的经济发展水平是影响商业地产需求的决定性因素。国民经济发展水平促使投资规模的扩大，从而拉动生产经营性用房需求增加，进而扩大了对商铺、办公用房等需求。一般来说，房地产需求水平与国民经济发展水平呈现出一种正相关的关系。

(2) 居民收入水平

居民收入水平的提高促使居民的消费结构发生重大变化，主要表现在恩格尔系数下降，即花费在食品方面的比重减少，在娱乐、文化等各方面消费比重加大。消费结构变化促使第三产业发展，扩大了办公地产、商业营业用房、旅游地产等商业地产需求量。一般而言，居民收入水平与商业地产需求呈正方向变动的关系。

(3) 商业地产价格

商业地产商品与其他商品一样，价格和需求量之间存在着反方向变动的关系，即在其他条件不变的情况下，商业地产价格提高，会限制消费者对商业地产的需求量；反之，商业地产价格下降，会促使消费者对商业地产需求量上升。但由于商业地产是与土地相联系的一种特殊商品，其价格和需求都有一定的特点，因而价格对需求的影响必然呈现出极为复杂的情况。

(4) 城市化水平

城市化水平的高低也是影响商业地产需求的重要因素。伴随城市数量的增加和规模的扩大，必然要加快城市建设，办更多的商店、银行、学校、医院以及基础设施建设，从而对各类商业地产提出更多更大的需求。

(5) 国家有关经济政策

商业地产需求还受到国家有关经济政策的制约。国家的土地政策、财政政策、货币政策和住房政策，对商业地产需求都会产生相当大的影响。近期国家加大了对房地产市场调控，主要针对的是住宅地产，使得一些投资者把目光由住宅转向了商业地产，促使商业地产需求增加。

2. 商业地产供给影响因素分析

商业地产供给也可从两个角度分析。从微观角度来看，商业地产供给是指生产者在某一特定时期内，在每一价格水平上愿意而且能够租售的商业地产数量，既包括了新生产的（俗称增量），也包括过去生产的存货（俗称存量）。在现实经济生活中，新增商业地产供给又包括现房和期房。从宏观角度来看，商业地产供给是指商业总供给，即在某一时期内全社会或某一地区内商业地产供给的总量，包括实物总量和价值总量。本章分析的商业地产供给，指的是宏观商业地产供给。商业地产供给量是由许多因素决定的，主要有：商业地产价格水平、用作商业地产开发的土地数量、开发技术水平、国家的宏观调控政策等。

(1) 商业地产价格水平

一般来说，商业地产的价格越高，开发商业地产就越有利可图，开发商愿意开发的数量就会越多；相反，开发商愿意开发的数量就会越少。

(2) 用作商业地产开发的土地数量

土地是商业地产供给的决定因素。由于土地是稀缺资源，因此一个国家能够供给城市使用的土地数量总是有限的，作为商业地产用途的土地就更有限。在一定的历史时期内，一个国家究竟能够把多少土地作为商业地产使用，这决定于经济发展的水平、商业地产本身发展的水平以及旧城改造的速度等。

(3) 开发技术水平

在一般情况下，开发技术水平的提高可以降低开发成本，增加开发利润，开发商就会开发更多数量的房地产。当商业地产建筑技术水平、装备水平、管理水平大幅度提升时，商业地产供给量也会相应增加。

(4) 国家的宏观调控政策

国家对房地产的调控政策，在土地批租、投资规模和投资结构、税收调节等方面对商业地产供给有着重要的影响作用。

1.3.2 2010中国商业地产需求分析

1. 商业地产需求已全面复苏

2010年，商业地产自2009年回升之后继续保持持续发展趋势，基本已全面复苏。2008年，受金融危机影响，商业地产需求急剧下跌，办公楼销售面积及销售额分别为1110.7万平方米、954.7亿元，同比2007年降低24.2%及24.8%，商业营业用房销售面积及销售额分别为3852.1万平方米、2286.4亿元，同比2007年降低17.1%及14.7%。2009年，受一系列刺激政策影响，商业地产迅速得到回升，办公楼销售面积及销售额同比分别增长30.8%、66.9%，商业营业用房销售面积及销售额同比分别增长24.2%、45.5%。2010年，商业地产继续保持回升趋势，办公楼及商业营业用房的销售面积与销售额分别实现1882万平方米、6921.5亿元、2148.8万平方米、5354亿元，同比增长21.9%、29.9%、31.2%、46.30%。办公楼增速相比于2009年有

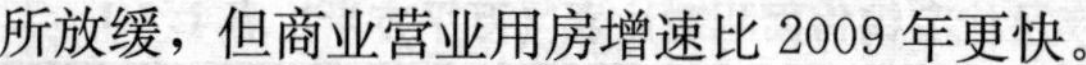

所放缓，但商业营业用房增速比 2009 年更快。

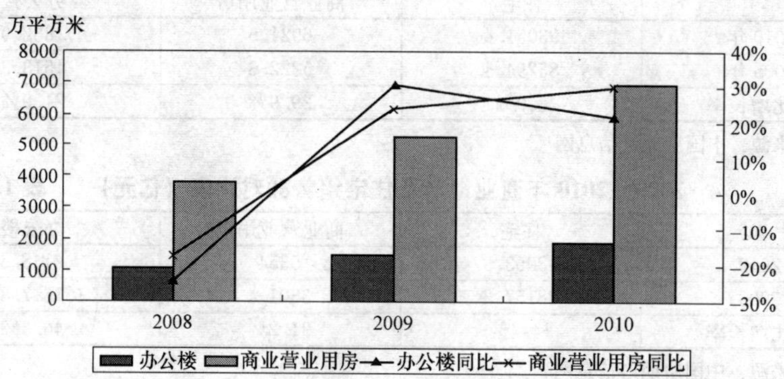

图 1.3-1　2008～2010 年商业地产销售面积及同比增长图

资料来源：中国房地产信息网

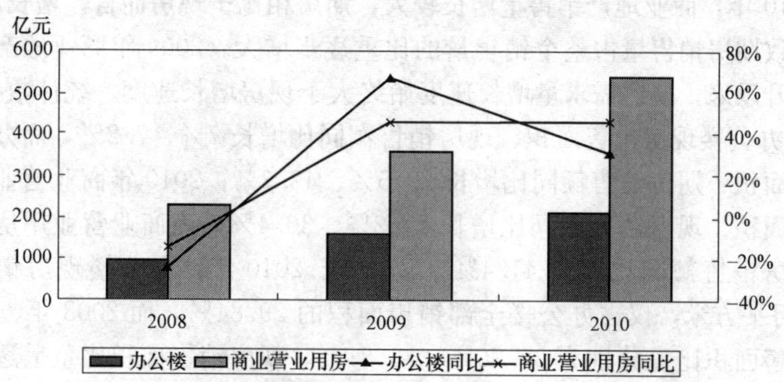

图 1.3-2　2008～2010 年商业地产销售额及同比增长图

资料来源：中国房地产信息网

2. 商业地产市场需求相比于住宅增长较快

2010 年，随着经济全面复苏，房地产市场有过热趋势。正是在这一背景下，国家出台了一系列房地产调控政策。相比于住宅，商业地产受调控政策影响较小，2010 年商业地产需求大幅度提高。

统计数据显示：2010 年商业营业用房销售面积 6921.5 万平方米，同比增长 29.9%；2010 年办公楼销售面积 1882.0 万平方米，同比增长 21.9%；商品住宅销售面积 93051.6 万平方米，同比增长 8.0%。2010 年商业营业用房销售额 5354 亿元，办公楼销售额 2148.8 亿元，商品住宅销售额 43953.3 亿元，同比增长率分别为 14.4%、31.2%、46.3%。无论是销售面积还是销售额，商业营业用房及办公楼的同比增长率远远大于商品住宅。

2009～2010 年商业地产及住宅销售面积对比表（万平方米） 表 1.3-1

	住宅	商业营业用房	办公楼
2010 年	93051.6	6921.5	1882.0
2009 年	85294.4	5222.3	1513.3
同比增长率	8.0%	29.9%	21.9%

资料来源：中国房地产信息网

2009～2010 年商业地产及住宅销售额对比表（亿元） 表 1.3-2

	住宅	商业营业用房	办公楼
2010	43953.3	5354	2148.8
2009	38157.2	3601.4	1617.8
同比增长率	14.4%	31.2%	46.3%

资料来源：中国房地产信息网

3. 商业地产期房需求大于现房需求，且增势也高于现房

2010 年，商业地产销售量增长较大，期房相比于现房而言，增长的更快，这就导致期房销售量占整个销售量的比重逐步增大。2009 年商业地产市场需求量回升以来，期房需求量增长速度始终大于现房增长速度。统计数据显示：2010 年办公楼现房销售面积、现房销售额同比增长 7%、7.2%，而办公楼期房销售面积、期房销售额同比增长 29.5%、42.3%；2010 年商业营业用房现房销售面积、现房销售额同比增长 17.2%、30.4%，而商业营业用房销售面积、期房销售额同比增长 41.4%、57.3%。2010 年，办公楼现房销售面积 561.5 万平方米，仅占办公楼全部销售面积的 29.84%，而 2008 年、2009 年现房销售面积比重分别为 39.76%、33.81%，现房销售面积比重呈逐年递减趋势。2010 年商业营业用房销售面积 2958.9 万平方米，占全部销售面积 42.75%，2008 年、2009 年比例分别为 49.61%、46.69%。商业营业用房与办公楼较为相似，但现房销售面积比重稍微大一些，逐年递减的速度也要小一些。这一趋势从办公楼及商业营业用房销售额中也得到体现，详细数据列于表 1.3-3 及表 1.3-4 中。

2008～2010 年办公楼现房期房销售情况对比表（万平方米、亿元）

表 1.3-3

年份	现房销售面积（万平方米）	增长率	期房销售面积（万平方米）	增长率	现房销售额（亿元）	增长率	期房销售额（亿元）	增长率
2008	441.6	－12.8%	669	－30.2%	345.3	－15.3%	609.4	－29.3%
2009	511.7	7.1%	1001.6	47.5%	514.5	45.7%	1103.4	79.1%
2010	561.5	7%	1320.5	29.5%	558.6	7.2%	1590.2	42.3%

资料来源：中国房地产信息网

2008～2010年商业营业用房现房期房销售情况对比表　　表1.3-4

	现房销售面积（万平方米）	增长率	期房销售面积（万平方米）	增长率	现房销售额（亿元）	增长率	期房销售额（亿元）	增长率
2008	1911.1	－14.6％	1941	－19.3％	945	－11.2％	1341.4	－17％
2009	2438.3	10.4％	2784	39.4％	1457	34.1％	2144.3	54.4％
2010	2958.9	17.2％	3962.5	41.4％	1964.4	30.4％	3389.7	57.3％

资料来源：中国房地产信息网

1.3.3　2010年商业地产供给状况分析

1. 房地产开发企业购置土地大幅增加，开发土地活动减少

2010年，房地产开发企业购置土地面积实现三年首次大幅度增加，与此相反，完成开发土地面积仍处于下降趋势。2010年，房地产开发企业购置土地面积40969.5万平方米，同比增加28.4％，而2008年、2009年同比增幅分别为－8.6％、－18.9％；完成开发土地面积21253.79万平方米，同比减少7.7％，与2009年19.9％降幅相比减少趋势有所缓和。

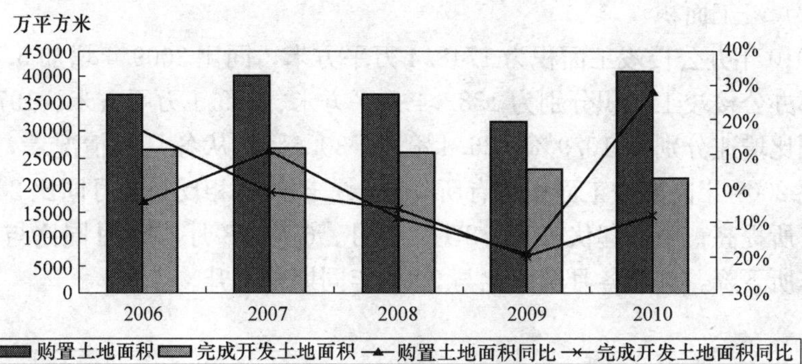

图1.3-3　2005～2010年土地购置及开发情况

资料来源：中国房地产信息网

分地区看，2010年东中西地区房地产开发企业购置土地景气均上升，开发土地活动景气东部上升中西部下降。其中，东中西部地区房地产开发企业购置土地面积分别同比增加了36.3％、24.3％、19.1％，而2009年房地产开发企业购置土地面积分别同比增幅东中西部均为负数；东部地区完成开发土地面积同比增加0.6％，中部地区和西部地区完成开发土地面积分别同比减少9.4％和21.0％。

2. 办公楼开发规模分析

(1) 施工面积与新开工面积

2010年，办公楼各项建设指标增幅均大大高于去年同期。办公楼施工面积为12139.8万平方米，同比增加21.4%，增幅提高17.2个百分点；新开工面积3678万平方米，同比增加28.6%，增幅提高4.8个百分点。分区域来看，东部办公楼施工面积及新开工面积分别为8077万平方米、2290万平方米，均占全国总面积60%以上。但从同比增速来说，办公楼施工面积东部增速最小，中部增速最快，分别为19.1%、27.3%；东中西部办公楼新开工面积同比增速分别为31.1%、22.9%、26.2%，东部最大，中部最小。

2010年办公楼施工及新开工面积情况（万平方米） **表1.3-5**

统计指标	全国	东部地区	中部地区	西部地区
施工面积	12139.8	8077	1960.4	2102.3
施工面积同比	21.4%	19.1%	27.3%	25.5%
新开工面积	3678	2290	660.1	727.8
新开工面积同比	28.6%	31.1%	22.9%	26.2%

资料来源：中国房地产信息网

(2) 竣工面积

2010年办公楼竣工面积为1748.4万平方米，同比2009年增加5.8%。东中西部办公楼竣工面积分别为1282.4万平方米、269.1万平方米、197万平方米，同比增速分别为10.9%、26.4%、-30.6%。从各月的情况看，西部各月同比2009年同期竣工面积均有所降低；东部刚好相反，各月同比2009年同期均有所提高；中部起伏较大，2月、4月、6月、8月、11月同比与2009年同期有所下降，其他各月份同比与2009年同期均上升。

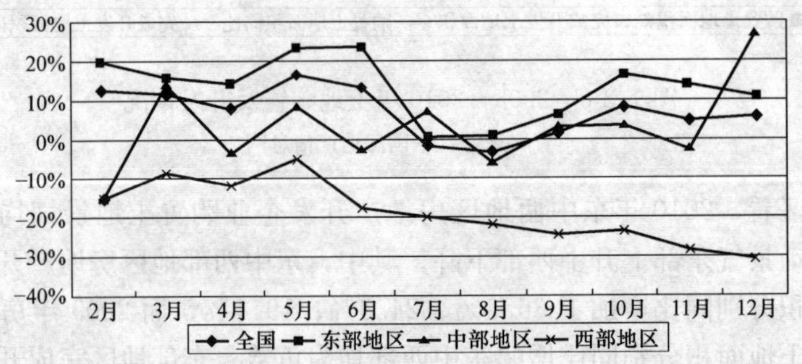

图1.3-4 2010年2～12月办公楼竣工面积同比增速图

3. 商业营业用房开发规模分析

（1）施工面积与新开工面积

2010年，商业营业用房施工面积及新开工面积相比于2009年均取得巨大的增长。2010年全国商业营业用房施工面积为44615.7万平方米，同比增长29.2%；其中新开工面积为17461万平方米，同比增长40.6%。从总数上来说，无论施工面积还是新开工面积，东部地区均占优势。从增速来说，施工面积同比增速中西部均高于东部，新开工面积同比增速东部高于中西部。

2010年商业营业用房施工及新开工面积情况（万平方米） 表1.3-6

统计指标	全国	东部地区	中部地区	西部地区
施工面积	44615.7	24243.8	10281.1	10090.8
施工面积同比	29.2%	28.4%	31.1%	29%
新开工面积	17461	8807.6	4474.4	4179
新开工面积同比	40.6%	46.9%	34.4%	35.3%

（2）竣工面积

2010年商业营业用房竣工面积7931.4万平方米，同比于2009年增加16.2%，与办公楼相比增速较快。分地区看，东中西部商业营业用房竣工面积分别为4270.1万平方米、2110.4万平方米、1550.9万平方米，同比增速分别为16.2%、29.8%、2.8%。分月份看，东中西部商业营业用房竣工面积各月同比增速均为正值，但西部各月增幅明显小于东中部，东部各月增幅开始各月大于中部，后几个月中部增速明显要快于东部。

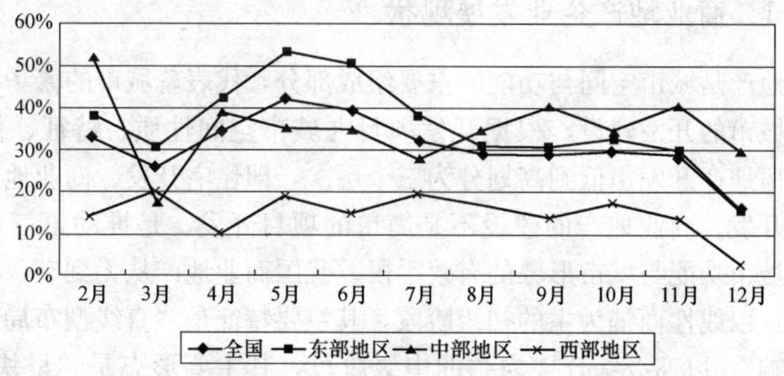

图1.3-5 2010年2～12月商业营业用房竣工面积同比增速图

1.3.4 评价分析

受贯穿2010年全年的国家楼市调控影响，住宅市场投资投机需求得到一定程度的抑制，不少资金蜂拥进入商业地产市场寻找商机。与此同时，全国各大品牌开发商万达、华润、万科等，也纷纷宣布加大持有型物业，商业地产的圈地造城计划，一时之间全国商业地产开发浪潮趋之若鹜。商业地产无论是供给量还是成交量 2010 年均取得较大提升，迎来巨大突破，将迎来快速发展时期。

总体来看，由于目前国内的商业房地产市场尚未完全成型，价格也处于价格洼地，可以预计未来商业地产的发展将迎来黄金十年。不过，由于商业地产复杂性和要求明显高于住宅，因而短期内商业地产的发展还存在诸多的困难，特别是开发运营管理上与住宅领域的巨大差距，将直接关系到商业地产开发成功与否的关键。

1.4 商业地产企业

商业地产在中国起步时间不长，起步于上世纪 90 年代中后期，成型于 2000 年之后。商业地产企业是伴随着商业地产发展而成长的。商业房地产企业近十来年的发展在取得一定的成就，在实践探索中形成了自己的经营模式，同时也存在不少问题。国家加大对房地产市场的调控对商业房地产企业发展既是挑战也是机遇，商业房地产企业只有苦练内功，抓住机遇迎接挑战，不断提升自己的竞争力才能进一步发展壮大。

1.4.1 商业地产企业发展现状

商业地产是城市空间与功能的重要组成部分，代表着城市的繁华程度与发展水平。城市的开发建设，根据开发项目在城市空间性质、特征、作用和地位，可将房地产开发由低到高划分为三个层次，即住宅开发、商业地产开发和商务地产开发。商业地产的建设不是简单的项目开发，是推动第三产业的发展，提升城市功能与城市形象的有效手段。我国商业地产从无到有，初步经历了三阶段：以线性商铺为主的初级阶段，其主要特征是“直线型布局、功能单一、较低端”；以商办综合楼为主的中级阶段，其主要形态是“呈块状布局，通常为商业和办公两种功能的集合体”；以城市综合体为主的高级阶段，其主要特征是“呈综合立体布局，集商业、办公、酒店、住宅、旅游、会展、交通、文化等多种功能于一体”。当前，我国商业地产企业现状特征可以归纳如下：

1. 商业地产企业销售量有提升趋势

2010年，国家对房地产市场的调控力度加大，旨在抑制房地产投机、遏制房价过快上涨。4月17日国务院“新国十条”及各地执行细则陆续出台，房地产市场调控力度空前加大。从商品房销售情况看，2010年上半年全国房地产销售面积和销售金额略高于去年同期水平，但主要成交在1～4月，调控开始后，商品房销售面积和销售金额增速均出现下滑，商品房成交均价更是从5月以来持续下调，市场正朝着政府调控的方向发展；从景气指数来看，全国房地产开发景气指数在连续12个月上涨后于今年4月份出现首次回落，并连续三个月环比逐月回落。正当传统的住宅地产企业为下半年业绩忧心忡忡的时候，商业地产开发商却出现业绩爆发的态势。国家对住宅市场的调控，客观上给商业地产带来了发展契机。统计显示，从今年一季度开始，商业地产的成交比重开始逐渐上升。在商品房总成交套数中，商业地产占比从2009年四季度的6%，上升到今年一季度的8.1%，而新政之后更是首次突破9%，达到9.5%。此外，北京、上海、广州等城市的商业地产也现回暖迹象，2010年北京商业地产供应为住宅供应量的10%，上海商业地产供应为住宅供应量的12%，广州商业地产供应为住宅供应量的11%。

2. 一部分传统非商业地产企业纷纷转行进入商业地产

房地产行业的收益来源主要有：一次性收益、持续性收益、增值性收益和溢价性收益四个渠道。住宅开发一般都是通过销售来实现一次性收益，难以得到持续经营带来的租金收入，难以享受资产价格升值和土地升值的双重利润，以及难以取得商业品牌所带来的溢价，因而难以得到更大利润。而商业地产可以实现持续性收益、增值性收益和溢价性收益这三种收益。随着国家对房地产住宅市场的调控深入，商品住宅销售遇到一些困难，一些品牌开发企业表现出对商业地产更多关注。一直以来，“只做住宅”的万科未来将加大持有型物业的储备，并在近期内陆续推出养老物业、酒店及商业配套等多种物业类型；专注住宅地产开发的合生创展将向以高级商业地产为代表的投资型物业发力；而金地集团表示，商业地产的开发和运作将成为未来的一个重要战略规划，在今年的土地投入计划中，就有20%的资金会投向商业项目。这轮投资涉及企业之广、投资规模之大前所未有。除了万科、合生创展、金地、保利、中粮、万通、华润置地、凯德置地、雅居乐等品牌房地产开发企业亦有动作。

3. 一些商贸流通企业纷纷涉足商业地产领域

近几年商贸流通企业逐渐沿着其自身价值链向上延伸，转向上游房地产业的开发，纷纷涉足商业地产领域，以享受地段成熟后所带来的附加值收益。有些商家涉足房地产业是出于减少租金支出的战略考虑，这样可以一劳永逸地占有地段位置极佳的物业，避免租金年年上涨的风险，又值得花成本对物业进行装修，把物业改造成标准化的旗舰店。如国美在资本市场大举融资65亿港元，为其购置物业提供了充足的现金储备；跨国公司巨头宜家，目前在中国的发展策略就是以收购土地、自行建店为主。购置和自建店面，不仅能够确保企业连锁发展获得连续和稳定的经营周期和经营场所，而且有利于企业在驻地进行长远规划。

4. 商业地产企业越来越被地方政府所重视

城市的经营和发展很大程度上依赖于商业地产的发展，因此各地政府都十分支持商业地产的发展。正如万达集团提出“每一个万达广场就是一个城市中心”，可见商业地产能够形成人流的集聚，带动消费，拉动GDP，塑造城市形象，推动当地旅游等。同时，商业地产能够带动服务业的发展，拉动就业，是我国目前产业结构调整的重要抓手。因此，作为商业地产的开发经营者——商业地产企业越来越受到各地政府部门重视，给予一些优惠政策，对商业地产企业发展及扩张提供了便捷条件。

1.4.2 商业地产经营模式

按国际惯例，为统一经营和管理，国外商业地产企业一般对商业物业拥有95%的持有率，只租不售的纯物业经营成为国际商业地产的主流经营模式。目前，我国的商业地产的经营模式主要有两大类：即不出售产权和出售产权的两类经营模式。不售产权的经营模式是针对开发商自己拥有的商业地产，项目建成后只出租不销售，由开发商本身统一经营管理或是委托管理。不售产权的经营模式主要依靠商业项目的后期经营来获利，但这需要商业地产开发商有相当大的资金实力，一般企业因资金瓶颈很难运行。出售产权的经营模式是将商业物业的产权分零出售。这种方式虽然可以使开发商短时间内尽快收回投资，减少商业风险。然而，出售之后，开发商就对商业物业的后期运营不加考虑，也不愿意多承担责任。产权分散导致商业地产在后续经营管理中缺乏整体控制力，难以保证商业物业后期经营的持续稳定，从而使获取利润的可能性变小，甚至最终失去应有的物业增值。这两类经营模式按照经营权与所有权还可细分，具体分为以下五种：整体租赁不售产权的模式，分零租赁不售产权的模式，整体租赁经营、零售产权的返租模式，分零租赁经营、零售产权的模式，零售零租与整租不售两种方式混合的经营模式。下面就详细介绍这五种经营模式并对其进行优劣分析。

1. 整体租赁不售产权的经营模式

整体租赁不售产权经营模式就是开发商不出售物业，而是采取整体出租的

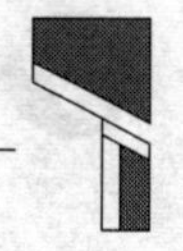

形式，分为整体租赁、分层（片）出租两种方式。这种经营方式的资源获得方式是依靠开发商自身筹资及后期的租金，后期的商业运营采用的是统一经营或整体经营，采用这种经营模式的商业地产类型主要为大型购物中心和商场等。这种经营模式一般适用于商业经营管理经验不足、资金相对雄厚、经营相对保守的开发商，物业面积一般不超过3万平方米。在这种情况下，开发商需要选择有商业经验的商家进行事后经营管理，这样既可以避免经营上的失误，也避免了商业经营中的风险。如果经营商家管理有方，就能促进所属区域商业的繁荣发展，为临近居民的购物、娱乐、休闲带来便利，这不仅会带动这一区域的房地产项目的开发，而且商业项目也会在良好的经营中获得增值。商业地产采取这种经营模式，注重的不是短期利益，而是物业的长远的利益，所以物业的后期经营管理是决定商业地产成败的关键，开发商要有足够的耐心等待商业地产的缓慢增值。

整体租赁不售产权的经营模式的优点是：产权、租赁关系明晰、简单。采取这种模式经营不涉及产权的转让，仅仅是租赁方与承租方的关系，双方责、权、利划分简单，有利于灵活的合作。更为重要的是，该模式不需要商业地产企业配备专业的商业人员，仅仅是将物业整体出租给一家商业企业，由这家商业企业进行商业规划及经营，开发商每年向商业企业收取约定的租金即可，所以对于开发商来说，避免了商业经营的风险。

该种经营模式的不足之处是：资金回收有限。商业地产企业是资金密集型的行业，商业地产开发周期长、风险高，而且融资渠道极为有限，融资成本高。采取整体租赁不售产权的经营模式只能回收少量的资金，对于资金紧张的开发商而言，是很大的考验。有的开发商在商业楼盘的开发期间产生资金短缺的现象，不得不违背初衷，只好将商业物业拆零产权进行销售，甚至停工停建形成无法收拾的烂尾楼。整体租赁的商业物业由于租赁期限较长，其套现难度也较大。若是租赁期间物业增值，由于租赁合同的期限已定，开发商很难在这时将物业变现。

2. 分零租赁不售产权的经营模式

这种经营模式是开发商不出售物业，而是采取零散出租的形式，后期的商业运营采用的是统一经营管理的方式。国内采用这种模式的商业地产一般称作大型购物中心或大型购物广场，国外一般称作SHOPPING MALL。这种模式要求开发商对MALL的规划设计、施工建设、招商经营具有极强的整合能力。尤其是，对资金的要求极高，前期投入大，招商、管理运营等方面的投入也极高，而投资回收期则长达十几二十年，开发商实力稍有不足，就会出现资金链断裂的情况。由于中小经营户的独立经营难以适应竞争的挑战，难以有效提升

服务质量，所以需要对大型购物广场进行统一经营管理。在项目招商完毕后，开发商将经营管理的大权移交商业管理公司，商业管理公司开始在后期经营管理中扮演重要的角色。

此种经营模式的优点是：专业的经营管理使商业地产的后期升值潜力增大。由于社会的消费水平在提高，所以客观上要求更多、更好、更加多元化的服务。MALL 的兴建顺应了这一社会潮流。专业化的管理提升了服务质量，同时也提升了商业地产本身的影响力和知名度，这不仅为开发商后续的发展做了一个很好的宣传，也为商业物业带来了稳定的升值预期；一站式购物服务能够吸引各个层面的消费者。经济的发展使人们的需求正迅速地由原本较为简单直接的物质需求，向物质精神双重需求转变，MALL 的出现顺势而为，其集购物、餐饮、休闲、娱乐于一体的强大功能很好地满足了消费者日益多样化、个性化的需求。

此种模式的不足之处是：容易搞成形象工程。在政府职能不明晰的经济欠发达地区，大型的购物中心容易成为“政府工程”。由于大型购物中心具有很好的市政效果，能很好地提升城市形象，所以很容易得到当地政府的盲目推动，不按经济规律运作，盲目上马，使开发商、商业管理商、经营户等承担经营失败的风险；经营风险大。如果购物中心前期策划做得不好，将会导致后期经营的失败。而且购物中心各业态环环相扣，一种业态的经营失败会影响到其他业态的正常经营，加大了项目的整体经营风险。

3. 零售产权，整体租赁的返租模式

采用这种经营模式的商业地产，其销售模式采用零散销售，后期的商业运营采取统一经营的模式。具体的讲就是房地产商在销售商铺时，把商业物业的产权拆零销售，然后将经营权从投资者手中取回，委托专业的商业管理公司进行物业的管理和经营，通过长达 10～20 年固定化、利率化的返租回报，回报投资者。这是一种高收益高风险的经营模式，主要适用于商业街、批发市场等类型的大型商业地产项目的运营。在这种模式中，商业管理公司的作用很关键，商业管理公司能否进行科学的营运规划、完善的经营管理将对商铺的升值空间、长远的租金回报起到重要的影响。如果后期经营不善，不仅无法兑现对投资者的回报承诺，而且会对开发商名誉、品牌产生负面影响。

这种经营模式的优点是：一方面，通过拆零产权的销售，开发商短期内回收巨额资金，可以缓解开发商资金紧张问题，保证工程建设的顺利进行。另一方面，通过将经营权以固定返租回报的形式从产权所有者手中收回，实现统一规划经营，有助于提升店铺整体形象，有利于提高商业物业的整体竞争力，促进物业与租金的长期增值。

但是，此种经营模式也有不足之处：首先，合同期长，期间发展状况难以预测。为了有利于长期规划，商业管理公司与投资者签订的合同一般长达10～15年。在此期间，因经营管理不善，租金收益低甚至商场整体倒闭的情况都有可能发生。一旦商业经营管理公司经营失败，就会给投资者带来较大的损失，影响到商业地产开发企业的声誉。其次，难于寻找有实力的商业管理公司。对大型商业地产的经营，不仅仅是对购物商场的管理，它还涉及不同业态之间的相互配合，因此，专业性要求很高。目前，国内有经验的管理公司不多，相关人才比较紧缺，所以开发商在寻找优秀的商业管理公司方面存在着难度。

4. 分零租赁经营、零售产权的经营模式

零租零售的经营模式就是商业地产在销售方式上采取零散销售，且其商业运营方式是由购买商铺的业主各自分散经营，开发商将不再对其进行指导或干预。这一经营模式常常适合于规模不大、档次一般的底商和商业街等类型。在零租零售的经营模式中，开发商处于相对有利的地位，可以凭借项目本身的优势迅速回收巨额资金，能够在项目清盘后全身而退。由于在商铺全部销售之后，所有权与经营权是完全归属业主的，开发商无权干涉，所以开发商缺乏对项目的整体控制力，而散户在后期的经营中可能会面临较大的经营风险。虽然这样，由于业主完全拥有自主权，零租零售的经营模式还是深受投资者的喜爱。

零租零售经营模式的优点是：对于开发商来说，资金压力小、运作周期短，可以在短期内回收大量资金；有效避免后期经营风险。由于商业地产销售之后，所有权和经营权完全属于业主，开发商不必担心商业地产后期运营出现问题，因此可以避免长期经营的风险；在零租零售的模式下，各商家独立经营，不易出现因商业街的规划设计不合理影响整个项目运营的现象，经营商家的风险相对降低。

零租零售经营模式的缺点是开发商缺乏对项目的整体控制力，各个商铺经营权完全分散，整体的定位、档次难以统一。由于整体性差、缺乏主力店，业主受短期利益驱动易降低商铺经营品质，导致预期收益下降。

5. 零租零售与整租不售两种方式混合的模式

零租零售与整租不售的混合模式是开发商对主力物业采取出租模式，但对非主力物业采取分割销售的一种经营模式，这种模式较为灵活而且能更好地满足开发商利润的获取要求，开发商能够通过产权出售和租金收益来双重获得利润。该经营模式通过分散销售部分物业产权而回收项目部分投资，其余物业成为开发商的自有物业，可以引进大型超市、建材家具家居广场等。这种混合经营模式是国内开发商普遍采用的经营模式之一，其中最为著名的就是“万达模式”。万达集团所建的商业项目在开工之前，便已确定大部分面积要租与沃尔玛等国际著名零售企业，以充分利用国际知名零售企业在经营管理方面的经验及其品牌的号召力。

这种租售并举的混合经营模式的优点是：能得到当地政府的大力支持。大型购物广场的兴建既提升了城市形象，又引进了知名企业，所以得到当地政府的大力支持，同时能在选址、手续、税收等各方面给予一定的优惠和便利；降低了经营风险。由于是强强联手，有效控制了经营风险。而且量身定做的订单式开发，降低了开发商的建造成本，减少了销售压力。

但是，这种混合经营模式也存在一定的弊端：首先，对开发商实力要求较高。与国际知名零售企业的合作要求开发商在国内具有相当的知名度，否则很难与这样的大企业建立联系。由于实力强大、口碑良好的大型零售企业属于稀缺资源，所以只能是有实力的商业地产企业参与竞争，大量的中小企业被排除在外。其次，难以控制租售比例。通常而言，租售比例应该控制在7∶3才能保证既能收回大部分资金，又能维持持续的物业经营。如果出售比例太高，将会造成商业各业态难以统一协调，主力店铺的经营也会受到影响。

1.4.3 商业地产企业存在的问题及原因分析

随着经济形势的趋好，商业地产企业迎来了发展的良机。更由于房市宏观调控政策的出台，国内大的房地产开发商纷纷转战商业地产领域，并取得良好业绩。但由于我国商业地产企业发展尚不成熟，很多企业以经营商业住宅领域为主，初涉商业地产业，在实际运营中经验缺乏，难免造成诸多问题。目前，我国商业地产企业在开发运营中存在以下几个方面的问题：

1. 定位不明晰

现代商业地产应该是多功能相协调的、与各种零售业充分结合的高专业化产业，因此立项前要做大量的市场调查和研究，做出准确的市场定位。对于我国的一些商业地产企业来说，普遍缺乏经验，由于没有明确的定位，往往是先建设后招商，许多商业项目在选址、内部结构、仓储设施等方面无法满足商业经营的要求，形成大量无效供给，造成烂尾楼现象。同时，即便有很好的商业地产项目开发规划，由于利益的驱使、资金链的要求、环境的变化等因素，导致很多企业在具体执行中出现较大的偏差和游离。由于在项目规划中忽视了商业地产的专业性，一方面对市场缺乏专业性的研究，对区域的需求缺乏正确的评估，另一方面没有从当地消费者的需求角度出发进行项目的开发设计，结果导致选址失当，定位不准。商业地产企业这种缺乏统一规划和准确定位的开发

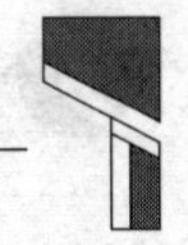

操作程序，导致了商业项目与零售业态接口出现偏差，削弱了整个商业项目规划的合理性。导致了这样一种现象的出现：一方面出现了很多品牌商家，找不到适合的商店，与此同时很多已经开发的商业项目则大量闲置。例如，某购物商业广场（建筑面积约10万平方米）处于高档生活区内，通过调查周边目标消费人群能够支撑如此规模的商业广场且消费实力较强，但该项目在进行前期商业规划时定位不准确，经营无特色。项目建成后，招商虽取得了成功，但由于商家整体商业氛围营造不力且与目标人群消费对接程度低，商家入场后经营很快陷入困境，之后迅速大规模的撤场，项目经营崩盘。

2. 整体布局不合理

商业地产是整个经济链条中的一个基础性产业，商业地产的建设与城市的和谐发展息息相关。商业地产的开发运营，一定要考虑到当地的人口数量、消费水平、市场容量、业态选择、商品定位等综合因素。但是目前，我国很多城市商业网点的规划还没有纳入到城市的整体规划之中。从开发商的角度看，由于与生俱来的逐利本性，不可能站在城市商业网点平衡的基础上进行建设。由于商业网点建设缺乏统一规划，必然导致盲目无序的投资开发，商业地产开发整体布局分布不合理。布局失衡加剧了同业间恶性竞争，使得商业地产建设脱离了商业发展的实际需要，浪费了宝贵的社会资源。因此，加强城市商业开发建设的宏观管理和统一规划是必须的选择。

3. 项目后期经营管理能力专业化程度低

商业地产价值最大化不是指开盘销售期间的价格最大化，而是从商业经营角度看，经过长期的持续经营实现商业物业经济效益和后期升值。可见，后期的经营管理对于商业地产成功与否至关重要。在欧美发达国家，购物中心等商业地产的经营惯例是只租不售的。但是，在我国，由于资金的矛盾使得许多开发商把商铺一卖了之，以售代租。由于缺乏统一的经营主体，众多入驻商户仅凭自己对市场的判断进行经营，部分超大型购物中心变成了小商品市场，经营混乱，使得开发前的规划被打乱。这种以卖为主、分割经营、服务不够统一的局面，对于商业地产企业的长远发展不利，其负面效应会对开发商的品牌有影响。部分开发商通过炒作导致商业地产售价高昂，抬高了购物中心的租金价格，对各种品牌企业的进入形成壁垒，由此产生的这些矛盾直接导致后期物业管理困难，最终给商业地产本身的发展带来负面影响。

4. 商业项目同质化现象严重

国内许多商业物业开发建设，事先没有进行市场定位与建筑设计，没有考虑商业企业的意见，结果建成后不符合商家的用途和要求，导致部分入驻商家不得不削足适履。很多商业项目只是简单克隆和重复成功案例的开发和经营，没有创新，也没有考虑商业的实际需求，使得项目滞后和同质化现象严重。在一些一线城市，部分开发商脱离消费者实际需求，盲目开发大型购物中心，购物中心的业态设计与消费者需求脱节，服务质量与管理水平较低，造成目前国内商业地产项目普遍缺乏持续竞争力。业态趋同不仅无法满足消费者多样化的需求，还容易造成地产企业的竞争能力下降，削弱后续发展能力。

我国商业地产之所以存在上述四个方面的问题，除了行业本身起步晚，发展不完善的原因外，还有以下两个方面的原因：

(1) 商业地产缺乏专业人才。我国商业地产的开发商大部分是从住宅开发商转变而来，缺乏专业的商业地产知识，对于项目的开发一般是根据以往住宅开发的经验和国外、国内典型成功案例的经验来运作，以回收资金作为目标和手段。商业地产企业最缺乏的就是既懂商业又懂地产、既懂企业又懂市场的复合型人才。复合型人才的缺失致使在商业地产开发的过程中出现了短线操作和各种浪费、不合理情况的发生。商业地产的投资属于投资额大、回收期长、风险高的项目，其开发操作牵涉到设计、建筑、融资、招商、运营及管理在内的诸多环节，是一个跨学科、跨专业的系统工程，跨地产和商业两大投资领域。专业人才的缺位是我国商业地产定位不准、经营混乱的主要原因。

(2) 政府的盲目推动。商业地产项目建设应该结合当地的风俗习惯、文化环境、产业优势和历史传统，使商业地产的发展与城市建设、城市经济的可持续发展相协调。但是由于购物中心、步行街等大型商业设施具有较强的市政效果，很多地方政府不顾当地经济发展状况，一味地积极推动。有的商业地产项目过于重视城市景观要求，忽视了商业物业本身的使用功能和城市商业布局的科学性，重复建设和盲目开发，容易造成大型商业项目在数量和结构上的失衡。

1.4.4 提升商业地产企业竞争力

2010 年，商业地产迎来了发展的大好时机。在今年国家对房地产市场的宏观调控中，投资住宅项目的资金被限制收紧，但对商业地产并未明确限制。这对一度被低估的商业地产来说，意味着新的利好和机遇，商业地产的优势开始明显呈现。与商品住宅成交量萎缩相反，商业地产市场成交稳定，并成放量走高态势。业内专家表示，商业地产的黄金十年已经到来，此轮投资热潮涉及资本预计可能达到 2000 亿。除了国家宏观调控的因素，城市化进程的不断推进、中国宏观经济的持续增长和社会消费品零售额的不断扩大，同样是刺激中国商业地产市场蓬勃发展的重要因素。

尽管如此，商业地产企业在发展中也存在着危机，市场上依然有不少商业项目经营惨淡，商业地产企业经营面临较大的风险。商业地产本身投入大，资金回收期比较长，投身商业地产的开发商往往会面临巨大的资金压力。虽然商业地产在未来十年都具有良好的开发前景，但对于大部分开发商而言还将面临资金、运营能力等多方面的挑战。因此，房地产企业进入商业地产领域需谨慎而行。为了在竞争中取胜，商业地产企业需全面提升企业竞争力。

1. 定位准确是商业地产企业提升竞争力的前提

定位准确是商业地产企业提升竞争力的前提。准确的项目定位就是通过对辐射区内市场容量、消费水平、租金承受能力等商业信息进行细致分析，找到目标消费群体，并结合经营者的要求，因地制宜地规划、开发。在日益激烈的市场竞争中，每一个成功的商业地产企业和成功的策略背后，都有一个合理、科学的定位。商业地产的定位包括选址、定客户和定规模。万达集团董事长王健林在中国商业地产高峰论坛上演讲时曾说："在选址上，无论如何不能一次确定，有时间的话，一年的时段，最好在黄金季节、非黄金季节一天的时间，中午、晚上都看看。"商业地产最好选择传统的商圈所在地，也可以选址在有升值潜力的开发区。在选址时，最好能根据城市未来发展方向进行综合评估，这样能增大商业地产未来升值潜力。商业地产的定客户就是选择目标消费群体，根据不同的消费群体选择不同的经营类型。商业地产的定规模就是选择规模合适的商业地产。规模不是越大越好，应根据实际情况选择，合适的规模才能带来最佳的效益。

2. 专业人才是商业地产企业提升竞争力的关键

目前，中国商业地产最缺的就是复合型专业人才。商业地产的开发操作牵涉到设计、建筑、融资、招商、运营及管理在内的诸多环节，跨地产和商业两大投资领域，所以对各专业的融合性要求较高。专业人才的储备可以提高商业地产企业的核心竞争力，提高运营效率，降低经营风险。商业地产企业应注重人才机制的建设，特别应注重商业地产策划和运营人才的储备，建立科学有效的激励机制和培训体系。

3. 增强融资能力是提升企业竞争力的重要保证

商业地产企业是资金密集型行业，所以较强的融资能力是提升商业地产企业竞争力的重要保证。由于大型商业地产一般都是采取只租不售的经营模式，资金回收期长，这对原本就资金紧张的房地产开发商提出了更高的融资能力要求。商业地产企业的融资方式包括银行贷款、股权融资、信托计划、投资基金等。我国商业地产的开发主要依靠银行贷款。目前，全国商业地产对银行信贷依赖水平在 70%～80%左右，商业地产自筹资金比例很低。一旦银行收缩银根，资金依赖银行的企业就容易面临资金链断裂的风险。所以，商业地产企业应拓展多元化的融资渠道，在一定风险能力范围内，扩展融资渠道，增强权益和负债融资。

4. 加强后期的经营管理

商业物业作为一种商业经营场所，后期的经营管理至关重要。优秀的经营管理可起带动周边商业物业形成区域发展，达到整体提升周边商业环境的效果，还可以树立商业物业自身的良好形象，增加开发商的美誉度。所以，开发商在整个项目的发展过程中，要尽快改变商业地产卖完就走的错误思路，努力实现从开发商到商业经营的角色转变，改变过去重建设、重销售，轻服务、轻经营的落后做法，将目前的以出售为主的经营模式转到以出租为主的经营模式，确立地产开发和商业运营并重的经营格局。

1.4.5 2010年上半年几大房地产企业商业地产发展情况

万达集团：万达商业地产公司拥有的不动产面积超过1200万平方米，已经成为亚洲最大的不动产商。2010年上半年施工面积1572.4万平方米，同比增长58%；新摘牌11个项目；销售额362.2亿元，是该集团成立22年来首次半年销售收入超过300亿元，同比增长超过200%。据估计，2010年8月至12月，万达商业地产公司将在全国开业15个万达广场、7家五星级酒店，与2009年相比成倍增长。

宝龙地产：截止2010年6月，宝龙地产已在福建、天津、山东、河南、江苏等省、市的18个新兴增长城市建设了22个商业地产项目，总开发面积近1000万平方米。宝龙地产董事长许健康表示，宝龙正不断拓宽产品线，迅速覆盖二三线城市，择机进入一线城市，并结合不同的产品模式逐步向四线城市渗透。该集团的目标是通过5年左右的努力，完成超过100个商业地产项目的建设。

中粮集团：中粮集团在北京、天津、上海、广州等一线城市，共拥有10余个项目。中粮置业总经理韩石表示，计划在未来2～3年，在全国复制10个以上大悦城项目。未来5～10年，在全国拓展20个大型商业地产项目大悦城，总资产达到700亿元规模，达到集团总资产的30%。

保利集团：商业地产一直是保利集团发展战略之一。2010上半年，保利的商业地产经营稳步提升，经营面积约55万平方米，实现经营收入约2亿元；新增土地储备约359万平方米，总土地储备花费约227亿元。26宗土地当中，仅4幅为纯住宅用地，其余22宗地块为商住两用地及纯商业地块，支付的地价约173亿元。

1.4.6　商业地产企业总评价

随着国家加大对房地产市场的调控及商业地产市场逐渐成熟，商业地产企业从中既面临着机遇也面对着挑战。一方面，政府将会把对于住宅的扶持转向商业地产，银行及投资者资金从住宅转向商业地产的力度将进一步增大。另一方面，随着开发商进入和投资商业地产的力度将不断增强，特别是民间资本将大举进军商业地产，尤其是商铺和写字楼，使得商业地产企业之间的竞争将更加激烈。

面对机遇和挑战，商业地产企业只有且必须适应形势，强化内功增强素质，提升自身竞争力，才能在未来的市场竞争中做强做大，而不是淘汰出局。具体而言，一是提升企业管理水平，增强融资能力；二是注重商业地产策划和运营人才的储备及建立科学有效的激励机制和培训体系；三是转变盈利模式，由当前的开发出售为主逐步向持有出租模式转变。

总体来看，由于目前国内的商业房地产市场尚未完全成型，一些城市普遍存在“商住倒挂”现象，可以预计未来商业地产企业的发展将迎来黄金十年。不过，由于商业地产复杂性和要求明显高于住宅，因而短期内商业地产企业的发展还存在诸多的困难，特别是开发运营管理上与住宅领域的巨大差距，将直接关系到一些转型商业地产企业开发成功与否。

1.5　商业地产融资分析

1.5.1　商业地产融资概述

1. 商业地产融资概念

自从 1998 年的住房市场化改革以来，中国的房地产市场迅速发展。特别是从 2002 年开始，我国的商业地产进入了快速发展的时期。随着我国房地产市场的不断完善、商业流通的发展以及城市消费人口的增长，未来我国的商业物业将面临良好的发展机会。商业地产一般包括写字楼、商铺、酒店、停车场和仓库等。它同住宅有显著差异，其经营模式是“开发加持有”。主要是通过收取租金来获取回报，现金流比较稳定。房地产业本身就是一个资金投入量大，投资期长的行业，资金来源是制约商业地产发展的关键因素，因此商业地产的融资问题就显得尤为重要。商业地产融资指的是商业地产开发商通过自身的内部积累或者各种外部融资方式，如银行信贷融资、上市融资、债券融资、信托融资及项目融资等方式为商业地产项目筹集资金的金融行为。

2. 商业地产融资特点

住宅地产一般是按照贷款、开发、销售、还贷和盈利这样的模式来快速回收资金。与此不同，商业地产并不是以销售为主的，其资金回收多是通过收取租金以及其他的物业管理费用来实现的。因此，商业地产融资具有资金需求量大、融资期限长、融资渠道多样化、融资前景广阔等特点。

3. 商业地产融资渠道分析

根据资金来源的不同，商业地产融资可分为内部融资和外部融资两种类型。其中，内部融资包括企业的自有资金，预租预售款和定金。外部融资包括银行信贷融资、上市融资、债券融资、房地产投资信托融资、房地产基金融资、和项目融资等。

(1) 企业自有资金

房地产开发项目的自有资金是指房地产开发企业的注册资本和历年收益结存形成的权益资本。自有资金通常是衡量房地产开发企业整体实力和项目开发风险的重要因素。为降低房地产开发项目的风险，保证项目顺利完工，人民银行和银监会等监管机构对房地产项目开发的自有资金比例有明确要求，各股份制商业银行也制定相应的房地产项目贷款政策。因此，商业银行应通过核实房地产开发项目的自有资金来测算其资金缺口，特别是应关注房地产开发项目自有资金的界定问题，防止开发商任意扩大自有资金范围，掩盖项目资金缺口。

(2) 预租预售款和定金

商业地产的预租预售是指，房地产开发商将正在建设中的商业地产项目预先出租或出售给经营者或者买受人，并由经营者或者买受人支付定金或者住房价款的行为。

房地产开发项目可以通过预售和预租在开发过程中获得一定的收入，而这部分收入又可以用作后续开发过程所需要的投资，所以就能减轻房地产开发商为开发项目进行权益融资和债务融资的压力。在房地产市场前景看好的情况下，大部分投资者和机构，对预售楼宇感兴趣，因为他们只需先期支付少量定金或预付款，就可以享受到未来一段时间内的房地产增值收益。对于开发商来说，预售和预租一部分楼面面积，既可以筹集到必要的建设资金，又可将部分市场风险分担给买家，因此开发商的积极性也是不言而喻的。当然，预售和预租楼宇通常是有条件的，一般规定，开发商投入的建设资金（不含土地费用）达到或超过地上物预计总投资的25%以后，方可获得政府房地产管理部门颁发的预售预租许可证。

(3) 银行信贷融资

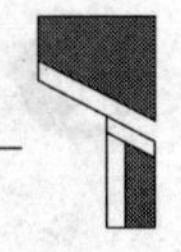

银行信贷融资在房地产开发和投资中占有较高的比例。中国房地产测评中心2010年6月1日发布的《2010年中国房地产上市公司测评研究报告》称，在回款周期拉长、信贷收紧、负债率高企等因素下，房地产企业50强中资产负债率超过70%的有13家。因此，我国的房地产企业平均负债率都比较高。据估计，银行信贷约占到房地产企业各项负债总额的40%。央行发布的《2010年第四季度货币政策执行报告》中的统计数据显示，截至2010年年末，全国主要金融机构房地产贷款余额9.35万亿元，同比增长27.5%。其中，地产开发贷款余额8325.8亿元，同比增长24.7%；房产开发贷款余额2.3万亿元，同比增长23.0%；购房贷款余额6.2万亿元，同比增长29.7%。2010年年末，房地产贷款余额占各项贷款余额的20.5%。从贷款新增量看，2010年全年新增房地产贷款2.0万亿元，同比多增170亿元。但分月度看，同比多增集中在前5个月，6～12月连续7个月当月新增均为同比少增。12月当月新增房地产贷款746亿元，同比少增1148亿元。从房地产市场资金链的情况来看，商业银行基本参与了土地储备、交易、房地产开发和房产销售的整个过程，是房地产市场上各相关主体主要的资金提供者。在现有的房地产开发企业资金来源中，银行贷款风险最小、成本最低。因此，银行信贷融资仍是商业地产开发商最重要的资金来源渠道。但是其所占比重较之以前略有下降，未来商业地产采用其他各种创新性的融资方式将会变得越来越重要。

(4) 上市融资

上市融资是除信贷融资外最重要的外部融资方式，在当前深受房地产开发商的青睐。房地产企业通过上市可以迅速筹得巨额资金，且筹集到的资金成为权益资本，而永久使用。房地产企业一旦顺利登陆资本市场，就打开了今后持续融资之门。因为上市之后，企业就可以发行短期融资券、可转换债券，进行定向增发及配股。这些方式将会大大提高房地产企业在融资方面的主动性。

目前房地产企业选择上市主要有三条路径：内地A股IPO、香港H股IPO、和借壳上市。A股IPO必须经过证监会批准，而证监会对房地产企业上市一直持谨慎态度，尤其是民营房企上市，审批极为严格，甚至明确表示对募集资金用于囤积土地、房源，或用于购买开发用地等的IPO，将不予核准。H股IPO对房地产企业约束较少，门槛较低，只需要业绩足够优秀就可以了，但这也意味着企业在土地储备、销售额和负债率等方面表现优异。这对民营企业，尤其是粤派开发商，吸引力不小。富力地产、合生创展等企业都是通过H股上市的。更多的开发商选择了借壳在A股上市，这是由于借壳上市的灵活性更强。

从企业规模上看，由于上市的门槛比较高，能够利用其融资的多为规模大、信誉好的大型房地产企业。一些急于扩充规模和资金实力的有发展潜力的大中型企业还可以考虑买（借）壳上市进行融资。由于发行股票及上市过程长，手续复杂，成本较高，对企业上市融资条件（至少3年盈利记录，最近3年连续盈利，股本总额不少于5000万元，公开发行达到25%以上）的要求较高，上市审批程序十分严格，且受国家政策的制约性较大，所以大多数的房地产开发商很难通过直接上市募集资金。于是近几年来，房地产企业（尤其是拿不到上市通行证的民营企业）大多倾向于利用买壳上市或借壳上市融资。买壳上市和借壳上市融资具有连续性好、时间短、过程简单及品牌效应四方面的优势。但是买壳和借壳上市还存在一些费用和风险。如地产公司买“壳”过程中进行股权收购可能要支付巨额的资金。要买壳上市，地产公司必须收购足够的股权以达到控股地位，随着上市公司股本的不断扩大，股权收购的费用也越来越高，这意味着要占用大笔的资金。另外，被借壳的上市公司一般资产质量都不是特别好，地产公司要对其进行资产重组，置入优质资产，这又是一笔不小的费用。

（5）债券融资

商业地产项目具有资金量大、风险高、周期长而流动性差等特点，加上我国的企业债券市场运作机制还不够完善，因此国家严格控制房地产债券的发行。监管部门通过严控房地产项目债券审批的措施来规范房地产债券市场。这些约束使得我国商业地产债券融资的门槛较高，且发行成本较高，对于一些民营企业来说是可望而不可即的融资方式。

1993年以前，我国对房地产债券管制较松，所以债券市场交易较为活跃，曾经有过几个房地产项目债券。比如北京华远房地产公司曾在1992年9月发行了2900万元、利率为10.1%、期限为3.5年的债券。后来监管部门为规范债券市场，采取了严格债券审批程序、尤其是严控房地产项目债券审批的措施，因而自1993年至1998年上半年没有公开发行的房地产项目债券。2005年7月8日，中国海外（0688.HK）（以下简称中海）在国际市场上发行价值3亿美元（25亿元人民币）的债券，成为中国第一家成功取得国际评级，以及在国际市场发债的房地产公司。中海作为中国龙头型地产公司的实力，其走出了国内房地产企业海外发行债券集资的第一步。然而，因为发债融资对筹资企业的条件要求较高，中小型房地产企业很难涉足。再加上我国企业债券市场运作机制不完善和企业债券本身的一些缺陷，国内房地产企业大都不采用该种融资方式。但是，未来随着我国债券市场特别是企业债市场的进一步发展和完善，商业地产债券融资必将成为一种重要融资途径。

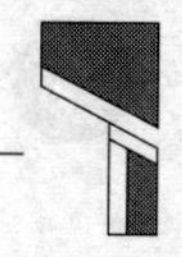

（6）房地产投资信托融资

房地产投资信托融资是当前呼声最高的商业地产创新融资方式，它主要是通过REITs（房地产投资信托基金）来进行运作的。REITs（房地产投资信托基金）是属于不动产证券化中的一种，即房地产企业将其旗下部分或全部商业物业资产（如办公楼、购物中心、公寓、产权酒店甚至仓库等不动产）打包上市，向投资者发行信托单位或股票，并以物业资产的租金等收益为来源定期向投资者派发红利，并由专业的基金管理公司或投资机构进行房地产投资经营管理的一种信托基金。国际上通行的REITs少数属于私募，绝大多数属于公募，既可以封闭运行，也可以上市交易流通。

2008年年底在国务院出台的“金融国九条”的政策措施中，第五条的内容为“创新融资方式，通过并购贷款、房地产信托投资基金、股权投资基金和规范发展民间融资等多种形式，拓宽企业融资渠道”。房地产信托投资基金首次在国务院层面作为一种拓宽企业融资渠道的创新融资方式被提出。仅过十天之后，国务院办公厅发布了更为细化的“金融国30条”，再次明确提出“开展房地产信托投资基金试点，拓宽房地产企业融资渠道”。当前，我国在房地产投资信托方面的法律法规还不够健全，未来发行REITs仍有一段路要走。然而，从美国等发达市场经济国家的经验来看，REITs是成熟房地产市场中非常重要的融资渠道。随着我国房地产金融市场的进一步发展壮大，REITs将在我国商业地产融资中扮演重要的角色。

（7）房地产基金融资

房地产基金是产业投资基金的一种，产业投资基金是直接投资于产业的基金。产业投资基金主要对未上市企业进行股权投资和提供经营管理服务的利益共享、风险共担的集合投资制度。房地产基金是一种主要投资于房地产或房地产抵押有关公司发行的股票的投资基金。按照是否直接投资于房地产可将其划分为两类：一类是直接投资房地产公司发行的股票上；另一类是间接投资房地产业的基金，即房地产抵押基金，该基金主要是通过投资房屋抵押市场而间接投资房地产。房地产基金以私募股权基金为主，又分为核心基金、增值基金和机会基金。核心基金主要持有具有稳定租金收益的物业；增值基金持有收租物业同时也进行新的投资；机会基金则主要投资开发领域或者公司上市前股权。

美国是世界上最早成立房地产投资基金的国家之一，也是金融制度、法律法规相对健全的国家。20世纪60年代，为解决房地产投资专业性要求高、资金需求大、地域性强、流动性差等不利因素，美国出现了由房地产专业机构管理的房地产投资信托基金，其在汇集众多投资者的资金后进行房地产投资。随着房地产基金运作模式的不断成熟和运作规模的不断扩大，当前房地产基金几乎已经渗入美国每一个大中城市的房产经营活动中。房地产投资基金的发展不仅为广大投资者提供一种金融投资工具，也为房地产业的发展提供了高效的融资渠道，成为连接金融和房地产两大行业的纽带。美国房地产投资基金有开放式基金和封闭式基金的区分，采用互惠基金的共同基金组织形式的房地产投资基金基本属于开放式基金，而采用有限合伙制度组织形式的房地产投资基金多为封闭式基金。其中，以有限合伙制房地产投资基金最为普遍，而采用开放式基金模式的相对较少，约占30％。

房地产基金在中国已有十余年历史，早期的主力是以麦格理、摩根士丹利等为代表的投资银行，近年投资市场从上海、北京延伸到二线城市。2010年以来，多家大型房地产公司准备设立房地产基金。

(8) 项目融资

项目融资是指项目的承办人（即股东）为了经营某个项目而成立项目公司，以该公司的名义来筹集借款，并以该公司的现金流和收益作为还款来源，以项目公司的资产作为贷款的担保。这种融资方式一般用于现金流量稳定的大型基建项目，如道路、桥梁、机场及大型石油化工等项目。同其他融资方式相比，项目融资具有融资金额巨大、风险分担的特点。因此，对于大型的商业房地产项目可以采用项目融资的方式。当前，项目融资在我国仍处于起步阶段。而且传统意义上的项目融资并不适用于商业地产融资，它主要适用于现金流量稳定的项目，而商业地产的现金流量却具有一定的波动性。要利用项目融资的优点为商业地产融资，就需要选取适当的项目融资模式。一般而言，由投资者共同组建项目公司，并为其贷款银行提供项目完工的担保。

1.5.2 我国商业地产融资存在问题及原因分析

1. 我国商业地产融资存在的问题

(1) 融资渠道单一，对银行的依赖性过大

银行信贷历来就是房地产业最重要的融资渠道。我国的房地产业对银行信贷的依赖性过大，这将会给房地产企业和提供贷款的银行带来巨大的潜在风险。

一方面，当前针对商业地产的各种创新融资方式发展还比较滞后，规模还较小，难以满足商业地产发展和运营的巨额资金需求。而且各种创新融资方式的资金成本比较高，发展模式处于探索阶段，存在很大的不确定性。因此，很多房地产企业不愿意去尝试那些没有把握的融资方式。而愿意选择银行信贷这种目前最为成熟，资金成本较低的融资渠道。但是，当宏观经济形势发生变化

时，特别是国家实施紧缩性信贷政策时，房地产企业就会面临着利率上升导致的融资成本提高，或者难以获得银行信贷的支持。因此，在紧缩的信贷政策下，部分自有资金短缺，现金储备不足的房地产企业就面临着资金链断裂，企业难以持续经营的危险。部分房企面临着出售土地储备或者折价转让正在开发的楼盘，甚至整个企业都被收购的风险。

另一方面，当前房地产贷款占银行信贷的比重过高，使得银行贷款的行业集中度过高，从而面临较高的政策性风险和市场风险。房地产行业是一个风险较高的行业，而且对宏观调控政策的敏感性很强。当房地产市场面临较为严重的泡沫时，或者房价上涨过快时，就会遭到国家严厉的紧缩性宏观调控。这种紧缩性调控可能会使房地产市场进入下行周期，从而使得部分银行信贷成为坏账难以收回，这将给银行带来很大的隐患和损失。

（2）缺少针对商业地产的专业化融资方式

商业地产在我国的发展时间还比较短，因而仍处于初级阶段。而且我国的商业地产商大多都是从住宅地产商转变过来的，因此商业地产在融资方面仍是按照住宅市场的融资方式进行的。事实上，商业地产同住宅地产有很大区别。住宅地产多是快速开发并出售，因而较短时期内一般就能收回资金。商业地产只有一小部分是要出售的，大部分是开发商自己持有，通过收取租金而产生长期的现金流，因而它资金的回收期很长。不仅资金的回收期较长，商业地产一般开发所需要的资金量更大，因而其融资需求很大。当前我国的商业地产融资仍是依靠企业的自有资金和银行信贷为主。上市融资、房地产投资信托融资、房地产基金融资、债券融资和项目融资等适合于商业地产的创新融资方式基本还处于探索或初级阶段，未能成为商业地产融资的主流渠道。而这些创新融资方式在西方成熟市场国家是商业地产融资的关键途径。

（3）商业地产运营方式不够合理

中国的商业地产在近些年的发展过程中始终饱受资金短缺、商业资源不足、运营管理方式较为粗放等客观不利因素的困扰。缺乏创新的商业概念和差异化的业态、整体资金实力不强和中长期资金品种几乎空白、系统和长期运营能力偏弱、专业细分化和跨界人才的匮乏和流动加快，以销售商铺为主的模式依然占主导地位，这些仍然是当前中国商业地产发展的问题。商业地产涉及商业与地产两个产业，如果在商业地产的运营中，仅从地产或商业的角度进行运作，都会受到局限。如对商业建筑的定位、业态的把握，地产与商业各有侧重。因此，商业地产要从商业经营和地产开发两个角度综合考虑，从商业经营的角度研究确定商业经营的方向，从地产开发的角度考虑地产营销。成功运作商业地产，需要具备地产选址和商业规划设计的远见、超前的经营与管理理念和多元化的融资能力。

在传统的商业地产开发模式中，地产商与商业企业为相互独立的追求各自利益最大化的个体，这种各自利益的最大化必然会引起商业地产开发运营过程中的冲突，结果由于冲突反而导致交易费用增加，收益受损。当前我国的商业地产从总量上看面临着商业网点不足的问题，然而主要的问题则是结构问题。在我国的部分大城市或中型城市出现了几轮盲目投资，建造大商场的高峰，然后又出现了几轮破产倒闭的高峰。这种盲目的投资建设在一些地方还在继续，破产和倒闭还在继续。引发出商业设施、资源浪费等一系列问题。另外部分商业街和中心商务区的建设也缺乏规划，具有一定的盲目性。由于融资渠道不畅，商业地产开发商迫于资金压力而主要倾向于开发出售型的商铺，从而导致出售型商业比重过高，出租型商业不足。

2. 我国商业地产融资问题的原因分析

(1) 房地产金融市场不够健全

之所以当前我国商业地产融资渠道单一，过度依赖于银行信贷，主要是由于我国的房地产金融市场发展滞后。目前，我国对房地产企业上市融资采取审慎的态度，对房企上市的条件比较严格，这在一定程度上限制了房地产企业的上市融资。另外，房地产信托投资和房地产基金仍然没有相应的法律规范，它们仍处于探索阶段，也难以为房地产企业融资发挥重要作用。未来，要改善商业地产融资渠道单一的问题，就要大力支持和引导各种创新型融资方式，使商业地产融资逐渐趋向于多元化，融资结构合理化。

(2) 商业地产融资工具创新缺乏动力

当前我国商业地产融资渠道单一，这会对商业地产的运营产生一定的影响。由于各种创新融资工具发展滞后，因而资金压力较大，商业地产商倾向于发展出售型的商铺，导致出租型商业比较短缺。另外我国商业地产的发展规划还不够科学合理，部分地区的商业地产重复建设，从而由于闲置导致资源配置效率较低。然而在二三线城市或者部分农村地区，却面临着商业地产不足的问题。

(3) 商业地产融资缺乏成熟的理论指导

我国的商业地产发展时间还比较短，同国外成熟商业地产市场相比经验还显得很不足。另外，我国的房地产金融市场目前仍然不够健全和完善。没有形成一套科学合理的理论指导，从而导致商业地产融资工具的开发没有合理的规划。导致各种创新型融资工具的发展滞后，限制了我国商业地产市场的发展。

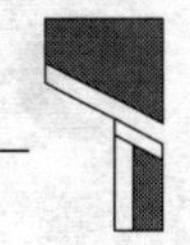

1.5.3　我国商业地产融资建议

1. 商业地产企业融资建议

（1）贷款阶段化和专业化

广义而言，商业地产开发包括前期取得土地、建设开发、出售或出租、商业物业管理四个阶段。其中，建设开发阶段是商业地产开发中持续时间较长，需要资金量较大的阶段，这一阶段需要有充足的资金支持。当前，商业地产开发阶段融资仍是以银行信贷为主的。由于开发阶段的资金需求量大，为了保证资金能及时到位，未来应实施贷款的阶段化和专业化。即根据商业地产建设开发过程中的各个环节，分别同银行签订贷款协议，从而为各个环节安排合理的贷款规模。贷款专业化则是指特定的商业地产项目同特定银行建立单独的、有针对性的贷款协议，以达到用专款建专房的目的。

（2）结合企业自身发展阶段及规模选择融资方式

商业地产企业融资之前应该对企业规模、发展方向、战略定位及商业项目作充分了解，明确企业具体融资需求，在充分考虑外源融资途径的可行性及融资成本、融资风险的前提下选择合适的融资方式。对于大型的房地产企业可以选择上市、买壳、发行债券、房地产基金、海外资金、REITs等多种方式或其组合，而众多的中小型的房地产公司可以选择信托、夹层融资、联合开发等融资方式。此外，房地产企业还可以积极利用自身条件争取其他外单位的投资，加强与外界的经济合作，实现融资新渠道的开发。

（3）完善财务管理，加强信息透明化

一些非上市商业地产企业难以得到外源融资的一个重要原因是财务不规范，信息不对称，使得债权人或股东对其难以产生信任，影响融资。因此，从如实反映企业的经营成果以及取得外部投资者及债权人信任的角度出发，企业应该完善财务管理制度，尽量减少信息不对称对融资的负面影响。

2. 政策建议

（1）拓展融资渠道

首先要完善并发展房地产信托。由于目前国内房地产信托存在不少问题，为拓展房地产融资渠道，我国的房地产信托还需进一步完善及发展。一是要完善相应法规，使信托公司和开发企业按照具体规则进行合作，从而保障双方的利益。二是要建立房地产信托融资支持服务系统，着力建立健全房地产中介服务体系，完善评估行业的管理体制，建立房地产信托融资信息网络系统。三是要适时培育房地产投资信托基金REITs。通过借鉴国际流行的房地产投资信托基金REITs模式，适时培育和发展房地产投资信托基金，不仅有望克服银行体系房地产贷款风险集中的问题，并可以推动房地产行业持续稳定健康发展。

其次要促进住房抵押贷款证券化。住房抵押贷款证券化在我国还属试验阶段，完善住房抵押贷款证券化，一是要法制化夯实我国个人信用基础。个人信用体系是整个社会信用体系的重要内容，我国的当务之急是有效的借鉴国外的成功经验，对消费信贷的环境、授信及还款等方面颁布一系列法律法规，使个人信用体系在法定的框架下高效、有序的运行。二是要扩大和规范住房抵押贷款市场。以需求为导向，细分市场，充分考虑经济上的差异、地区因素设计抵押贷款组合，实现金融机构在抵押合约、贷款合同、贷款程序等标准化服务，开发不同期限、不同利率水平、不同种类的贷款，实现银行的多样化服务，拓宽抵押贷款组合的数量和种类。三是要建立相关法律框架和金融监管体系。通过制定《住房抵押贷款证券化法》，使得住房抵押贷款证券化的发起和运营在法制化环境中运行，以保护抵押证券持有者的利益。

(2) 不断完善房地产企业融资相关法律法规

现行相关法律法规体系在现行的法律法规中，如《商业银行法》、《合同法》、《建筑法》、《公司法》、《民法》、《担保法》等法律法规条文中缺少有关房地产信贷和金融条款的法律条例，对约束和规范房地产开发商、个人的金融行为极为不利，造成了商业银行在经营业务上容易产生急功近利的倾向，比如有的商业银行降低客户资质等级评定的门槛，将审查手续简化，将审查速度加快等，也造成了一些开发商和购房个人提供假资料、假资信，来骗取信贷资金，造成了资产流失等损失。因此，我国应尽快修改完善现行的法律法规，确立房地产信贷的法律地位，如制定房地产开发企业贷款管理法、产业基金法、违反房地产信贷管理办法处罚条例等，明确规定开发商及个人的权利与义务，规范房地产开发商的融资行为，促进房地产金融市场健康发展。

(3) 鼓励房地产融资专业人才的培养和理论研究

要积极鼓励和倡导既懂金融又懂房地产的复合型人才的培养和理论研究。房地产信托业务、房地产投资信托基金、房地产产业投资基金等一系列新的房地产金融业务的兴起，需要大量的人才作基础后盾。这些人才与以往的不同，他们不仅精通金融、证券业务，还要涉猎房地产经营、法律、资产评估等相关知识。同时，由于我国的房地产企业融资渠道相对于国外同行融资渠道显得比较单一，导致对房地产企业融资的理论研究相对滞后。为了更好完善我国房地产企业的融资渠道，进一步降低融资风险，建立健全融资工作各项法律、法规和制度建设，有必要进一步强化对房地产企业融资工作的理论研究，以期更好地指导实践工作。

1.5.4　总体评价与分析

随着我国城市化水平和经济发展水平的不断提高，未来我国的商业地产将面临着良好的发展前景。然而，商业地产是资金密集型的行业，房地产金融市场的进一步健全和完善对于促进我国商业地产市场发展至关重要。当前我国商业地产仍处于发展的初级阶段，商业地产的融资结构过于单一，融资体系不够健全。融资方面的这些问题制约了商业地产市场的进一步发展和壮大。未来我国商业地产的融资结构需要调整，要大力发展各种创新型的融资工具，促进融资渠道的多元化，减少我国商业地产对于银行信贷的过度依赖。但是上市融资、房地产投资信托、债券融资、房地产基金和项目融资等目前规模很小，发展仍然很缓慢，未来需要政府各界的大力支持。

1.6　2011商业地产行业预测

2010年，是房地产行业的调控年。房地产市场面临前所未有的严厉调控，2010年冬天的房地产行业特别"严寒"，但相对住宅的"寒彻"，商业地产颇有戏剧性地走到房地产舞台中央，2010年已结束，2011年商业地产市场将如何变化?

1.6.1　商业地产需求上涨及空置率降低趋势将持续

据仲量联行、戴德梁行等多家房地产咨询公司2010年报告显示，2010年商业地产呈爆发式增长，达到历史新高。2010年前三季度，北京写字楼市场的新增需求是99万平方米，是2009年全年需求45万平方米的2倍；第四季度则创下了37.5万平方米的吸纳量新高。北京2010年全年写字楼的供应量大约71万平方米，而吸纳量几乎是供应量的2倍。同样在2010年年底商业地产需求快速上扬的还有上海、广州、深圳等一线城市，12月份，上海写字楼成交1854套、287096平方米，成交量达到年度最高峰值。吸纳量超过供应量，使得商业地产的空置率持续降低。数据显示：2010年第四季度，北京写字楼整体空置率同比下降15.7%，大部分写字楼空置率探至10%以下，创6年来新低。国家统计局发布《2010年全国房地产市场运行情况》报告显示，2010年办公楼和商业营业用房销售额分别增长31.2%和46.3%，商品房销售额5.25万亿元，比上年增长18.3%，达到近年来最高水平。

从以上需求数据及目前商业地产供应情况分析，预计2011年北京市商业地产需求将出现上涨，空置率将出现下降。原因分析，一方面市场需求强劲，本地和外资企业在经济复苏期发展迅速，企业经营状况的好转和经营规模的扩大，都将促使商业地产需求的旺盛；另一方面，2010年政府出来一系列政策调控住宅市场的发展，但是商业地产受冲击力度较小，受到一些投资者的关注，较松的环境将促使商业地产需求继续上涨。

1.6.2 商业地产售价及租金均将继续上扬，商住价格倒挂局面会进一步得到缓解

商用物业和工业地产是宏观经济的“晴雨表”。在一个健康的房地产市场上，相近地段的商业地产项目售价要比住宅项目高出30%左右。中国楼市的情况却恰恰相反，过去几年房价涨得过快主要指的是住宅市场，商业地产与同地区的住宅楼盘形成了商住价格倒挂的局面。2009年，与火爆的高档住宅市场相比，写字楼等商业地产的表现相形见绌。以北京市花市大街为例，位于花市大街某高端公寓价格达到3万元/平方米，最高曾达到3.5万元/平方米，而在附近几乎没有单价高于2万元/平方米的写字楼。[1]

2010年，随着全球经济大环境的逐渐回暖，企业经营状况的好转和经营规模的扩大，促使商业地产需求的旺盛，商业地产租金上扬。据第一太平戴维斯2010年数据显示：北京、上海、广州、深圳等一线城市不仅成交量爆发式增长，租金也节节攀升。2010年北京写字楼租金同比上年增长25.2%，广州区域年增长14%，而深圳更是高达24.5%，均创历史新高。[2]

随着商业地产租金大幅度提高，促使更多投资者青睐于商业地产，也使得商业地产价格上升，商住价格倒挂的局面终于得到改善。2010年北京市中心城区写字楼均价继续回升，原东城区、原西城区、原宣武区和朝阳区位列全市写字楼成交价格的前四名，原西城区和原东城区的写字楼价格已经突破3万元大关。尽管同区域的住宅项目价格目前仍然超过商业地产项目，但商业地产与高端住宅市场价格倒挂已经有所缓解。

2010年政府出台一系列政策调控住宅市场，但商业地产受的冲击力度较小，因此受到一些投资者的关注。相对宽松的环境将促使商业地产的租金和售价继续上涨。从目前商业地产供应和市场情况来看，预计2011年商业地产的租金和售价均将上涨，商住价格倒挂局面会进一步得到缓解。

---

[1] 新浪房产：地产富豪引领投资者带热商业地产，租金售价持续上涨。http://365jia.cn/news/。

[2] 第一财经日报：戴德梁行预测商业地产2011年将继续上扬。http://sh.house.sina.com.cn/biz/。

1.6.3 商业地产开发热点逐渐向二线城市及郊区转移

1. 开发热点逐渐向二线城市转移

由于地区经济发展不平衡等因素，目前商业物业在我国全国范围内分布不均衡，随着国家产业结构的调整和城市化进程的加快，这样的局面将有所改变。首先，出于对全国整体经济平衡发展的考虑，或从单个城市的产业结构均衡发展、缓解城市内众多商业物业之间竞争恶化的局面从而提高单个购物中心的经营效益考虑，一线城市的购物中心数量应该适当加以控制。其次，从客观的发展形势上看，一些省会城市和部分二线城市具有一定的成长空间和发展潜力，使得热点的转移成为可能，比如西安以及苏杭一带的观光旅游主题资源近年来得到了不断的挖掘并且有进一步发展的势头，结合人口、消费、旅游等方面的基本状况，已经具备发展商业物业甚至是大型、综合型商业物业产业规模的潜力。

2. 开发热点逐渐向郊区辐射

由于大量商业地产是从属于住宅小区建设的社区商业地产，因此随着土地供应量和商品开发的中心外移，商业地产同样呈现出“向外挪移”的态势。由于城乡差异、人口密度、商业布局、消费水平等多方面因素的影响，我国的购物中心在分布上呈现出“城市中心型”一枝独秀的局面，全国有77%的购物中心分布在城市中心区，而城市边缘区所占比例为18%，郊区型购物中心只占购物中心总量的5%。随着城市化进程及在大都市周边建设卫星城的趋势，越来越多的都市人群相继在郊区进行二次置业，已客观上要求在郊区出现这样的购物中心以满足生活需要。

由于城市的数量没有增加反而减少，对于每一个城市而言，必将向郊区化发展，尤其是大中城市；而且城镇人口比重逐年增加，农村人口比重逐年下降。因此，在此双重作用下，城市化作用于房地产市场乃至商业地产市场的表现是：城市的快速扩张和小城镇、卫星城建设的加快，使得今天的郊区可能就是明天的市区，城镇人口的增加必然要求提供更多的商业设施和营业场所，在此背景下，商业地产的市场前景是乐观的。

1.6.4 更多房地产企业将开发业务由住宅转向商业

住宅地产市场调控一阵紧似一阵，已让一线城市的开发商感受到阵阵寒意，在住宅开发目前因为多种因素不再成为企业唯一利润来源的时候，开发商必然要考虑选择不同的业务开发重点。2009年以来，众多在商业地产的门外逡巡已久的住宅开发商们纷纷推出了进军商业地产领域的新战略，如万科放弃秉承多年的住宅专业化路线开始涉足商业地产，世茂集团重组世茂股份专注商业地产开发。2010年宏观调控的加码更加剧了这个趋势。促成这股热潮的因素既包括商业地产市场的巨大发展潜力，也包括住宅市场竞争日趋激烈和宏观调控之下企业追求风险分散的动机。

2011年，随着国家房地产宏观调控政策在各大城市的落实，住宅市场将从过热趋于理性，我们将能看到更多的房地产企业将进军商业地产。

1.6.5 险资外资零售商蜂拥挤入商业地产，助推2011年商业地产繁荣

2010年，住宅市场频频调控，投资资本纷纷转战商业地产，不仅各大房企竞相进入商业地产开发领域，险资外资零售商也投资商业地产，使得商业地产成为2010年房地产最热门的投资领域。

2010年7月31日，保监会发布的保险基金新政中明确，允许10%的保险基金投入房地产。2010年9月5日，保监会发布《保险资金投资不动产暂行办法》，规定保险资金可以投资基础设施类不动产、非基础设施类不动产及不动产相关金融产品。可采用债权、股权或者物权方式投资不动产，但仅限于商业不动产、办公不动产、与保险业务相关的养老、医疗、汽车服务等不动产及自用性不动产。保险基金的投入将缓解商业地产资金之需，商业地产成为此次政策的最大受益者。在投资新规发布后的短短4个月内，各大保险公司到保监会报批的重大不动产投资项目已经超过110单，而在这110单项目的背后是近5000亿元的可投资保险资金。在不完全统计中，平安财险7.18亿整购成都建筑面积达39500平方米的中汇广场二期；中国人民保险集团37.4亿元整购122031平方米的长安街综合体首都时代广场。另外，部分险资进入商业地产开发，中国太平保险2.16亿元购深圳福田燃机电力公司30%股权，曲线购买福田的一地块（占公司估值价格的95%）；由安邦财险、和谐健康保险和标准投资集团组成的联合体以25.2亿元夺得CBD核心4地块中Z5地块。❶

2004年境外游资涌入中国房地产市场，到2006年国家颁布“限外令”，2010年境外游资在2008年金融危机遇冷后，重新在中国房地产市场活跃起来。2010年，国外资本加快进入中国商业地产的步伐，摩根士丹利、高盛、麦格理、瑞银、美林、华平投资、软银等国际投资机构介入中国房地产，而且主要是商业地产。外资进入中国商业地产有两个重要的背景：一是人民币升

❶ 安得广，中国经济导报。险资外资零售商给力2010商业地产大宗交易频现。http://www.zgjrw.com/News/2011215/home/324886236810.shtml。

值，二是在亚洲经济快速增长的背景下，房地产的投资机遇。相对价格增长过快的住宅，商业受到租金收益要求的制约，更凸显稳定性，商业地产（包括办公、酒店）更受资本关注。

为了拓展业务，零售商纷纷进入二三线城市，成为二三线城市大宗商业地产投资主体。在2010年，茂业国际频频出手，先后购置4项物业用于百货运营，主要布局山东淄博、临沂，河北保定，近日更是对外公布将投资10亿元开发成都盐市口南区综合体项目，正式介入商业地产开发。新世界百货也于第四季度用5.19亿收购沈阳南宁南街东的一项物业。甚至商业地产发展相对薄弱的西北地区，新疆阿克苏亦在2010年12月现友好集团整购商业房产用于办公。

纵观全年商业地产，开发企业加大全国商业地产布局，险资入市大手笔拿地；国内外投资机构、基金频频出手整购，零售商参与商业综合体开发。一言以蔽之，2010年商业地产逆市上位。预计2011年的中国商业地产将面临群雄逐鹿的市场竞争，对于核心地段、优质物业的投资也将趋于火热。

1.6.6　住宅商业和区域特色商业模式逐渐成为市场热点

随着各大城市大规模居住片区的日益壮大，对商业配套发展提出了新的挑战。一方面是巨大的消费需求带来的机遇，另一方面，是区别于传统的商业中心、商务型商业设施的新型商业模式带来的风险。这种大型居住区的形成所带来的商业催化效应正开始逐步释放。这种新型的住区商业模式有别于传统商业，将会成为未来很长时间内的主流开发模式。

区域特色商业是商业地产开发的一个亮点，各地著名的区域特色商业有助于提升城市旅游业的竞争力，同时可以吸引消费者购物的倾向，以形成比较优势，有利于消费者进行比较和选择，因此具有利润的提升空间。这种消费者的偏好倾向决定了这是商业地产的一个发展方向，区域特色商业在消费者的强烈偏好下可以形成对区域商业地产的有效需求，这就解决了商业地产有效需求不足的难题，因此区域特色商业是商业地产的一个发展方向。

1.6.7　商业地产的经营模式将得到改善发展

经过快速发展时期之后，商业地产的经营模式升级速度加快，商业地产由发展初期以“产权式商铺”为主要销售手段开始逐渐向持有经营模式转变。随着近几年不少开发项目的失利，商业地产开发商更多倾向于专业化和国际化的操作。因此商业地产的理性化发展、实力雄厚的开发商的进入，以“产权式商铺”为特征的经营模式的比例将逐渐缩小，“整体出租、整体经营”策略将更多地受到欢迎。并且伴随着近几年中央政府大力支持城镇现代化建设的步伐，商业地产的发展更是获得了广阔的市场前景，商业地产向中小城市进军的步伐将会越来越明显。另外，商业地产在各方面的完善，发达城市商业地产的成功经验，也将对中国商业地产的经营模式的改善起到推动作用。

1.6.8 商业地产项目运作进一步与国际接轨

从全国商业地产供需形势看，空置率在逐步下降，但同时也存在大量烂尾楼无人问津，这种状况的出现主要是源于商业规划和需求方没有真正的对接。真正能够满足市场需要的商业地产项目需要科学专业化的商业运作，才能够最佳发挥商业资源应有的价值。在目前中国市场上，能够提供国际专业计算模式，并且提供定量的分析数据以及具体的操作实施方案的公司较少。多数的商业策划只有定性的分析，缺乏有数据支撑的执行方案。商业地产之间的竞争是整个商业所体现出来的整体资源及综合竞争力的较量，超越了单纯的项目优势和资金优势的竞争，是综合专业与技术资源优势的竞争。因此，商业地产的运营方式需要开发商的实力、眼光、团队协作能力与判断能力，特别是对于各方面资源的整合能力。许多项目仍试图以哗众取宠的案名，怪异抢眼的造型以及务虚的理念来掩盖经济运营方面理性数据化研究的不足。2011 年商业项目的策划与规划将更多依靠国际专业公司引进具有国际专业水准以及海外招商能力的中介力量，这将是商业地产能否迈进理性化和专业化商业运作的重要里程碑。

1.7 未来商业地产投资分析与建议

在国家对住宅严厉的调控下，当前商业地产迎来了一个较好的发展时机。保险资金、外资及零售商的加入也解决了商业地产发展的瓶颈——资金。同时，当前商业地产也存在结构多方失衡、泡沫凸显等问题，存在着越建越多，越建越大，越建越洋，越建越窄的倾向。如何把握时机投资商业地产是个人及机构投资者、商业地产企业最关心的问题。本节将在前部分研究的基础上，提出一些商业地产投资建议。

1.7.1 商业地产企业发展建议

1. 商业地产的招商要先于地产开发

在科学的商业地产开发程序中，招商应先于地产开发，这样就可以避免地产商所建的商业物业不能满足零售商需求而导致招商难、空置率高等一系列问

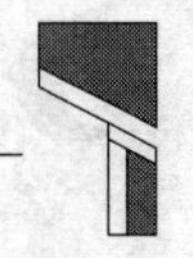

题。在当今商业地产遭遇宏观政策调控，特别是土地政策调控后，商业地产开发成本上升，这不得不使商业地产开发商开始寻求科学的开发方式，避免商业地产开发完成后就形成空置，加大商业地产泡沫。先招商后开发，一方面在开发完成后没有招租的压力，保证了商业地产开发完成后即能投入运行。另一方面，这种开发模式使商业地产根据商家的经营需求和特色来进行开发建造，在建筑形态、建筑布局等方面都有利于商家的商业运营活动。这就消除了地产和商业两者的隔离，使商业和地产达到了真正的融合，保证了后期运营的繁荣和商铺的兴旺。

2. 商业地产的定位要准确化

一个成熟的商业地产开发商在项目建设之初，应深入了解该地区的经济发展水平、商业形态以及市场需求状况，以此确定开发规模、业态组合和目标市场。避免盲目开发造成投资失败和资源浪费。在目标定位中，要在符合城市发展规划要求的基础上，考虑地区内各关键要素对项目的支撑，如果没有考虑则会影响今后自身的经营发展。只有有了准确的定位，才会有合理有序的招商、经营、管理计划，从而使商业地产项目获得成功。

3. 商业地产的融资结构要多元化

当前政府实行的金融紧缩政策，加上银行加强审查贷款风险的措施，使得房地产开发商向银行贷款的融资渠道缩小了，传统的融资渠道已经不能满足房地产开发企业的需要。而房地产业是一个资金高度密集性行业，开发一个房地产项目需要大量的资金，在目前情况下如果不借助于各种融资手段，开发商将寸步难行。同时，房地产开发融资方式的优劣，也直接影响着融资成本的大小，密切关系到开发风险的大小和开发效益的好坏。因此，现在房地产企业需要寻找新的多元化融资渠道。在国内，尽管由于立法、体制及信用等级等方面的滞后与限制，房地产融资还不够畅通，但房地产信托、基金及上市融资等多元化渠道也已初现端倪。商业地产开发商应改变单一依靠银行信贷融资模式，为避免危机的出现，商业地产投资要加快渠道的拓展，使资金来源多元化。一方面要提高开发商的自有资金率。以购物中心这样大型的商业设施为例，业内人士认为，其自有资本金的比例应该达到80％是比较理想的，至少不能低于50％。二是可以尝试发行REITs。REITs已经在房地产融资渠道拓宽中占据了非常重要的位置，而且在住宅房地产投资中已经得到了较为广泛的运用。商业地产投资可以借鉴住宅投资的成功经验，广泛筹资。三是探索商业地产与金融资本的合作模式，在资本市场上追求稳定的现金流。比如上海绿地集团，就通过向德国著名房地产投资机构——国际房地产投资银行（HI）贷款，获得了高达7亿元人民币的贷款，增强了企业的资金实力。多元化的融资渠道解决了商业地产开发商开发后资金的退出机制问题，缓解了开发商还贷与资金需求的矛盾，可以有效地减少开发商的短视行为，从而保证商业地产健康的发展。

4. 商业地产的运营要理性化

房地产泡沫表象下，为害怕泡沫的幻灭，商业地产发展商多采取销售的方式经营商业地产，快速回笼资金，追求短期获利。将产权进行分割，形成小面积的商铺进行销售，这往往导致项目产权分散后难以统一规划业态、统一招商、统一进行经营和管理，不利于项目整体做旺，使商业地产的后续发展相当乏力。根据国外成功的商业地产经验，以租赁为主，进行统一经营、统一管理将是保证项目做旺的关键。因此，运营模式回归理性，就要使租赁成为商业地产运营的主流。租赁模式，使商业地产发展商摒弃了短期获利的做法，做到统一招商、统一安排商业布局、统一形象定位等，最终做到统一管理，从而锁定目标消费者，发挥整合优势，实现精准定位，避免了商铺之间的定位参差不齐，难以统一形象的弊端从而获得合理收益和长期效益，使市场更趋于有序。另外，现在做商业地产开发的发展商，在地产开发方面很有经验，但对商业经营属于外行。于是，一些开发商开始提出，在商业地产前期开发建设过程中，经营公司和物业公司应该介入，使楼盘的建筑设计更符合商业运营的要求。因为经营者的介入不仅有利于建筑设计和布局的合理性，更重要的是其对周边的业态了解，这就可以对未来经营的前景做出比较准确的判断。

5. 商业地产的规划要综合化

当今，商业地产项目应逐渐向多功能混合型发展，这是国人生活方式的体现，也是保证商业活动所必需的人口密度的要求。这种混合型的商业地产体现了三个层次的混合：不同商业业态的混合，如购物中心、商业街等；商业和休闲、娱乐、文化、运动及其他服务设施的混合，如各种商业购物场所、体育健身场所、银行、邮电、教育设施等；动态的商业文化娱乐服务设施和相对静态的居住、办公、酒店设施的混合。不同规模的商业地产可以有选择地与其他功能设施相混合，这对规划设计提出了更高的要求，所有内容不是简单地拼凑而是有机的组合。在功能分区、动静分区、交通流线等方面做到明确有效、各得其所，形成完整的生活链，以发挥最佳的综合效益。

6. 商业地产的后续运营要统一化

商业经营管理可是说是商业地产的命脉。商业地产中商业是灵魂，地产仅是载体。商业地产与住宅营销的最大不同在于，住宅仅是开发商与购买消费者之间发生关系。而商业地产不仅涉及物业购买者更关系到商业经营者。所以，商业地产是开发商、商业经营者和小业主三者利益的共同体。开发商和入驻店

铺要精诚合作，在同一个主题概念指导下开展整齐划一的经营管理工作。商业地产的运营管理要做到四个方面的内容的统一：招商管理（立足长远）、统一营销（广告宣传等）、统一服务监督和统一物业管理，通过运营管理可呈现出宛若单个店铺一样的统一协调感。商业项目的功能就是帮助商户创造收入，提高每一平方米商业面积的赚钱能力，这就是商业地产经营管理的价值所在，也是商业地产成功运作的关键。

7. 商业地产的人才要专业化

商业地产不是简单的商业加地产，而是有其自身的特有规律。这就要求我们通过对商业地产的研究，把商业理论与地产理论有机结合起来，形成商业地产的独立理论体系。在商业地产理论的指导下，我们要着重培养复合型商业地产专门人才。商业地产的专门人才，不仅要熟知房地产开发的理论知识，而且要具备商业地产运行和管理方面知识，包括财务、招租、营销和人力资源等。要建立商业地产开发专业队伍。商业地产开发专业队伍，不仅要有商业地产开发的专门人才，而且是各类专业人才以商业地产开发为纽带，形成一个专业群体。在这个群体中，规划、建筑、结构、设备、开发、财务、招租、营销、人力资源、物业管理等各类人才在商业地产的专业理论指导下，共同促进商业地产的健康发展。

1.7.2　政府发展商业地产建议

1. 建立商业地产评价体系

在商业地产的开发中，一些地区大量发展政府形象工程，而忽视市场和商圈结构的发展规律，出现商业地产不合理的体量规模、不合理的竞争、不准确的商业定位的现象，最终不仅导致商业地产运营的失败，导致消费者、商家、运营商和地产商等一整条价值链的亏损，而且导致空间资源的浪费。因此，城市管理部门和商业管理部门要建立科学的商业网点规划，努力推动产学研的有机结合，建立起商业饱和度指数的评价体系，并认真做好城市商业饱和指数的测评工作，使商业网点规划的制定更加科学合理，这样才能真正提高商业网点规划的权威性、科学性和可操作性，保证各类大型商业项目在数量和结构上的协调，避免造成重复建设、恶性竞争、盲目开发。

2. 优化商业地产开发结构

商业地产结构的优化，表现在几个方面：

（1）区域布局避免拥塞和重复建设。适合布局商业地产的区域，不仅包括市级商业中心，还包括地区级商业中心，甚至一些特色商业街道。而目前，社区商业地产也呈现出了较大的发展潜力；

(2) 规模等级适当。中国目前的商业地产发展，往往把眼光放在了大型商业设施的开发建设上。大型 MALL、特大型卖场遍地开花，而建成后由于竞争的激烈和体量的巨大，使大型商业设施招商陷入了困境，运营上门可罗雀。因此，后阶段商业地产发展，要研究合理的小体量、中型、大型商业设施等级序列结构，合理规划，避免盲目求大，形成既有大型 SHOPPING MALL，又包括社区型购物中心、邻里中心在内的合理序列结构；

(3) 产品类型结构合理。商业地产是个非常大的概念，旗下的产品类型达到数十种。而目前，很多发展商在投资开发商业地产时，都只把目光瞄准了购物中心、写字楼物业、酒店等少数产品品种，造成同质化竞争严重。理性的发展模式，是寻求市场空白，开发建造竞争较小的产品品种，并且根据城市不同的发展阶段，按照不同的要求去做产品定位。

3. 创新商业地产投融资机制

尽管我国金融业发展迅速，房地产股票、债券、信托等金融产品逐渐被商业地产企业采用，但是由于相关制度缺失、手续繁琐等原因，商业地产运营商融资仍比较单一。资金是商业地产的血液，缺乏长期资金的支持保证，商业地产运营风险会大大增加。针对这种情况，我国相关部门应针对商业地产的特点，发展 REITs 等金融工具，并结合我国的实际情况，对某些机构规模大且集中的资金进行合理的工具设计，使其在商业地产资金供应中发挥作用。要建立和完善商业地产市场健康的投融资机制，保证商业地产项目开发和经营所需大量资金的多渠道来源，可以探索信托、海外基金、将商用物业实行“证券化”等新型的融资渠道。这些融资方式不仅可以尽快回收开发资金，缓解开发商压力，而且还可保证产权不被分割且不发生转移，从而实现商业地产的统一经营。借鉴一些发达国家或地区商业地产开发经营的成功经验，这将对提升我国商业地产的开发水平和实力发挥积极的作用。

1.7.3 个人或机构投资商业地产建议

1. 对商业地产市场要作准确判断，等待最佳交易时机

本轮房地产是真抓实干，不再是“年头抓抓，年中看看，年末放放”的局面，而是长期的、持续性的对住宅市场进行有效管理。所以商业地产将会有较长时间受到资本关注。市场由于资金的增量，而导致价格波动、上涨，形成投资机会，加上拉动内需、零售业全面开发、外部经济改善和收入提高等，利好因素不断，商业物业基本全面转好。

商业地产 2011 年仍将受到开发资本、国际投资资本的青睐，投资需求导致市场需求上升，由于整体经营或建立金融资产的需求，明年市场可能进入收

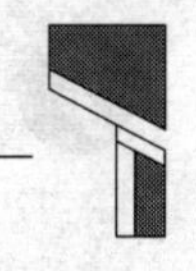

购完整物业的高潮期。对持有物业的个人或机构来说，明年还不是物业最佳出手时机，建议可以继续持有物业，等候竞争更加激烈的后几年再选择出手机会。

2. 既要择机介入，也要择新而入

由于商业地产的特性，一些城市商业地产市场上有积存多年的陈盘。对待这种存盘，在没有新的资源注入之前不要贸然进入，在判断出有新的资源（商业品牌、实力开发商、大资本收购）注入迹象时则可择机而入，可以获得较好的投资回报。如果没有这种机遇，则择新而入。可选择新近开发的商业地产项目，因为随着商业地产开发技术的成熟，新近开发的商业地产项目投资风险下降。

3. 投资要做好前期工作

投资商业地产要做好前期工作，具体而言，应该注意以下几个方面：一是多看看目标项目不同时段、地段的运营情况。比如人流情况、租金水平、零售商的承租能力等，这决定了该商业的消费支撑能力。二是注意商业地产的定位和规划。定位是商业的灵魂，若商业地产的定位有偏差，成功的概率便会很低。规划则既要看整体规划，也要看内部的业态规划，良好的规划会合理考虑人流、车流和货流的安排、导视以及各类业种的配比及组合。三是考察发展商能力。发展商的实力、信誉和操作经验是商业地产项目成功的基础，尤其要具有地产操作和商业操作两方面的经验。

4. 量力而行

商业地产投资的专业性很强，虽然比不上投资古玩、字画那样高难度，但是普通人并不具备投资商业房地产的专长，而且对商业地产投资失败的风险承受力也不强。只有少数高收入兼有商业地产投资特长和消化风险能力的人，才可冒险一试。因此投资商业地产要从自身的投资偏好、风险承受力、收入支出水平等多方面来考虑，需量力而行。资金充足的买家，可选择能立竿见影兑现回报的中心商圈。资金一般的买家，可选择中大型社区的配套商业。资金较少的可投入新兴地区的新项目，前景空间更大，但务必沉住气。

1.8　我国大中城市商业地产投资潜力评价

商业房地产是指通过经营可以获取可持续增长的回报或者可以持续升值的物业，如酒店、超市、写字楼、临街商铺、大型住宅项目的商业配套、购物中心（SHOPPING MALL）、特色商业街区、商业广场、专业批发市场等用途的房地产。近几年，中国商业地产投资市场伴随着房地产市场的火热而欣欣向荣，乐观的市场回报预期，吸引着越来越多的境内外投资者。商业地产由于其稳定的租金收益和丰厚的增值潜力而成为新宠，受机构投资追捧。

城市化和工业化进程的快速推进，是支撑我国房地产业迅猛发展的强力引擎，而相对20世纪90年代初住宅房地产业的兴起，我国商业地产的发展起步却要晚了10年。严格地说，我国现代的商业地产真正起步于新世纪之初，它伴随着我国的入世成功至今不过数年光景，而就在这短短几年、特别是2003年以来，我国商业地产的发展速度之快、规模之大，堪称全球瞩目。房地产开发商也不再仅局限于居民住宅的项目开发，而逐渐将投资范围扩大到商业地产市场。一些房地产商的开发项目遍布全国各地，特别是长江三角洲、珠江三角洲以及环渤海地区的重要城市。随着房地产市场，尤其是商业房地产市场的成熟和房地产企业实力的增强，城市投资潜力的研究越来越受到业界的重视。

科学的商业地产投资潜力综合评价指标体系是正确分析和评价城市商业地产投资潜力的基础。通过对城市投资潜力的分析与评价，不仅可以准确定位一个城市的商业地产发展状况，而且是探索提升城市经济活力的有效途径，对提高城市竞争力将起到重要的作用。

1.8.1 商业地产投资潜力评价的理论与方法

目前，国内外学者对投资环境评价已基本形成一套成型的评价方法和模型，主要有等级尺度法、层次分析法、模糊评价法等❶，这些方法虽有一定的可靠性，但在评价过程中指标的确立主要依靠人为的主观赋值和评分，主观性较强。

由于我国房地产企业大规模跨区域开发的历史较短，对“城市房地产开发投资潜力评估”的研究在国内还是一个比较新的领域。张寅等❷在《城市房地产开发投资潜力评估方法及应用》一文中，通过筛选出关键指标和城市，构造综合评价指标，对这些城市的房地产开发投资潜力进行了排序，从而确定了最具投资潜力的城市。李同升等❸从多要素出发，运用因子分析法对所选因子进行筛选和综合，找出影响投资环境的主导因子，即综合因子，然后进行综合评价和分析。

---

❶ 方维慰，李同升. 投资环境研究评述 [J]. 宁夏大学学报（自然科学版），1999，(6)：157～160

❷ 张寅，仪彬，王惠文. 城市房地产开发投资潜力评估方法及应用. 2009 http://cpfd.cnki.com.cn/Article/CPFDTOTAL-ZGUH200911007001.htm

❸ 李同升，程叶青. 我国西部地区大中城市投资环境评价与分析 [J]. 人文地理，2002 (4)

本节则是基于房地产企业的现实需要，以及目前理论界对房地产企业跨区域研究方面所取得的研究成果，通过借鉴城市竞争力指标体系，采用因子分析及聚类分析方法对所取各指标进行研究。因子分析是从研究相关矩阵内部的依赖关系出发，把一些错综复杂关系的指标归结为少数几个综合因子的一种多变量统计分析方法。具体来说，就是根据相关性大小把指标分组，使得同组内的指标间相关性较强，不同组的指标间相关性较低。通过将相关度较高的几个指标聚为一个因子，使得评价更加简单准确。因此，本节从多要素出发，运用因子分析法对所选因子进行筛选和综合，找出影响投资环境的主导因子，即综合因子，然后进行综合评价和分析。力图构建一套商业地产跨区域发展目标城市选择模型，从而为房地产企业决策者提供决策依据。

1.8.2　投资潜力的影响因素与指标体系

确立城市商业地产投资潜力指标体系，是综合评价城市商业地产状况的一个核心和关键的环节。指标体系应是一个可操作性的方案，指标数据应易于收集和整理。对于定量指标应尽量利用统计部门现有的统计资料来构建指标，以确保构建指标所需要的资料来源。此外，指标的统计口径要一致，核算和综合方法要统一，以达到动态可比性。

由此，把商业地产的投资潜力构成概括为以下四方面的要素：(1) 城市发展水平；(2) 市场发展规模；(3) 市场增长潜力；(4) 市场消化能力。见表 1.8-1。

1. 城市发展水平

城市发展水平是评价城市投资潜力的重要指标。而且商业地产受宏观经济的影响很大，城市经济水平越高，经济增长越快，居民的购买能力就越强，对商业地产的需求也就越旺盛。缺乏宏观经济的支撑，商业地产市场很难长久健康发展。其中，GDP 是一个城市经济能力的重要测评指标，更是一个城市经济未来发展的重要根基。全社会消费品零售总额则用来衡量城市居民的商业消费能力，体现了城市商业未来发展的现实经济储备。

选取指标：地方财政收入、GDP、社会消费品零售总额、年度总投资、商品房销售价格

2. 市场发展规模

市场规模，即市场容量，是指一个特定市场供应品的购买人数。市场规模大小与竞争性直接决定了对商业地产开发的投资数额。这是评价一个城市商业地产行业是否具有投资价值的首要因素。根据人口数量和投资者对商业地产的需求规模分别从商业地产投资额、竣工面积、销售面积等方面来评价该地区商业地产的发展状况。理论上商业地产规模越大的城市越具有投资潜力。

商业地产投资潜力评价指标体系　　表 1.8-1

目标层	一级指标	二级指标	计量单位	资料来源
	城市发展水平因子	地方财政收入	万元	《中国城市统计年鉴》
		GDP	万元	《中国城市统计年鉴》
		社会消费品零售总额	万元	《中国城市统计年鉴》
		年度总投资	万元	《中国统计年鉴 2009》
		商品房销售价格	元	《中国统计年鉴 2009》
	市场发展规模因子	户籍人口	万人	《中国城市统计年鉴》
		商业地产投资额	万元	《中国统计年鉴 2009》
		竣工面积	万平方米	《中国统计年鉴 2009》
		销售面积	万平方米	《中国统计年鉴 2009》
		施工面积	万平方米	《中国统计年鉴 2009》
	市场增长潜力因子	GDP 年平均增长率	百分比	《中国城市统计年鉴》
		就业率	百分比	根据《中国城市统计年鉴 2009》计算得来
		商业地产投资占总投资比重	百分比	根据《中国统计年鉴 2009》计算得来
	市场消化能力因子	人口增长率	百分比	《中国城市统计年鉴》
		销售面积/竣工面积	百分比	根据《中国统计年鉴 2009》计算得来
		销售面积/施工面积	百分比	根据《中国统计年鉴 2009》计算得来

选取指标：户籍人口、商业地产投资额、竣工面积、销售面积、施工面积

3. 市场增长潜力

评价商业地产的投资潜力，必须考虑市场的增长趋势。在拥有良好发展前景的城市投资商业地产，不仅可以降低投资风险，而且还可以随着商业地产市场的快速发展，壮大自身的实力。

选取指标：GDP 年平均增长率、就业率、商业地产投资占总投资比重

4. 市场消化能力

商业地产投资的资金量大，资产难以转移，投资期限往往需要数 10 年。因此投资潜力的评价中必须包含风险评估。一些城市可能表现出强劲的增长趋势，但是增长的供应能否被市场消化，则成为投资者首要关心的问题。拥有良好市场消化能力的城市往往成为投资者的首要选择。

选取指标：人口增长率、销售面积/竣工面积、销售面积/施工面积

通过对投资潜力影响因素的分析，本节在此选取了商业房地产投资额、就业率等16个指标作为商业地产投资潜力的评价因素，利用多方统计数据对这16个指标进行了因子分析，最终将这16个指标聚为商业地产市场城市发展水平因子、市场发展规模因子、市场增长潜力因子和市场消化能力因子。

1.8.3 投资潜力评价结果

评价指标的数据主要来源于国家统计局正式出版的《中国统计年鉴2009》和《2009中国城市统计年鉴》，还有一部分数据来自于政府网站和统计报告正式发布的官方数据。这些数据都是由政府有关部门根据国家统计标准定时公开发布的，具有较高的可信度和客观性。

用SPSS软件输入数据，在进行分析之前先对16个指标进行标准化处理，以消除量纲的影响。并把标准化后的数据保存在数据编辑窗口中，然后利用SPSS的Factor过程对数据进行因子分析。

通过分析SPSS软件输出结果表1.8-2知，巴特利球形检验统计量为757.764，相应的概率Sig.接近0，因此可认为相关系数矩阵与单位阵有显著差异。同时，KMO值为0.720，根据Kaiser给出的KMO度量标准可知原有变量适合作因子分析。

KMO检验和巴特利球形检验 **表1.8-2**

KMO检验(Kaiser-Meyer-Olkin Measure of Sampling Adequacy)		0.720
巴特利球形检验	卡方值(Approx. Chi-Square)	757.764
(Bartlett's Test of Sphericity)	自由度(df)	120
	伴随概率(Sig.)	0

表1.8-3是因子分析的初始解，显示了所有变量的共同方差数据。“Initial”列是因子分析初始解下的变量共同方差。它表示，对原有16个变量如果采用主成分分析方法提取所有特征值（16个），那么原有变量的所有方差都可被解释，变量的共同方差均为1（原有变量标准化后的方差为1）。“Extraction”列是在以提取4个因子提取特征值时的共同方差。可以看到，所有变量的共同方差均较高，各个变量的信息丢失都较少。因此本次因子分析提取的总体效果较理想。

在表1.8-4中，第一列是因子编号，以后三列组成一组，每组中数据项的含义依次是特征根值，方差贡献率和累计方差贡献率。第一组数据项描述了因子初始解的情况。可看到，第1个因子的特征值是8.171，解释原有16个变量

因子分析解　　　　表 1.8-3

	初始共同方差 (Initial)	提取共同度方差 (Extraction)
地方财政收入	1.000	0.884
GDP	1.000	0.912
社会消费品零售总额	1.000	0.926
年度总投资	1.000	0.915
商品房销售价格	1.000	0.860
户籍人口	1.00	0.939
商业地产投资额	1.000	0.884
竣工面积	1.000	0.954
销售面积	1.000	0.950
施工面积	1.000	0.963
GDP 年均增长率	1.000	0.545
就业率	1.000	0.753
商业地产投资占总投资比重	1.000	0.857
人口增长率	1.000	0.479
销售面积/竣工面积	1.000	0.705
销售面积/施工面积	1.000	0.763

提取方法：主成分分析法。

总方差的 51.068%（8.171÷16×100），累计方差贡献率为 51.068%；其余数据含义类似。第二组数据项描述了因子解的情况。可看到，由于指定提取 4 个因子，4 个因子共解释了原有变量总方差的 82.429%。总体上，4 个因子反映了原有变量的大部分信息，因子分析效果较理想。第三组数据描述了经过旋转后最终因子解的情况。可见，因子旋转后累计方差比没有改变，但重新分配了各个因子解释原有变量的方差，改变了各个因子的方差贡献，使得因子更易于解释。

图 1.8-1 中，横坐标为因子数目，纵坐标为特征值。可见，第 1 个因子的特征值很高，对解释原有变量的贡献最大；第 5 个以后的因子特征值都较小，对解释原有变量的贡献很小，已经可以渐渐被忽略，因此提取 4 个因子是适合的。

从因子负荷矩阵表（表 1.8-5）中可以看到，16 个变量在第 1 个因子上的负荷都很高，意味着它们与第 1 个因子的相关程度高，其余 3 个因子与 16 个变量的相关性相对较小。另外还可看到，这 4 个因子的实际含义比较模糊。

运用线性回归法求得这 35 个大中城市商业地产投资潜力的综合因子得分值，以综合因子的方差贡献率占 4 个综合因子总方差贡献率的百分比作为各因

总方差解释（Total Variance Explained） **表 1.8-4**

因子 (Compon-ent)	初始特征值 (Initial Eigenvalues)			因子提取特征值 (Extration Suns of Squared Loadings)			旋转后的特征值 (Rotation Suns of Squared Loadings)		
	特征值 (Total)	方差贡献率(%) (% of Variance)	累积贡献率(%) (Cumula-tive %)	特征值 (Total)	方差贡献率(%) (% of Variance)	累积贡献率(%) (Cumula-tive %)	特征值 (Total)	方差贡献率(%) (% of Variance)	累积贡献率(%) (Cumula-tive %)
1	8.171	51.068	51.068	8.171	51.068	51.068	7.491	46.817	46.817
2	2.660	16.627	67.696	2.660	16.627	67.696	2.184	13.650	60.468
3	1.443	9.017	76.713	1.443	9.017	76.713	1.880	11.747	72.215
4	0.915	5.716	82.429	0.915	5.716	82.429	1.634	10.214	82.429
5	0.713	4.458	86.887						
6	0.623	3.891	90.778						
7	0.594	3.711	94.489						
8	0.369	2.309	96.798						
9	0.212	1.324	98.122						
10	0.125	0.783	98.906						
11	0.085	0.532	99.437						
12	0.044	0.277	99.714						
13	0.023	0.144	99.858						
14	0.014	0.087	99.945						
15	0.006	0.038	99.983						
16	0.003	0.017	100.00						

提取方法：主成分分析法见前页。

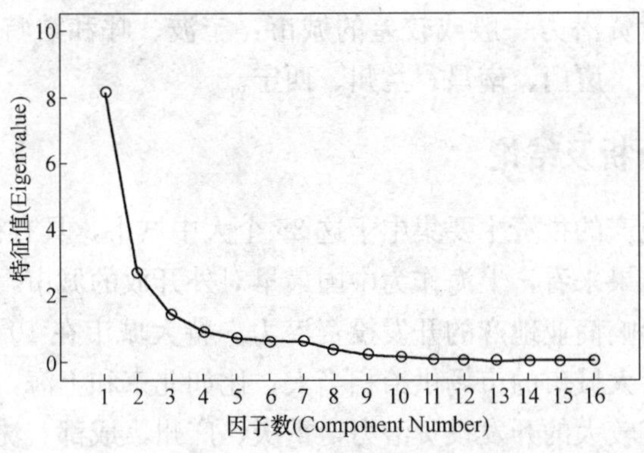

图 1.8-1 碎石图（Scree Plot）

因子负荷矩阵表 (Component Matrix) 表 1.8-5

	因子(Component)			
	1	2	3	4
地方财政收入	0.917	−0.154	0.135	0.009
GDP	0.933	−0.142	0.133	0.051
社会消费品零售总额	0.951	−0.108	0.080	0.056
年度总投资	0.952	0.087	−0.025	−0.026
商品房销售价格	0.670	−0.584	0.223	0.143
户籍人口	0.650	0.426	−0.473	0.110
商业地产投资额	0.901	0.110	0.245	−0.001
竣工面积	0.955	0.139	−0.093	−0.121
销售面积	0.826	0.440	−0.274	0.010
施工面积	0.925	0.170	−0.274	−0.048
GDP 年均增长率	−0.236	0.663	0.032	−0.220
就业率	0.281	−0.589	−0.317	0.476
商业地产投资占总投资比重	0.253	0.240	0.819	0.254
人口增长率	−0.462	−0.378	−0.148	0.317
销售面积/竣工面积	−0.287	0.542	−0.214	0.531
销售面积/施工面积	−0.138	0.735	0.260	0.369

提取方法：主成分分析法。

子的权重，采用加权求和法得到这些大中城市商业地产投资潜力的综合得分。如表 1.8-6 所示。

根据综合得分的大小可分为如下几类：

第一类：投资潜力非常高的城市：上海、北京、重庆、广州、成都、沈阳、深圳、天津、哈尔滨、济南。

第二类：投资潜力高的城市：大连、青岛、西安、杭州、昆明、合肥、郑州、长沙、石家庄、南宁、南京、武汉、长春、福州、海口。

第三类：投资潜力一般或较差的城市：宁波、呼和浩特、银川、乌鲁木齐、贵阳、太原、厦门、南昌、兰州、西宁。

1.8.4 分析及结论

我国商业地产的投资主要集中于这 35 个大中城市，具有很强的集聚效应。从投资潜力的结果来看，上海作为中国最早对外开放的城市，外向经济和对外合作程度直接影响商业地产的开发投资潜力。特大城市在 10 强排名中仍然独占鳌头，尽管特大城市的市场供给相当大，比如北京和上海，但是传统的商业发达城市仍具有较大的开发投资潜力，重庆、广州、成都、沈阳四大城市因其长期形成的商业氛围和市场规模，仍然是商业地产投资潜力很强的城市，对投

因子得分及综合得分表　　　　**表 1.8-6**

城市	因	子	得	分	投资潜力综合得分	排 名
上海	2.85986	−0.08074	−0.75789	1.19601	1.36	1.000
北京	2.70743	−0.13022	2.34193	−2.32172	1.29	2.000
重庆	2.30428	1.82830	−1.51320	1.29571	1.28	3.000
广州	0.67396	1.08909	−0.24750	0.67016	0.50	4.000
成都	0.95916	0.36260	0.56192	−1.20790	0.44	5.000
沈阳	0.96289	−1.98662	0.09694	1.90177	0.39	6.000
深圳	−0.48378	2.99135	−0.46283	1.16418	0.25	7.000
天津	0.90289	−1.10322	−0.68724	0.48156	0.24	8.000
哈尔滨	−0.34245	−0.06157	1.84776	1.66248	0.22	9.000
济南	−0.46335	0.76436	1.28908	0.77591	0.12	10.000
大连	0.15871	−0.51421	0.27211	0.39132	0.08	11.000
青岛	0.07885	−0.18002	0.10283	0.50160	0.08	12.000
西安	0.04382	−0.67696	1.12376	0.06273	0.07	13.000
杭州	0.28120	0.68478	−1.00322	−0.65258	0.04	14.000
昆明	−0.50201	0.91213	1.34701	−0.15213	0.03	15.000
合肥	0.01645	−0.80703	1.18500	−0.12807	0.02	16.000
郑州	−0.05094	0.33910	−0.25527	−0.92735	−0.10	17.000
长沙	0.16788	−0.55516	0.05393	−1.09643	−0.10	18.000
石家庄	−0.50555	0.64898	0.67742	−0.44123	−0.11	19.000
南宁	−0.45287	0.04344	0.45367	−0.28742	−0.18	20.000
南京	0.19999	−0.35767	−1.27689	−0.78163	−0.19	21.000
武汉	0.34622	−1.21631	−1.00194	−0.93322	−0.22	22.000
长春	−0.28221	−1.53548	0.33859	0.78411	−0.22	23.000
福州	−0.51041	0.96158	0.02333	−1.27291	−0.23	24.000
海口	−1.11781	0.89968	1.21258	0.20886	−0.24	25.000
宁波	−0.25430	0.17680	−1.65789	0.18518	−0.27	26.000
呼和浩特	−0.85780	−0.29345	0.31586	0.48145	−0.36	27.000
银川	−1.15114	−0.72914	0.23970	2.05370	−0.40	28.000
乌鲁木齐	−0.78215	−0.32107	0.03817	−0.03497	−0.41	29.000
贵阳	−0.58992	−0.19391	−0.01655	−1.08654	−0.42	30.000
太原	−1.00055	0.35375	−0.65860	0.34732	−0.46	31.000
厦门	−0.68970	0.72721	−1.31168	−0.87010	−0.47	32.000
南昌	−0.73264	−0.60379	−0.31405	−0.33183	−0.50	33.000
兰州	−0.93046	0.40499	−0.45750	−0.98241	−0.53	34.000
西宁	−0.96356	−1.84158	−1.89932	−0.65559	−0.99	35.000

资者存在持续的吸引力。天津虽然经济水平较低，但是市场规模很大，加上国家政策对滨海新区建设的投入，将表现出强劲的发展势头。郑州作为中部传统的商业城市，商业的规模不小，目前需求强劲，市场吸纳水平很高，增长潜力较强，投资潜力不可小觑。身处“长江三角洲”的杭州、南京因受到上海的辐射而逐步成长，目前它们的经济发展水平进一步提高，商业市场更加繁荣，商业用房的投资潜力也更加突出。此外，青岛和昆明作为旅游型城市，商业地产的需求较为强劲，展现出非常好的增长势头，对投资者有较高的吸引力。哈尔滨、济南等经济发达的二线城市，商业地产表现出强劲的增长势头，具有较高的投资潜力。经济欠发达的二线城市中，南京、武汉、南宁等城市商业地产的吸纳水平很高，需求强劲，投资者应该抢占先机。但是兰州、西宁等城市商业氛围欠缺，商业地产发展迟缓，投资者应该谨慎进入这些区域。

在对投资城市的选择中，投资者应该选择投资潜力高的城市进入，以获取较高的收入，但是为了分散风险，可以选择不同特征的城市进行组合投资。

对于投资潜力相对落后的城市，城市的基础设施还不够完善，需要更多的建设，投资者积极参与城建项目，亦为不错的投资途径。因为基础设施建设项目的机会需求相对较多。但也要注意，这些投资是长期性的，应充分考虑风险，尽量分散风险。如果是处于企业结构转型的转移地，应该适时抓住机会，引进转型企业，促进发展。

中游城市发展平稳，投资需求也相对稳定，一般不会出现大起大落的现象，因此，投资者应充分关注和了解当地的发展政策，让自己的投资和政策导向一致。并且留意当地区域性特色性产业的发展。

投资者在实际投资时，还要考虑聚类的城市群或区域带的聚集现象，在同类城市中企业发展可以更好地利用集群优势，降低投资成本。同时周边完善的配套产业链条，可以加快投资资金的回收速度，一定程度上可以降低投资风险。

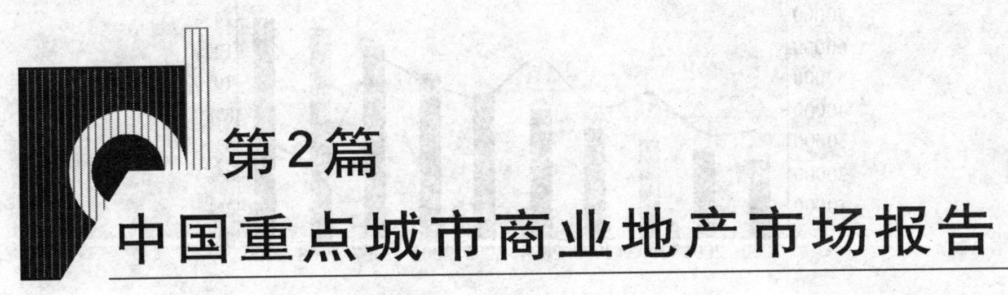

第2篇 中国重点城市商业地产市场报告

2.1 北京市商业地产市场报告

2.1.1 宏观经济和人口统计分析

1. 北京 GDP 及 GDP 增长

过去十年间，北京的经济高速发展。本地国民生产总值从 2000 年的 3161.7 亿元增加到 2009 年的 11865.9 亿元，年均复合增长率为 16.1%，高于同期全国 GDP 年均复合增长率的 15.0%。人均 GDP 从 2000 年的 24127 元攀升至 2009 年的 70452 元，年均复合增长率为 12.6%。

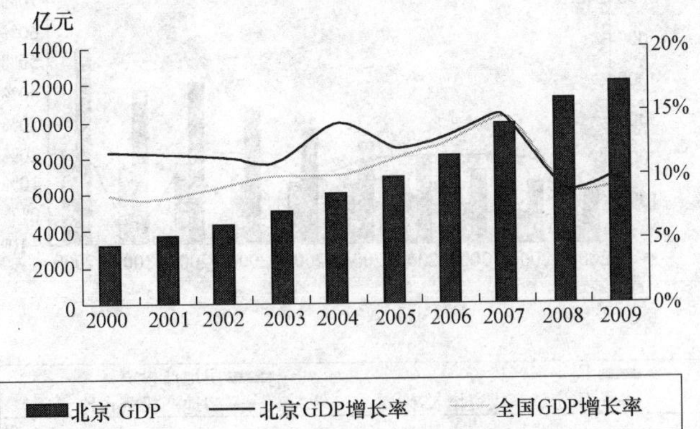

图 2.1-1 北京 GDP 及 GDP 增长

资料来源：北京市统计局，2010 年

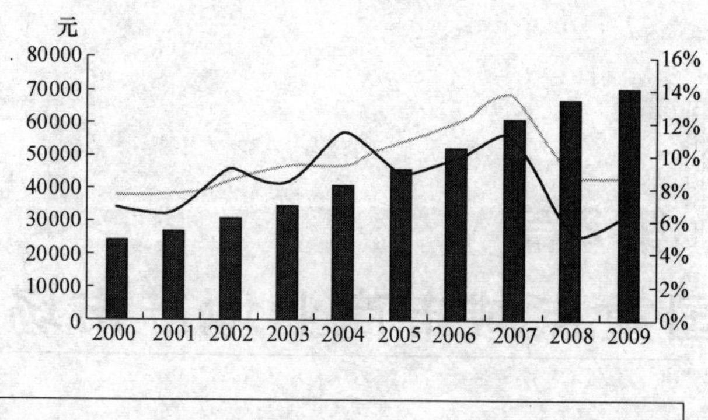

图 2.1-2 北京人均 GDP 及其增长

资料来源：北京市统计局，2010 年

2. 固定资产投资和房地产投资

北京市固定资产投资在过去十年的年均复合增长率为 15.8%。2009 年固定资产投资同比增长 26.2%，至 4858.4 亿元，为 2000 年固定资产投资 1297.4 亿元的 3.7 倍。房地产投资增速比固定资产增速更快，十年内年均复合增长率为 18.1%；2009 年则达到 2337.7 亿元，同比增长 22.5%。房地产投资占固定资产投资的比重在过去十年内一直保持在 50%左右，2009 年为 48.1%。说明房地产一直是城镇固定资产的主要投资方向，保证了房地产市场的持续稳定增长。

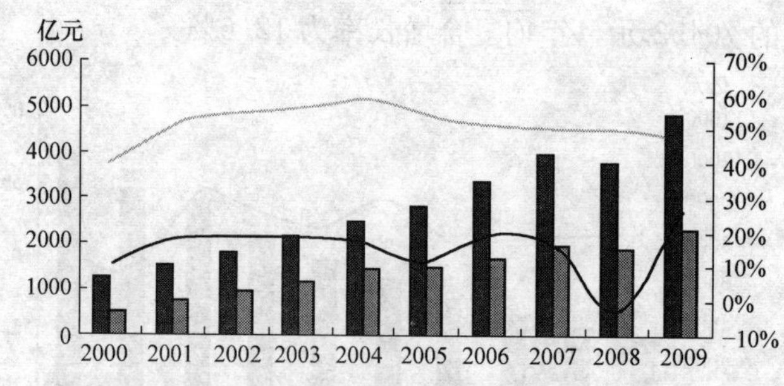

图 2.1-3 北京市固定资产投资和房地产投资及其增长

资料来源：北京市统计局，2010 年

3. 社会零售总额及年增长率

北京市的零售市场表现非常活跃，北京市的社会零售总额从2000年的1658.7亿元增长至2009年的5309.9亿元。10年间，年均复合增长率为13.8%。社会零售总额持续快速增长说明人民生活水平快速提高，有利于促进商业市场的进一步发展，同时亦为商业物业的升级提供基础动力。

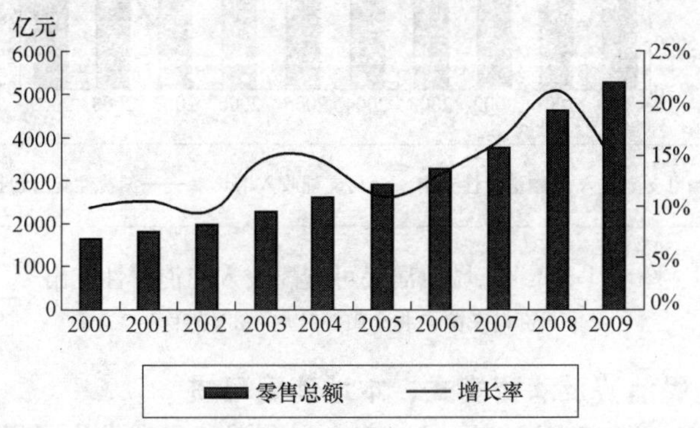

图2.1-4　消费品零售总额及其增长

资料来源：北京市统计局，2010年

4. 常住人口总量及城镇居民收入

北京市常住人口在最近10年里增长迅速，从2000年的1363.6万增加到2009年的1755万，年均复合增长率为2.8%。同时，北京市2000年到2009年城镇居民人均可支配收入年均复合增长速度为11.1%，2009年城镇居民人均可支配收入为26738元，同比增长10.2%。居住人口的增加以及居民收入的快速增长促进北京消费市场规模与质量的同步提升。

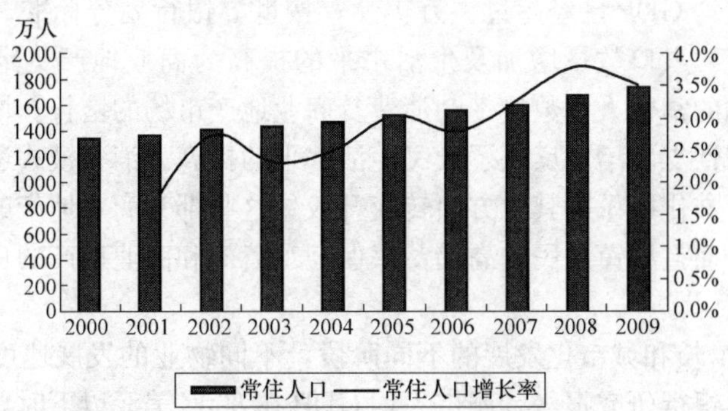

图2.1-5　北京常住人口及其增长

资料来源：北京市统计局，2010年

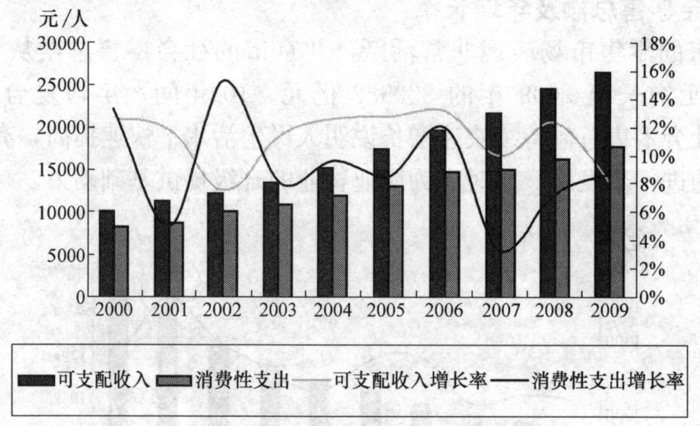

图 2.1-6　北京城镇居民可支配收入和消费性支出

资料来源：北京市统计局，2010 年

5. 城镇居民消费及消费模式、本地消费习惯

在过去十年，北京市城镇居民消费水平和消费习惯发生了很大变化。人均消费性支出年均复合增长率为 8.6%。2009 年为 17893 元，同比增长 8.7%。随着生活水平的提高，居民的消费模式也发生了变化，虽然仍以食品类为主，但比重已经从 36%下降到 33%；服装类消费从 9%增加到 10%；交通通信比重从 9%增加到 15%，这是因为城市扩张和手机的广泛使用带来的交通通信的成本大幅上升；另外用于医疗保健和娱乐文化教育的支出也有所增加，说明随着生活水平的提高，人们开始关注提高生活质量。

6. 上述因素对商业地产的影响

北京快速且稳步发展的本地经济为商业地产的发展提供了有利条件。2009 年，北京市人均 GDP 已经超过一万美元，按世界银行划分标准，已属中等富裕程度的城市。人口数量增加及生活水平的提高为商业地产奠定了坚实的基础。快速增加的常住人口数量带动消费及商业地产市场的增长。城镇居民可支配收入和消费性支出增加反映了人民生活水平的提高。消费模式逐渐由以食物为主向服装、文化娱乐等其他方面转变升级。这些都为商业地产的发展提供了广阔的空间。而且城镇居民的高储蓄率保证了营商和商业地产的良好未来发展前景。

在 GDP 增长和城市化发展的不同阶段，不同物业的发展速度存在一定差异。根据世界银行研究报告，城市人均 GDP 在 8000 美元以下时，住宅地产是房地产市场的核心，主流产品都将围绕住宅展开；在城市人均 GDP 达到 8000 美元以上时，商业地产逐渐成为地产业的主角。而近年来，中国政府对于房地

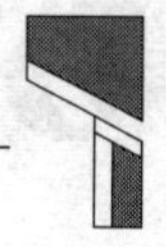

产市场的调控主要着力于住宅物业市场，未曾涉及商业地产。据此，未来一段时间内，商业地产将受到更多投资者的关注，成为主要的投资方向之一。

2.1.2　北京商业物业市场概览

1. 本地商业市场综述

作为六朝古都，以及中国的首都和经济、政治、文化中心，北京的商业市场于历史沉淀中焕发蓬勃朝气。拥有数百年历史的王府井、前门和大栅栏商业街与西单、中心商务区和燕莎等时尚商圈齐头并进；传承已久的中华老字号亦与来自海外的国际品牌交相辉映。从经营形态上看，北京商业已从百货商店为主的单一格局形成购物中心、大型百货商场、商业街、社区商业、超级市场和专业购物中心等多种形式共同发展的格局。在中高端商业市场，购物中心的经营形态自 2007 年以来迅速发展，其丰富的业态组合和一站式的购物体验很好地迎合消费者不断提升的消费理念和消费能力，从而取代大型百货商场成为中高端市场的主流形态。

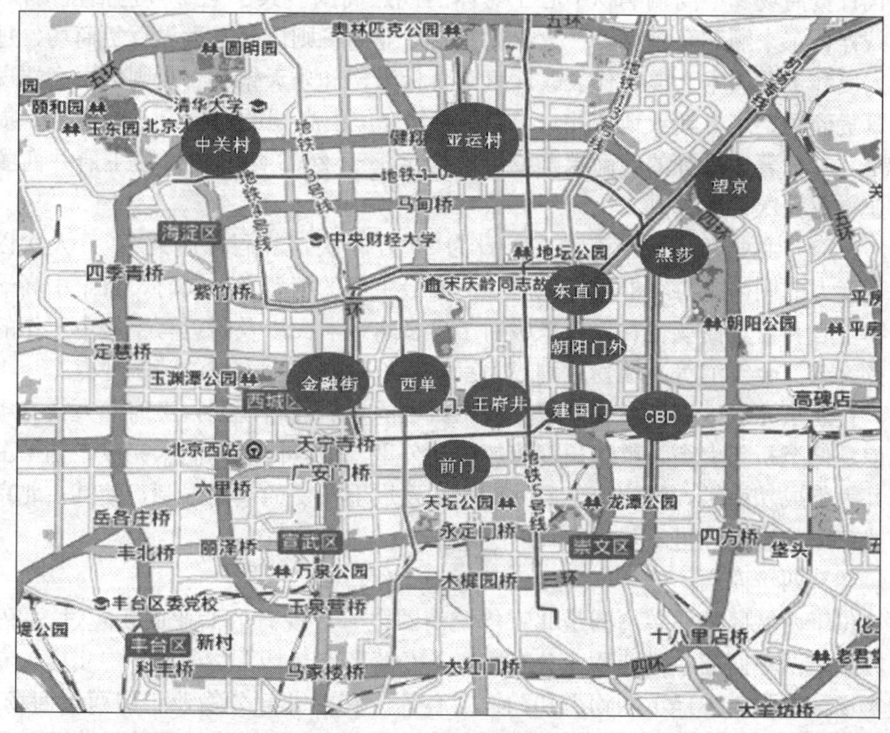

图 2.1-7　北京主要商圈分布图

资料来源：高力国际研究部，2010 年

随着北京的城市化发展和居民消费能力的普遍提高，北京商业物业的分布呈现分散化趋势，并逐渐形成数个规模及定位各异的商圈。总体而言，北京主要商圈包括位于三环及以内的王府井、西单、CBD、前门、金融街、建国门、东直门和朝阳门外八大商圈，以及位于三环附近及以外的中关村、燕莎、望京和亚运村商圈。同时，近年随着更多中高端购物中心的集中出现，新兴商圈亦在形成中，其中具有代表性的包括朝阳北路、万柳以及公主坟商圈。

2. 重点商圈介绍

(1) 王府井商圈

王府井商圈主要依托王府井大街发展形成。王府井商业街南起东长安街，北至中国美术馆，形成于元代，是北京历史最悠久最著名的商业区之一。自1996年起，北京市东城区政府对王府井商业街进行了一系列改造升级，并规划建设王府井第二商业集群，使王府井商业街商业建筑面积扩大至236万平方米。

发展至今，王府井已由传统商业街发展成为集老字号专业店、专业商场、现代百货商场和中高端购物中心于一体的成熟商圈。其中老字号包括盛锡福、瑞蚨祥、东来顺和全聚德等；大众百货与专业商场则以好友世界百货商场、丹耀大厦和工艺美术大厦为代表；北京市百货大楼和乐天银泰百货则为中高端现代百货商场；东方新天地和北京APM则是定位中高端的购物中心。值得一提的是，专营奢侈品牌的纯高端购物中心金宝汇于2009年开业，使王府井商圈商业物业档次再次提升。

王府井商业街日均客流量在平日为25万人次，节假日达到70万人次以上，庞大的国内外游客群体是王府井商圈最主要的消费者。同时，数个中高端购物中心和百货商场也在近年来吸引了更多本地居民以及附近写字楼中工作的商务人士。金宝汇等高端物业则成为京城或外地高收入人群的消费地点。

在北京完成区划调整后，根据新东城区的发展战略规划，王府井大街有望向南延伸至祈年大街，整体长度将超过3公里，但具体规划尚未完成。如果王府井大街成功南扩，将解决王府井商圈在发展上所受的空间限制，使其在北京商业市场的重要性进一步提升。

(2) 西单商圈

位于西城区的西单商圈是北京传统商圈之一，现有的商业面积超过50万平方米。西单商圈中商业物业分布密集，经营形态包括百货商场、专卖店、专业卖场、折扣店、地下购物街和购物中心等。其中大部分物业，如西单商场、西单购物中心、西单明珠和华威大厦等，都是2000年以前建成并且营业，最早的西单商场是1971年建成。此类物业多为定位于大众的百货商场或由个人

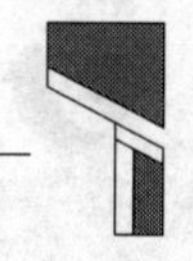

零售商经营的服饰市场。在 2000 年以后，西单商圈开始出现中高端定位的购物中心与百货商场，如君太百货、首都时代广场和西单大悦城。2008 年开业的西单大悦城定位于“中国真正的国际化青年城”，以年轻时尚国际化为理念，引入了 ZARA、H&M、Sephora 等大量国际时尚品牌，为西单商圈注入更多年轻时尚元素。

便利的交通，丰富的业态组合以及满足各个消费阶层的商品供应使西单商圈成为北京人流量最大的商圈之一，西单商业区日均客流量达 30 万至 50 万人次。大众化定位的百货商场加之各类专卖店、折扣店以及个人零售商经营的服饰市场以实惠的价格和多样化的选择吸引本地居民和学生群体。大悦城等购物中心内时尚的品牌组合以及中高端百货商场频繁的折扣和促销活动则受到城中时尚人士和中层收入人群的欢迎。

根据西城区政府对西单商业区的规划，政府将着力提升完善西单市级商业中心功能，积极引导业态调整，提升产业能级，调整不符合区域功能定位和产业布局要求的业态。以四大地块的业态产业空间布局为指导，引导拆迁改造项目等新增商业的高品质和多元化定位，促进百货业提升商品档次，逐步清除小商品市场型企业运营方式，大力引进著名娱乐品牌、旗舰店、专卖店，并选择适当位置开设婚纱影楼一条街，使西单成为繁荣、丰富且业态布局合理的现代商业中心。

(3) 中央商务区商圈

北京中央商务区（CBD）现有面积约为 4 平方公里（东拓后约为 7 平方公里），区域内汇集大量的金融、商贸、文化、服务和酒店、公寓等设施，是跨国企业、国内大型企业、金融机构以及驻华使馆和国际组织驻华机构最为集中的区域。完善的商业设施和浓烈的商业气氛使 CBD 成为北京最大商圈。

于 1990 年开业的国贸商城在北京商业发展史上具有里程碑意义，是最早将国际奢侈品牌零售商引入北京并以购物中心模式经营的商业物业。分别在 2007 年和 2008 年开业的新光天地和银泰购物中心亦均为北京高端商业物业代表，其中新光天地更聚集了大量国际顶级品牌。此外，CBD 商圈内还分布众多中高端项目，如华贸购物中心、世贸天阶、北京富力广场和新世界旎彩百货等。具有较强购买力和品牌鉴识能力的外籍人士、商务人士和中高收入人群是 CBD 商圈最主要的消费群体。

CBD 东扩方案已获批准，CBD 核心区将东扩约 3 平方公里，重点发展总部经济、国际金融以及高端商务等产业。可以预见，随着 CBD 东扩完成，CBD 商圈体量将进一步扩大，区域内的商业竞争将更加激烈，促进商业物业升级发展。

2.1.3　商业物业市场分析

鉴于北京商业物业市场的发展现状及有限的篇幅，以下章节对北京商业物业市场的分析将集中于中高端市场。北京中高端商业物业市场的经营形态集中于购物中心与百货商场两类，其中又以购物中心为主流。故本次研究将以中高端购物中心为侧重，兼顾中高端定位之百货商店。商业街、社区商业、超级市场和专业购物中心，如家居购物中心等其他商业形态，将不包含在本次研究范围内。

1. 商业物业的定义

(1) 购物中心

通常购物中心由单个建筑或一组建筑构成，多种业态零售商入驻，各店铺间有走道相连。店铺独立收银，购物中心向零售商收取租金。通常购物中心会以百货商场、超级市场或影院等作为主力店。

北京中高端购物中心指建筑面积在 10000 平方米及以上，位于主要商圈内，具有较完善的业态组合及中高端品牌组合的购物中心。但奥特莱斯不包括在内。

(2) 百货商店

百货商店是一种多品类、多品牌的综合商业运营体，按楼层、区位和专柜销售若干类别商品，实行统一收银，通过专柜和开架面销售收入的抽成获利。

北京中高端百货店指建筑面积在 10000 平方米及以上，位于主要商圈内，具有中高端商品组合和现代化购物环境的百货商场。

2. 中高端商业物业供应

(1) 现有存量的数量分析

北京中高端商业物业市场供应量在 2004 年以前相对稳定，市场存量保持在 120 万至 130 万平方米左右。其中百货商场的比例占 60%以上。体量为 68 万平方米的金源新燕莎 Mall 于 2004 年入市，成为当年存量激增的主要原因。而自 2006 年以来，北京中高端物业存量开始稳步增长，2006 年至 2009 年的年均新增供应达到 62 万平方米左右。而 2008 年由于奥运会效应，当年新增供应超过 100 万平方米，为历史最高值。同时，随着购物中心的发展和传统百货商场的改造，百货商场形态在中高端市场的份额下降，至 2009 年末，其存量仅为市场总存量的 28%。

2009 年，北京中高端市场有包括纯高端定位的金宝汇和中高端定位的来福士中心在内的五个购物中心项目竣工入市，为市场带来 37.5 万平方米左右

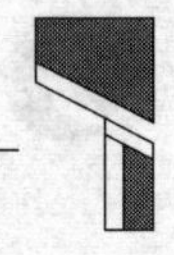

的新增供应。中高端百货商店则更多地选择以主力店的身份入驻大型购物中心，太平洋百货北京第二店选址华熙乐茂，并先行开业，为年度内唯一中高端百货形态供应。

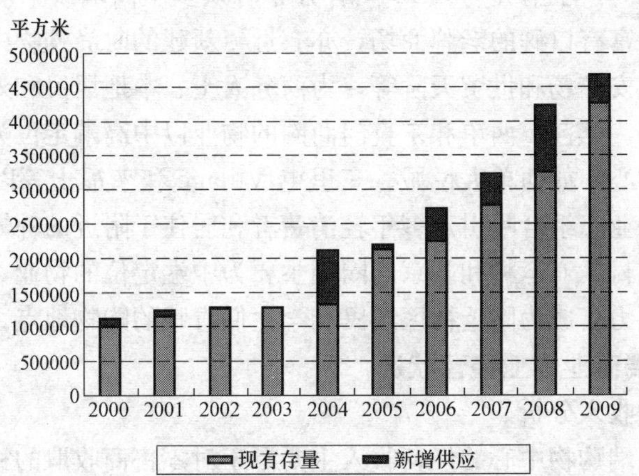

图 2.1-8　北京市中高端商业物业现有存量与新增供应

资料来源：高力国际研究部，2010 年

（2）现有存量分布及构成

三环及以内的商圈，如王府井、西单、中央商务区（CBD）和金融街等，集中了北京中高端商业物业市场近 60%的供应量。其中 CBD 商圈存量约为 79 万平方米，王府井和西单商圈存量也分别达到 46 万和 32 万平方米左右。相比之下，三环之外的商圈体量则相对较小，占市场总量的 24%，主要供应在中关村和燕莎商圈，其存量分别为 49 万和 32 万平方米。

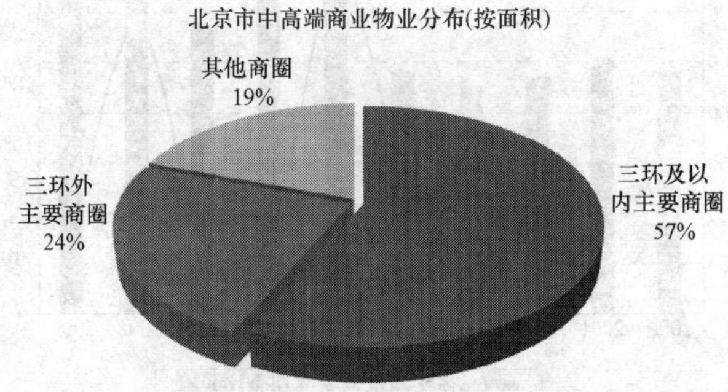

图 2.1-9　北京市中高端商业物业供应分布（按面积）

资料来源：高力国际研究部，2010 年

(3) 现有存量的质量分析

王府井、CBD与金融街商圈是北京高端商业物业分布最为集中的三大商圈，金宝汇、新光天地、国贸商城、金融街购物中心和银泰购物中心等项目均坐落其中。同时，王府井与CBD又有分布着众多中高端或中端定位的商业物业，其中既有富有口碑的老牌商场，亦有近年新建的时尚购物中心，如：东方新天地、新东安广场和世贸天阶等，为商务人士、本地居民和外地游客提供广泛的选择空间。燕莎、西单和东直门商圈的物业以中高端定位为主，近年落成的时尚购物中心，如西单大悦城、三里屯Village和来福士等以大量国际时尚品牌和前沿的业态组合吸引众多年轻消费者和居住于附近的外籍人士。作为区域型商圈中关村、亚运村和望京商圈则主要为中端定位的物业，中端品牌配以大型超市等主力店成为附近社区居民和学生们青睐的购物地点。

3. 中高端商业物业经营状况

(1) 经营收入分析

北京中高端购物中心的经营收入主要源于对零售商收取的租金，同时对某些业态或品牌也辅以一定比例的营业额抽成。北京中高端购物中心租金的报价基于使用面积，不包含物业管理费用。通常来说，首层租金最高，其他楼层则随高度上升而递减。但对于有较佳通达性的高楼层，租金则会有一定幅度上涨。

北京中高端购物中心首层平均租金在2000～2009年间有所波动，但总体处于上升态势。租金水平在2008年达到最高值，为人民币742元/(月·平方米)。2009年受全球金融危机及市场存量持续放大的影响，平均租金有所回落，

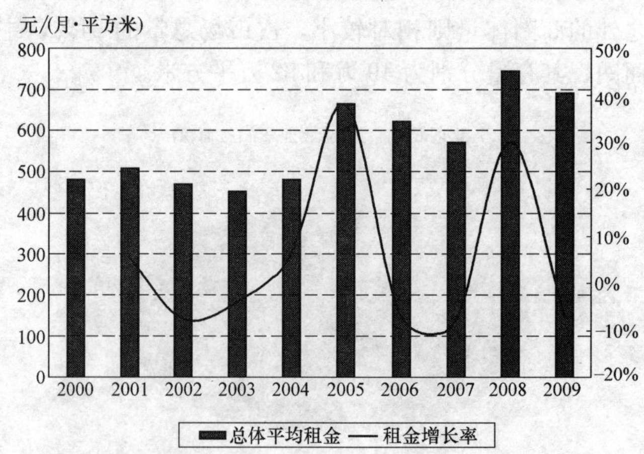

图2.1-10 北京市中高端购物中心首层平均租金

资料来源：高力国际研究部，2010年

至人民币694元/(月·平方米)，但较2004年仍增长43%。王府井商圈中高端购物中心首层平均租金在所有商圈中居首，为人民币1120元/(月·平方米)。西单与CBD商圈租金紧随其后，分别为人民币816和661元/(月·平方米)。

中高端百货商场通常采用联营方式经营，通过向品牌的营业额抽取一定比例租金获利。抽成比例因不同的百货商场、商品类别和品牌而异，一般从3%～40%不等。同时，部分商场也会采用保底租金和营业额流水抽成相结合的方式以达到租金收入最大化。租户通常需要缴纳保底租金并按末位淘汰制来决定去留。

北京市中高端百货扣率表　　　　**表2.1-1**

商品类别	扣率(%)	商品类别	扣率(%)
服装类	20～30	大家电类	12～16
饰品类	25～40	小家电类	7～8
鞋及箱包类	20～25	家居类	15～20

资料来源：高力国际研究部，2010年

(2) 出租率分析

北京零售市场持续繁荣，居民消费需求不断提升，国内外零售商纷纷将北京作为发展和扩张的重要市场。以北京中高端购物中心为例，自2000年以来，此类物业的空置率稳步下降，由2000年的22%下降至2006年的11%。尽管内资零售商仍是市场需求主体，但越来越多的国际零售商开始进驻北京或扩大经营规模。据北京市商务委统计，截至2010年6月，北京全市累计批准外资店铺数已达到2948家。随着中高端购物中心供应量的增大，整体空置率自2007年来开始小幅上升。至2009年末，北京中高端购物中心空置率为16%。

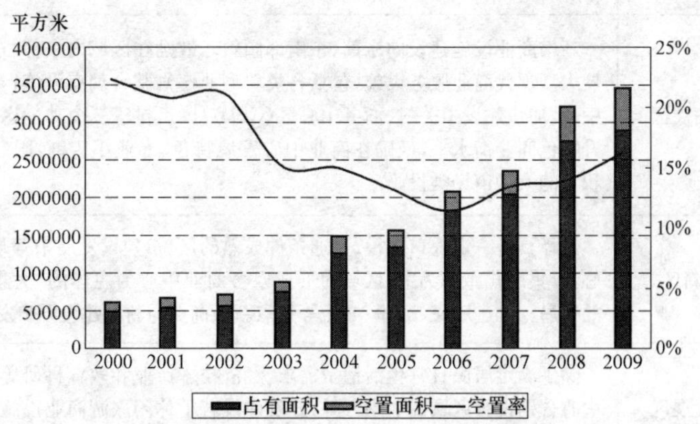

图2.1-11　北京市中高端购物中心整体空置率

资料来源：高力国际研究部，2010年

其中，西单商圈空置率最低，为9%；王府井商圈空置率为11%。

2.1.4 城市发展规划和未来供应分析

1. 北京城市总体规划（2004～2020）

据北京城市总体规划（2004～2020），北京市将致力于全面实现商贸流通现代化，多种商业业态合理分布，形成具有首都特色和现代国际城市水平的商贸流通规模和布局。实施以“优化核心、延伸两轴、发展新城、强化特色”为主要内容的商贸服务空间发展战略。完善由旧城商业区、中心城商业区和外围商业区组成的商业体系，丰富商业区的内容，发展多种商业业态，实现多元化协调发展的格局。旧城内进一步完善王府井、西单和前门（含大栅栏、琉璃厂）商业区，发展成为现代商贸和传统商贸有机结合、功能互补的商贸文化旅游区。中心城除旧城以外的地区结合现有设施的改造完善，依托交通枢纽和边缘集团的发展，逐步建成公主坟、木樨园、望京、北苑、石景山等若干规模适当、布局合理的集商业、文化、休闲、娱乐为一体的综合商业区。促进新城商业区的建设，重点在顺义、通州、亦庄等新城建成具有一定规模的综合商业区。

北京市功能区商业发展重点与布局　　表2.1-2

多功能核心区	总的原则是“控制总量，优化结构，完善功能”。除王府井、西单、前门-大栅栏三个广域型商业中心外，结合轨道交通和交通枢纽的发展，规划发展东四隆福寺、东直门、北京站、新街口、马甸、西直门、阜成门、复兴门外、动物园、崇文门外、宣武门外、广安门内等区域商业中心。鼓励发展商旅商业和现代服务业，进一步规范和提升一批体现首都历史文化特点和鲜明民族特色的商业街区（市场）。核心区商业发展以现有设施功能的完善、配套、提升为主，限制新建大型商业设施和小商品市场
城市功能拓展区	新增商业设施建设向东部、东南部倾斜。鼓励在区域内东部、东南部地区发展大型现代商业服务设施（包括各类新型业态），整合现有设施，新建若干商业中心，加快建设中关村、商务中心区（CBD）、奥运村等三个功能区配套商业；提升特色商业街水平，鼓励在商业中心发展特色、专业小店铺，限制发展占地面积大的大型市场类设施
城市发展新区	选择具备一定人口规模、交通条件成熟的区位，建设发展中等规模的商业中心，以集中化布局为主，区域内形成以各商业中心为主体的“大集中、小分散”的布局。推进顺义、通州、亦庄等重点新城商业与新城建设同步发展
生态涵养发展区	除了满足居民日常生活消费需求、经济技术产业和教育科研等需求，在新城中心分别设置区域商业中心外，开发建设若干休闲旅游商业设施，选择合适的区位规划建设生态友好型商业中心，强化相关服务功能

资料来源：北京市发展和改革委员会，2010年

2. 未来供应量总述

北京未来中高端商业物业市场的供应仍将以购物中心为主，内外资百货商场更多将以主力店身份进驻其中。2010年北京中高端购物中心供应达到高峰，总量约在147万平方米左右，且分布更为分散。预计之后两年供应量虽会有所回落，但仍保持在每年55万至67万平方米左右。未来供应中，超过90%的将为定位中端或中高端项目，纯高端定位项目相对有限。

2.1.5　城市重点商业地产项目分析

1. 新光天地

新光天地位于CBD商圈，是定位高端或者说是奢侈品百货商场，由台湾新光三越和北京华联集团共同投资建立的，主要租户为国内外知名零售商。新光天地在购物、生活方式、休闲娱乐、美食等方面为消费者提供国际标准的服务和销售氛围。

新光天地吸引了众多奢侈品品牌入驻，包括Gucci（北京旗舰店），Bvlgary，Chanel，Ermenegildo Zegna，Prada和Max Mara。除中高端品牌组合外，该零售地产的餐饮部分也以种类多样的美食，范围宽广的价格水平，现代干净的就餐环境以及餐厅的特色管理吸引了众多白领、外籍人士以及一些名人的光临。

新光天地　　表2.1-3

项目名称	新光天地	 
地址	朝阳区建国路87号	
开业时间	2007年4月	
建筑面积	180000平方米	
定位	高端/奢侈品	
楼层	6(地下1层地上5层)	
租金	1600～2000元/(月·平方米) 抽成为营业额的20%～25%	
出租率	100%	

续表

主要品牌	奢侈品：Boss Hugo Boss, Bottega Veneta, Chloe, Gucci, Prada, Moneta, St. John, Kent & Curwen, Coach, Spring Field, IWC, Max Mara and so forth 国际时装：A. T., Anna Rita N, Max&Co., Ports, Lacoste, Calvin Klein, Mondi, Ecco, Diesel, Acupuncture, Miss Sixty and so forth 青年时装：Landi, Jessica, Moiselle, Ofuon, EQ: IQ, ELLE, GUESS Jeans, Azona, Ochirly, Veeko and so forth 化妆品：Anna Sui, Sisley, Dior, YSL, Lancome, Bobbi Brown, Dr Brandt, Guerlian and so forth 家用设备：Bassetti, Pavro, Tempur, Trussardi-Home, Panasonic, Philips and so forth 餐饮酒吧：Matsushin, Din Tai Fund, Crystal Jade Restaurant, Chamate 其他商品：Beauty, Industrial Arts Pieces, Outdoor Apparel and so forth

2. 西单大悦城

西单大悦城位于西单商圈，是由中粮集团投资建设的定位中高端的购物中心，也是该集团首个大悦城项目。大悦城定位“国际化青年城”，吸引了近300个国内外知名零售商入驻，品牌潮流前沿，业态组合丰富，是时尚达人、流行先锋和潮流新贵热衷的消费地点。

该项目特色之一是其从首层直达六层的世界跨度最长的飞天梯，使得大体量的大悦城在高层区域依然人气旺盛。同时，大悦城针对年轻消费群体为每一楼层都打造了一个充满创意和时尚理念的概念，分别是：趣味、炫目、优雅、性感、潮流、动感、冲撞、快乐、约会、童真、兴奋、梦想。大悦城开业两年多，已经网聚大量的人气，成为众多零售商选址的热点，其租金水平也已稳步上升。

西单大悦城 **表 2.1-4**

项目名称	西单大悦城	 
地址	西单北大街131号	
开业时间	2007年底	
建筑面积	105000平方米	
定位	中高端	
楼层	12(地下2层地上10层)	
首层租金	1000～1500元/(月·平方米)	
出租率	100%	

续表

主要品牌	潮流服饰：ZARA，H&M，Uniqlo，Next，Lee，izzue，GUESS，FCUK，ADIDAS，JASONWOOD，Promod，Calvin Klein jeans，THE NORTH FACE，Nike，LEVI'S，Teenie&Wennie；ROEM，E-land，江南布衣，探路者 个性饰品：Tissot，Q'ggle，Pucca，Folli Follie，宝岛眼镜，ARTINI，SWATCH，REBECCA 护肤彩妆：SEPHORA，Red Earth，DHC，Missha，The Face Shop，佰草集 餐饮酒吧：港丽餐厅，大快活，Mr. Pizza，找茶，仙踪林，DQ，优根芙斯，巴贝拉，蕉叶泰国风味，豆捞坊，元绿寿司，大长今，桂林人，麻辣香锅，辣婆婆，吉野家，缘之味，一品三笑，蒙自源，千味久品 生活家居：MUJI，Mannings，Lovely Lace，LOCK LOCK 数码专业店：西单科技广场，FAB数码娱乐广场，Dragonstar

2.2 广州市商业地产市场报告

2.2.1 宏观经济和人口统计分析

1. 经济和商业性质指标分析（2000～2009年）

（1）GDP、GDP年增长率、人均GDP

2009年广州GDP总量同比增长11.5%至人民币9112.8亿元，整体经济发展水平近年保持稳定的高速增长势头，2000年至2009年GDP年复合增长率为13.8%。四个一线城市中，广州GDP总量排名第三位，2008年及2009年经济增速均居于首位，超过北京和上海成为经济发展最快的城市之一。同时，

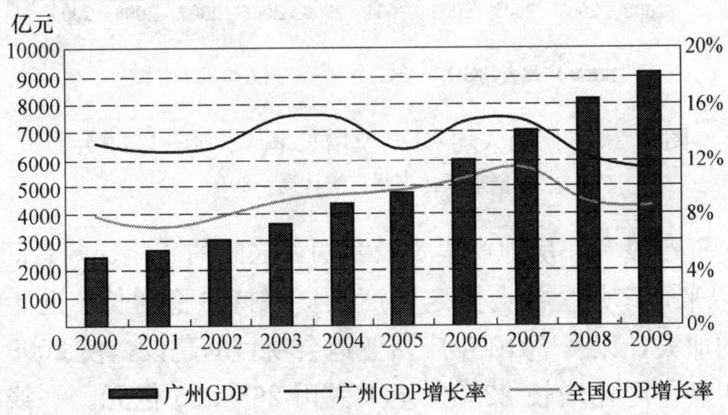

图2.2-1 广州GDP及增长率（2000～2009年）

数据来源：广州市统计局，2010

广州人均 GDP 从 2000 年的人民币 25626 元上升至 2009 年的 88834 元，复合增长率达到 13.2%。以常住人口平均数计算，全市人均 GDP 已突破 1 万美元，基本达到发达国家水平。

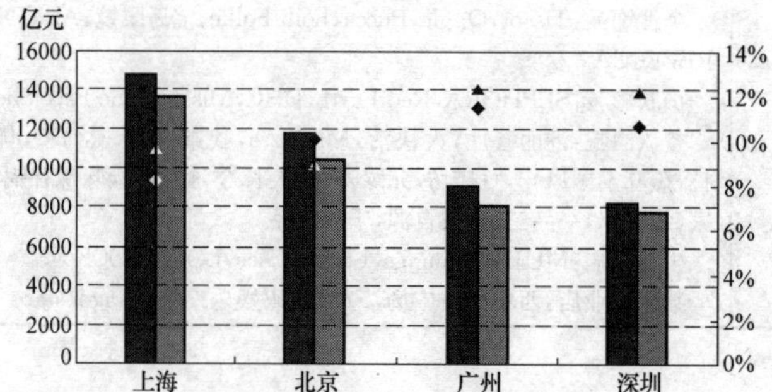

图 2.2-2　主要一线城市 GDP 及增长率（2008 年、2009 年）

数据来源：北京、上海、深圳及广州市统计局，2010

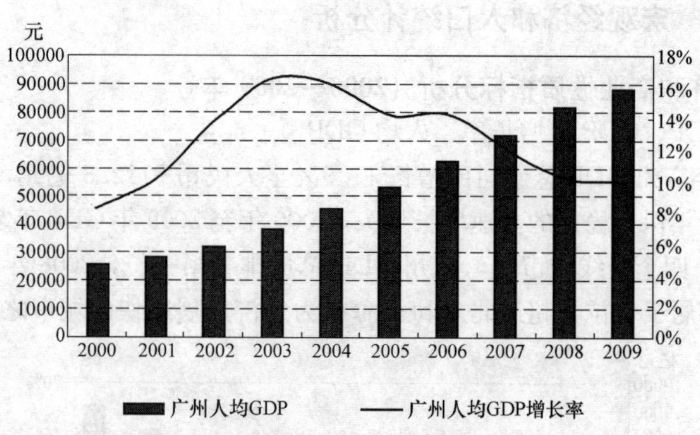

图 2.2-3　广州人均 GDP 及增长率（2000～2009 年）

数据来源：广州市统计局，2010

（2）固定资产投资、房地产投资及其两者之间的变化、两者间的年增长率

2000 年以来，广州全社会固定资产投资保持平稳增长。近年交通基础设施建设投入的加大，以及 2010 年广州亚运会项目的建设，使 2009 年固定资产投资额增速明显，同比增长 22.3%至人民币 2659.85 亿元。一线城市中，广州固定资产投资增速位于前列，2008 年增长速度居于首位，2009 年增速仅次于北京，显示出良好的发展势头。全社会固定资产投资中，广州房地产投资在

2008 年及 2009 年受整体经济增长趋势放缓的影响，增速显著下降，但其在固定资产投资中的比重仍保持在 30%以上的水平，是城镇固定资产投资的主要方向之一。

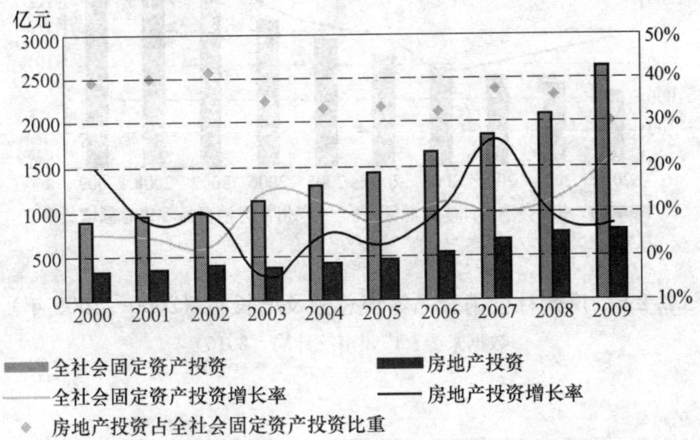

图 2.2-4　广州全社会固定资产投资、房地产投资及增长率（2000～2009 年）

数据来源：广州市统计局，2010

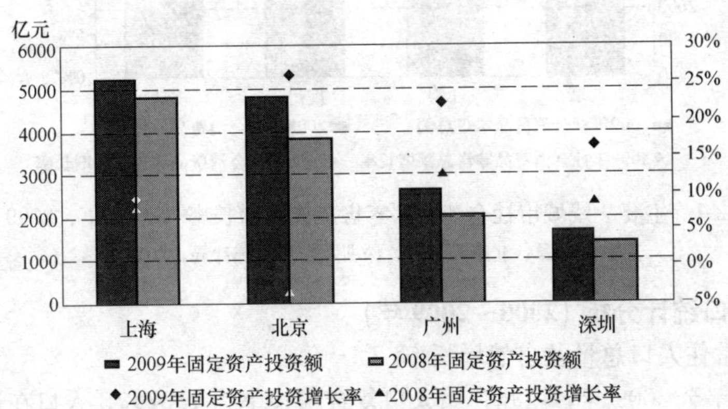

图 2.2-5　主要一线城市全社会固定资产投资及增长率（2008 年、2009 年）

数据来源：北京、上海、深圳及广州市统计局，2010

（3）社会零售总额及年增长率

2009 年广州全社会消费品零售总额为人民币 3647.8 亿元，同比增长 16.2%，2000 年至 2009 年复合增长率为 12.5%，增长势头保持稳定。与其他一线城市相比，近两年广州零售总额增速均高于北京、上海而居于首位，市场销售保持活跃。

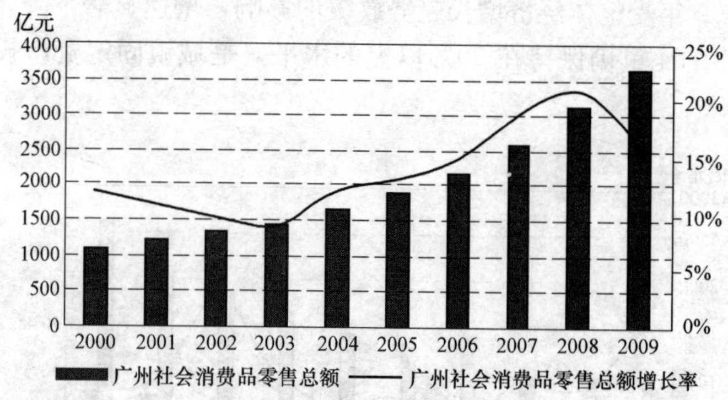

图 2.2-6　广州社会消费品零售总额及增长率（2000～2009 年）

数据来源：广州市统计局，2010

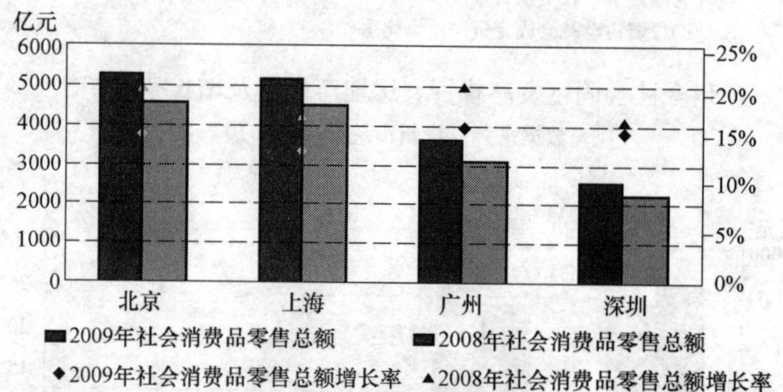

图 2.2-7　主要一线城市社会消费品零售总额及增长率（2008 年、2009 年）

数据来源：北京、上海、深圳及广州市统计局，2010

2. 人口统计分析（2000～2009 年）

（1）常住人口总量及自然增长率

2000 年至 2009 年，广州户籍人口复合增长率为 1.37%，人口在近十年中保持低速稳定增长。截至 2009 年年底，广州户籍人口约为 795 万人，而常住人口已达到 1033 万人，外来人口迁入的增多已成为人口增长的主要因素之一。

（2）城镇居民收入及其年增长率

2009 年广州城市居民人均年可支配收入 27610 元，同比增长 9.1%，增速已超过北京及上海，收入能力的提升为市场需求保持活跃奠定了基础。同时，2009 年广州人均年消费支出为 22821 元，同比增长 9.5%，增速高于收入增长水平，消费意愿的增强使本地商品销售市场的活跃态势得以持续。

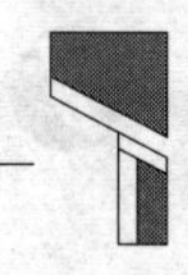

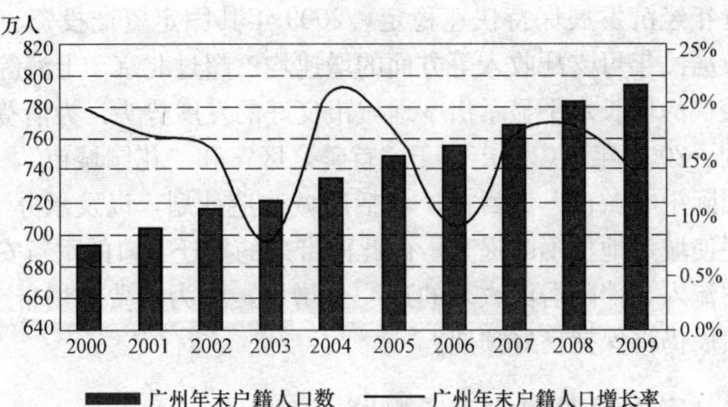

图 2.2-8　广州年末户籍人口及增长率（2000～2009 年）

数据来源：广州市统计局，2010

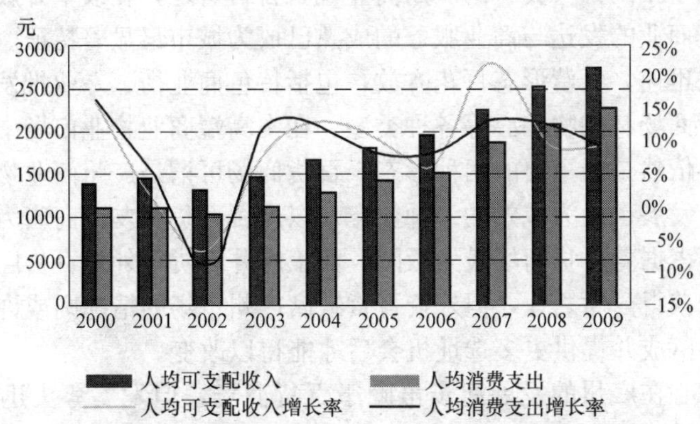

图 2.2-9　广州城镇居民人均年可支配收入和人均年消费支出（2000～2009 年）

数据来源：广州市统计局，2010

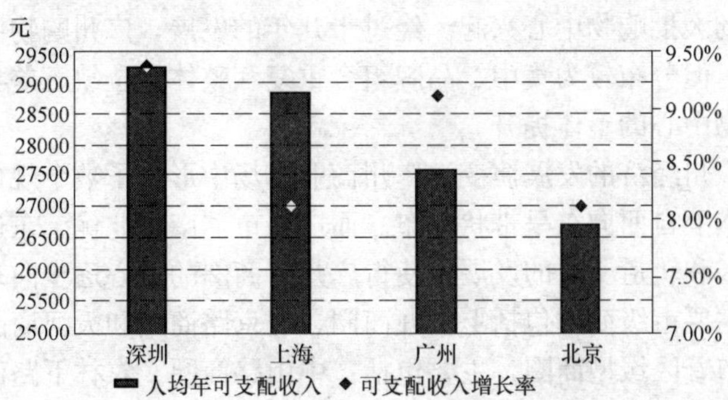

图 2.2-10　主要一线城市城镇居民人均年可支配收入和人均年消费支出（2008 年、2009 年）

数据来源：北京、上海、深圳及广州市统计局，2010

广州近年经济发展保持快速稳定，2009 年其固定资产投资、社会消费品零售总额及居民年可支配收入等方面的增速均已超过北京、上海等其他一线城市，持续较快的增长水平显示出本地城市良好的发展势头，为消费市场的繁荣奠定了基础。2008 年，广州定位于“首善之区”和“花园城市”，未来广州将以建设“国际中心城市”为目标，包括旧城改造计划，以及承办 2010 年亚运会，都将促使城市地位不断提升。由此而带来的拆迁人口的重新安置以及更多外来人口的流入，伴随居民收入的进一步增加，将为消费市场带来巨大潜能，商业项目发展仍将保持良好预期。

2.2.2 广州商业物业市场概览

1. 本地商业市场综述

有着“千年商都”美誉的广州商业气氛自古有之，在改革开放中亦处于前沿地带，其商业的发达与商业服务的成熟已成为城市最显著特征。广州商业物业市场发展迅速，经营形态百花齐放，包括特色商业街、专业批发市场、超级市场、百货商场和购物中心等各种类型。在中高端商业物业市场中，百货商场和购物中心依然是最主要的两种形态。百货商场可谓是广州商业物业市场竞争最为激烈、发展也最为成熟的一种业态。以广百百货和友谊商店为代表的本地百货经营商占据着百货商场最大版图，而王府井百货等外地百货巨头也通过数年磨合逐步获得一席之地，但外资百货缺席广州市场的情况则或许要待未来数个购物中心落成并提供更多选址机会后才能得以改变。

购物中心在广州的发展起步虽晚于百货商场，但发展势头迅猛，其在体量、物业品质、购物环境和体验等各个方面已经超越百货商场，成为广州中高端商业物业市场的主流。1996 年中国首个真正意义上的购物中心天河城在广州开业，其经营上的成功和广州经济的繁荣促使包括中华广场、时代广场和正佳广场在内的大批购物中心兴起。经过十几年的发展，广州购物中心经营管理已日趋成熟，但分布较为集中、品牌组合重复和整体定位缺乏差异性等问题制约了广州购物中心的整体提升。

伴随着广州经济的发展演变，广州商业市场中形成了数个规模与档次不一的商圈，基本上自西向东呈带状分布。而广州市“南拓北优、东进西联”城市空间发展布局和轨道交通的发展也使得广州市商圈的重心逐步向东部推进。目前，广州市主要市级商圈包括上下九商圈、北京路商圈和天河商圈，同时在各个区域又分布着区域型商圈，主要包括：中山路商圈、农林下路商圈、环市东路商圈和江南西商圈等。随着城市经济发展，更多新兴商圈在形成中，如珠江新城和白云新城等。

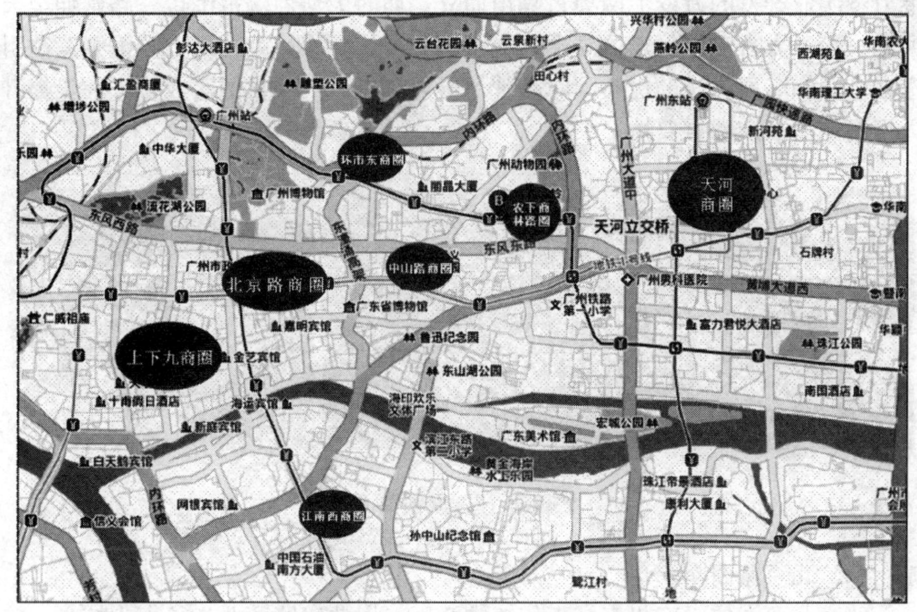

图 2.2-11　广州市商圈分布

资料来源：高力国际研究部，2010 年

2. 重点商圈介绍

(1) 天河商圈

天河商圈是广州市规模最大也是最繁华的商圈，其中汇聚着天河城、正佳广场、时代广场、中天购物城和天河又一城等中高端购物中心，包括天河城百货、正佳友谊商店和广百中怡店在内的中高端百货巨头也悉数在列，还有各类专业市场，如广州购书中心、广州电脑城、颐高数码广场等。广州地铁一号线与三号线在天河路交会，公交线路密集，便利的交通和丰富的商业场所使天河商圈成为广州市民、珠三角居民以及各地游客在广州首选购物商圈之一。

天河商圈最具代表性的两大购物中心是天河城和正佳广场。天河城首次将购物中心概念带入广州，集购物、休闲、娱乐、游览等业态于一体，在广州开创了全新的消费概念，也引领了天河商圈的发展。正佳广场则定位于亚洲体验之都，体量达 30 万平方米之巨，也是广州最大的购物中心。正佳广场中餐饮 18%、娱乐 30%、零售 52%的业态布局充分体现了该购物中心所秉承的“体验式消费”理念。除此之外，时代广场、东方宝泰广场、柏西商都等项目的存在也扩大了商业的聚集效应，共同营造天河商圈商业繁荣的景象。发展至今，天河商圈仍在吸引更多商业地产运营商的目光。由太古地产开发的太古汇和香港万菱实业开发的万菱汇两项目隔街而立，届时天河商圈范围也一路延伸至天河东一带。太古汇项目定位高端，吸引国际一线奢侈品牌；而万菱汇则意欲引进在中国知名度尚浅的优质国际品牌。可以预见，两项目的落成将进一步提升天河商圈的品质和重要性。

图 2.2-12　天河商圈

(2) 北京路商圈

北京路商圈位于广州市城市传统中心区，以北京路商业步行街为核心，辐射范围包括北京路以西至起义路的“三纵五横”商业街区，南拓至沿江路天字码头，北延至财厅。北京路是广州历史上最繁华的商业集散地，现在的北京路商圈各类老字号商铺、酒楼、娱乐购物场所和银行等林立。商业物业形式以沿街商铺、百货和购物中心为主。

北京路商圈沿街商铺多为服饰、珠宝、鞋业和皮具专卖店或个人零售商网点，以内资品牌为主，定位集中在中低端。与此同时，广州本土百货领头羊广百百货和新大新公司坐镇北京路，引入大量国际知名品牌和国内中高端品牌，面向中高层收入人群。其中广百百货北京路旗舰店经营面积达 6.63 万平方米，单店日销售额在 2008 年就已达 4500 万元，连续十多年排名广州市单间大店销售第一，北京路的繁华程度和消费能力可见一斑。2005 年后，五月花购物广场、光明广场和名盛广场等购物中心纷纷涌现，从业态组合上更注重年轻化、潮流化，强调休闲娱乐，品牌上也与步行街商铺和百货商场形成一定程度的互补，使北京路商圈商业业态更为丰富，所吸引的目标客户群体也更为广泛。

面对广州商圈东移的挑战，北京路商圈也在不断寻求突破。在强调提升购物环境、完善配套设施、提高品牌档次和吸引高端人群消费的同时，越秀区政府将借亚运会契机，将北京路打造成广府文化商贸旅游区。此举将突出北京路文化底蕴，使之与商贸气氛融合，借此凸显北京路特色。

图 2.2-13　北京路商圈

(3) 上下九商圈

上下九商圈以上下九步行街为主体，位于荔湾区的上九路、下九路和第十甫路，是广州传统繁荣商业中心之一。具有浓郁岭南特色的骑楼建筑使上下九步行街透出中西合璧的独特风情，传统的建筑和现代的商业气氛完美融合，可以说在建筑环境上，上下九步行街有得天独厚的优势。

上下九商圈各沿街商铺专卖店和个人零售商多以经营中小品牌服饰、箱包和鞋为主，经济实惠成为上下九商圈吸引众多人流的主要原因。上下九步行街另一特色在饮食，步行街内食肆众多，从百年老店陶陶居、广州酒店到各个西关名小吃名店一应俱全，品尝美食也是本地居民和外地游客光顾上下九的重要原因。

然而，发展至今，上下九商圈依然缺乏中高端商业物业，商铺繁杂，质量参差不齐，整体定位偏向中低端。这也解释了上下九商圈为何近年来在广州商业市场的重要性不断削弱，繁荣的背后整体质素却迟迟得不到提升和发展。

图 2.2-14　上下九商圈

2.2.3　商业物业市场分析

1. 商业物业的定义

鉴于广州商业物业市场的发展现状及有限的篇幅，以下章节对广州商业物业市场的研究将集中于中高端商业物业，高力国际研究部对此类物业定义如下：

位置：位于广州市主要城区，包括越秀区、天河区、荔湾区、海珠区、番禺区和白云区；

面积：商业建筑面积超过10000平方米；

商业类型：中高端购物中心及高端百货商场（不计入商业街、社区商业、超级市场和专业购物中心，如家居购物中心等其他商业形态）；

租户组合：中高档国内及国际品牌；

盈利方式：主要通过专柜销售收入的分成或分租物业的租金收入方式获利。

2. 中高端商业物业供应（2000～2009年）

（1）现有存量的数量分析

广州中高端商业物业供应在2000年以前以百货商场为主，其中代表型项目包括友谊商店和广百百货等。自2000年以来，购物中心在中高端市场的比重逐年增加，而百货商场也更多以购物中心主力店的形式在广州继续扩张。广州中高端商业物业市场供应近十年保持稳步增长，尤其自2005年后供应存量的年增长率保持在10%左右。2005年至2009年五年间年均新增供应量为25.3万平方米，2005年当年更是达到历史供应高峰，新增供应将近49万平方米。

截至2009年底，广州中高端商业物业供应总存量为2143150平方米。2009年共有包括东方宝泰广场、江南新地、燕汇广场等六个中高端商业项目入市，共计为市场带来22.6万平方米的新增供应。其中，东方宝泰广场通过对原定位于服装、皮具批发市场的物业进行改造和重新定位，引入吉之岛作为主力店和一系列中端时尚品牌，成功完成项目升级。

（2）现有存量分布及构成

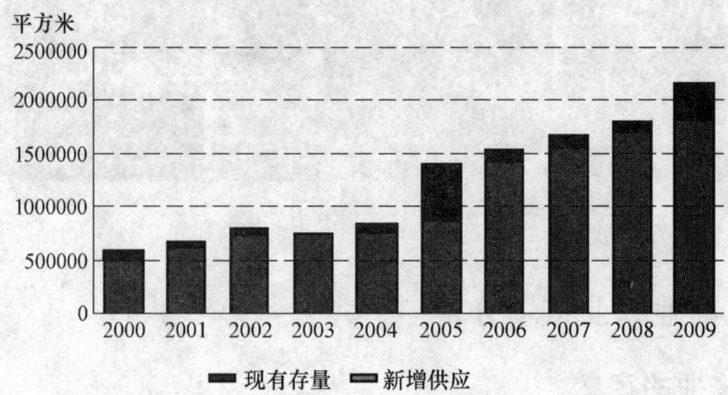

图2.2-15　广州市中高端商业物业现有存量及新增供应

资料来源：高力国际研究部，2010年

广州中高端商业物业的分布相对集中，天河区与越秀区由于交通方便和居民购买力强，成为购物中心和中高端百货的落址首选。天河区与越秀区分别有九个和七个中高端项目，总计面积为 71.7 万平方米和 46.8 万平方米，占全市总供应量的近 60%。海珠区的供应量在近三年来开始放大，现有存量为 34.7 万平方米。荔湾区由于缺乏新增供应，现有供应存量维持在 25 万平方米左右。白云区与番禺区的供应存量分别为 21.4 万和 15.6 万平方米左右，并且依托亚运会带来的发展机遇，两区供应量还将持续放大。

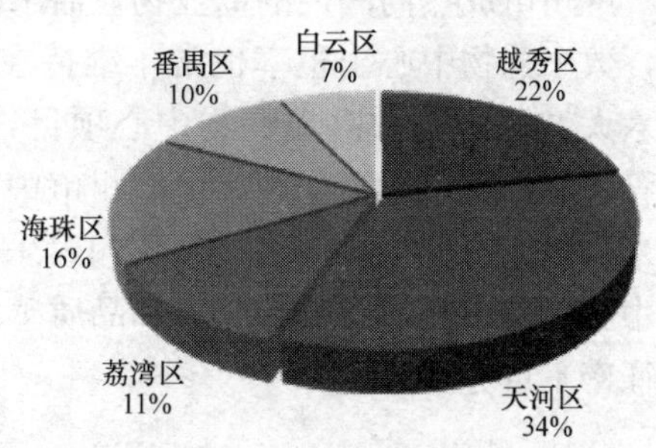

图 2.2-16　广州市中高端商业物业供应存量分布（按面积）

资料来源：高力国际研究部，2010 年

3. 中高端商业物业经营状况（2000～2009 年）

(1) 中高端购物中心租金水平

得益于广州繁荣的消费市场，广州中高端商业物业的租金水平一直保持在较高水平。以中高端购物中心为例，自 2007 年开始，广州中高端购物中心首层平均租金水平保持在人民币 540 元/(月·平方米）之上，到 2008 年达到人民币 625 元/(月·平方米)。在 2009 年由于全球金融危机的影响，零售商扩张脚步放缓，另一方面供应量持续放大，导致租金轻微下跌至人民币 617 元/(月·平方米)。需要指出的是，广州中高端商业物业租金水平因项目区位、品牌档次和经营水平而异。从区域上看，天河区和越秀区租金水平高于其他区域。天河区中个别项目首次租金可超过人民币 2000 元/(月·平方米)。

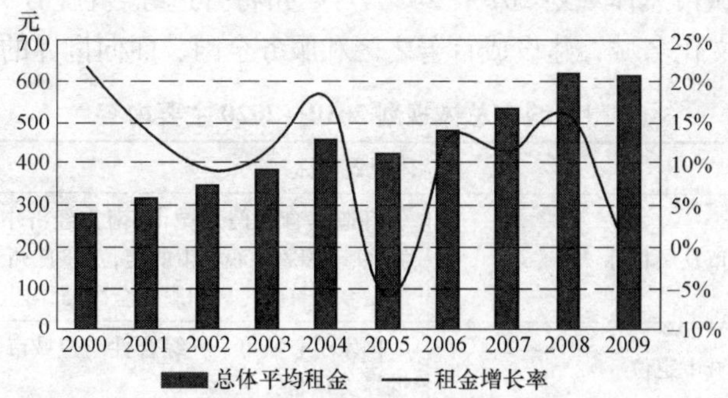

图 2.2-17　广州市中高端购物中心首层平均租金

资料来源：高力国际研究部，2010 年

(2) 出租率分析

广州市成熟商圈内的商业物业需求旺盛，百货商场通常有大量品牌等候入场，数个购物中心出租率也常年维持在98%甚至满租的状态。如果计入广州市六大城区所有中高端购物中心项目，则总体空置率在13%左右。2009年，尽管国际经济环境不乐观，但广州市中高端购物中心的净吸纳量仍达25万平方米。从业态分析，服饰、餐饮和娱乐依旧是中广州商业物业最大需求来源，其中又以偏中高端、具有时尚和品质感的品牌为主，这与广州人务实又前卫的特征密不可分。

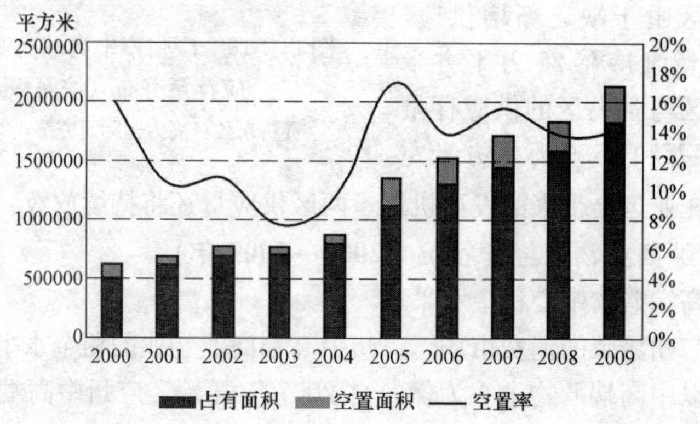

图2.2-18 广州市中高端购物中心整体空置率

资料来源：高力国际研究部，2010年

2.2.4 城市发展规划和未来供应分析

1. 广州城市及商业网点总体规划

据《广州城市总体规划2010～2020》，广州将打造综合性门户城市、南方经济中心、世界文化名城，建设成首善之区和服务全国、面向世界的国际大都市。

广州市城市总体规划2010～2020主要内容 **表2.2-1**

总体规划目标	
城市发展目标	打造综合性门户城市、南方经济中心、世界文化名城;实现国家中心城市的定位;将广州建设成为广东宜居城乡的首善之区和服务全国、面向世界的国际大都市
城市定位	国家中心城市——综合性门户城市、南方经济中心、世界文化名城
城市规划目标	建设国际城市与国家中心城市;推进产业结构优化升级;重点发展现代服务业

续表

发展战略		
强化区域中心	建设国家中心城市	打造国际制造业基地与国家制造业龙头，形成商贸中心、国际交往和交通的门户枢纽、文化中心，加强泛珠三角区域合作
		积极发展成为区域性现代服务业中心、区域金融中心、高新技术产业与先进制造业基地，辐射华南地区，构建对区域具有强大带动力的我国南方经济中心
	突出中心服务职能	促进珠三角一小时城市圈的形成，推动产业和劳动力双转移；培育高端服务增长空间，辐射带动周边地区产业升级，引领区域参与全球产业分工
		主城区是高端服务中心，广州东部地区、南沙、花都—白云等作为重要发展节点
发展现代产业	强制造业中心	优化提升先进制造业，完善现代产业链条
	强服务中心	重点发展现代服务业，提升中心城市集聚辐射和综合服务功能
		打造区域金融中心，加快中央商务区、临港商务区、会展商务集聚区及其延伸区建设，打造区域“创意之都”，推进国家服务外包基地建设
优化主城	强化城市中心，调整升级产业结构，提升核心职能 重点完善和拓展白云新城、珠江新城－员村地区、琶洲地区、白鹅潭地区、中轴线南段五大功能区	
构建新区	扶持发展南沙滨海新城 整合发展东部港城 引导发展空港新城 更新发展西部新区	

资料来源：广州市政府，2009

《广州市商业网点发展规划 2003～2012》中规划提出广州市“四线三圈”和“两轴一带”的商业网点布局。(1) 拓展“四线”商业带，快速干道和快速轨道放射线既是旧城区与城市新拓展地区的连接线，也是商业网点发展的命脉线和支撑线。要沿着东、西、南、北四个方向的快速轨道和快速干道交通放射线，实施“东推进、西延伸、南跳跃、北培育”的商业网点拓展战略。(2) 打造“三层商圈”，“三层商圈”是指依托内、中、外三圈层构建的大商圈。三圈层既是体现商业网点空间关系的基准层，也是刻画商业网点空间分布特性和商业网点由内向外拓展态势的空间结构。要按照“内精、中厚、外强”的发展要求，形成空间定位准确、圈层分工合理、地域特色鲜明的商业圈层结构。

(3)“两轴一带”是指老城区中轴线、新城区中轴线和珠江滨水带。在越秀山至海珠广场的老城区和天河火车东站至海心沙的新城区两条中轴线上，着力提升以北京路、上下九商业街为主干的核心商业区和以天河城、正佳广场为主要节点的核心商业区，打造现代商都标志性商业亮点；在珠江滨水带，着重突出休闲游憩特色、滨水景观特色、商旅互动特色和中西文化风情，通过两岸休闲风情商业街的建设，打造最亮丽的休闲服务带。

广州市商业网点发展规划 2003～2012 主要内容　　表 2.2-2

布局重点		
四线三圈、两轴一带		重点提升和建设一批商业功能区，一是六个都会级和二十个区域级零售和服务主导型商业功能区；二是由珠江新城、天河北和环市东组成的中央商务区；三是琶洲和流花两大国际会展商务区
六个都会级商业功能区	北京路商业功能区	重点改造提升北京路步行街、文德路古玩字画文化街和中山路综合商业街，形成以广百大厦、新大新等一批大型商厦和现代服务业为主要支撑的都会级商业中心
	天河商业功能区	重点改造提升天河城广场、时代广场、宏城广场，形成以天河城广场、正佳广场、时代广场三大购物中心和购书中心、体育中心两大文体中心以及珠江新城商务区等为主要支撑的都会级商业中心
	西关商业功能区	修复西关“骑楼”风貌，凸显传统商贸风情，修建绿地和休憩广场，建设文化广场，改造建设欧陆风情餐饮休闲区，形成具有鲜明岭南特色的都会级商业中心
	东山商业功能区	重点改造提升农林下路和中山路商业街，积极发展现代服务业，形成广州东山传统商业与现代商业相互交融的都会级商业中心
	广州新城商业功能区	以建设大型购物中心和沙湾水道沿岸滨水休闲商业街为节点，注意发展现代服务业，在中远期规划建设集零售购物、休闲服务、现代商务于一体的都会级商业中心
	南沙商业功能区	以商业街、购物中心、商务中心等为重要节点，为临海产业区服务，在中远期规划建设集零售购物、休闲观光、现代服务于一体的都会级商业中心
一个中央商务区		加强环市东路和广州大道的有机连接，搞好商务区内部交通系统和周边环境的规划建设和改造提升，注重建设和完善为商务活动配套和为商务人士生活配套的服务设施，打造一个国际化的中央商务区
两个国际会展商务区		琶洲国际会展商务区和流花国际会展商务区：主要注重完善为会展活动办公和生活配套的服务设施
十个大型购物中心		天河城正佳购物中心、海珠城购物中心、中华广场购物中心、荔湾广场购物中心、琶洲购物中心、白云新城购物中心、花花世界购物中心、长隆购物中心、广州新城购物中心、南沙购物中心
二十条重点商业街		逐步形成以北京路步行街、上下九路步行街和珠江滨水带风情休闲街为龙头，特色突出、功能齐全、布局合理、类型多样、层次分明的商业街体系

资料来源：广州市政府，2003

2. 未来供应量总述

未来两年，广州中高端商业物业市场将迎来新的供应高峰，2010 年和 2011 年入市的项目面积分别总计为 78.3 万和 65.3 万平方米。如果这些未来供应如期面世，则全市总存量在 2011 年将达到 358 万平方米，较 2009 年增加了 60%多。天河区依然是开发商热衷的区域，47%的未来供应将集中在此，其中包括太古汇、万菱汇和时尚天河购物广场等项目。白云区的未来供应亦十分可观，G5 停机坪项目和万达新城两项目就将为此区域添加 25 万平方米左右的商业面积。

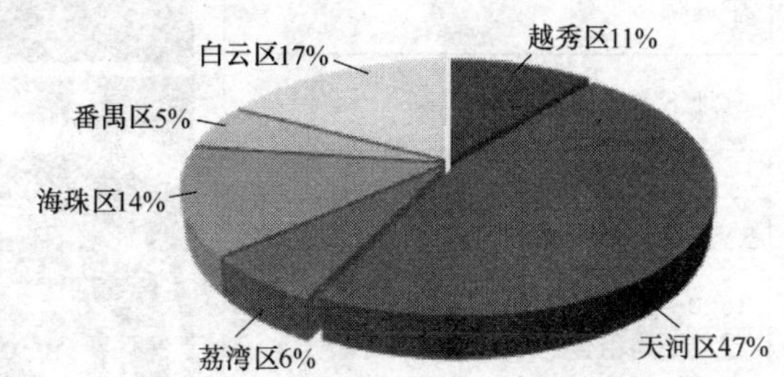

图 2.2-19　广州市中高端商业物业未来供应分布（按面积）

2.2.5　城市重点商业地产项目分析

1. 天河城广场

天河城广场位于天河商圈，由粤海控投集团旗下的天河城集团持有并管理，是中国大陆最早运营的购物中心。天河城广场以天河城百货为主力店，并早在 1996 年就引入日本连锁零售集团吉之岛在此开设中国首家分店。该项目业态完善，除服饰、化妆品、皮具箱包等常见业态外，还有数码园、通信器材城、游乐场、美食坊和影院等。该项目被认为是广州经营最为成功的购物中心，其出租率 1999 年后一直保持在 99%以上，曾在 2004 年就创下日客流量 83 万人次的记录。据粤海投资财报显示，天河城广场在 2009 年租金收入为 7.01 亿港元。

2. 正佳广场

正佳广场位于天河路和体育东路交汇处，毗邻天河城广场，其中商场建筑面积为 30 万平方米，是广州最大的购物中心。正佳广场以体验式主题购物乐园为设计定位，主力店包括广州友谊商店、百佳亚洲旗舰超市、快乐王国和恒生家私家具广场等。餐饮和娱乐是正佳广场两大招牌，其主题餐饮店面积超过 3 万平方米，汇集近 30 家餐饮知名商家；同时拥有 1 万平方米的大型室内主题乐园、室内真冰冰场等设施。经过几年养商期培育，正佳广场出租率稳定在

天河城广场　　表 2.2-3

项目名称	天河城广场
地址	天河路 208 号
开业时间	1996 年 8 月
建筑面积	160000 平方米
定位	中高端
楼层	8(地下 1 层地上 7 层)
运营商	天河城集团
租金	1500～2200 元/(月·平方米) 首层平均租金
出租率	100%
主要品牌	主力店：天河城百货，吉之岛 时尚服装：LACOSTE，Apple Shop，ARMANI EXCHANGE，I. T，chaber，La Pargay，Ochirly，ZAIN，NINE WEST，Mango，Calvin Klein Jeans，G-STAR，izzue/b+ab 珠宝钟表：TUDOR，ROLEX，TISSOT，SWATCH，OMEGA，浪琴表，东方眼镜，明廊，CASIO 皮具鞋类：Betu，FIORUCCI，真美诗，妙丽，MiRABELL，百丽，PATTY，GEOX 餐饮娱乐：环游嘉年华，飞扬影城，哈根达斯，星巴克，陶陶居，美珍香，仙踪林

96%～98%之间，周末客流量约为 50 万人次，其发展也进一步提升天河商圈在广州商业版图的重要性。

正佳广场　　表 2.2-4

项目名称	正佳广场
地址	天河路 228 号
开业时间	2005 年 1 月
建筑面积	300000 平方米

续表

定位	中高端
楼层	9（地下 2 层地上 7 层）
运营商	广州正佳企业有限公司
租金	1000～1200 元/(月·平方米) 首层平均租金
出租率	96%
主要品牌	主力店：友谊商店，百佳超市，胜道运动城，快乐王国，恒生家私家具广场 时尚服装：H&M，Ochirly，E. P，Lily，GUESS，Selected，Miss Sixty，Lacoste，Five Plus，Cabbeen，G2000 珠宝钟表：City Chain，TISSOT，SWATCH，CASIO，TUDOR，天王表 个人护理：佰草集，屈臣氏，汇美舍，Camenae，妍丽 餐饮娱乐：飞扬电影城，冰河湾真冰溜冰场，必胜客，哈根达斯，星巴克，水果捞，仙踪林

3. 丽柏广场

丽柏广场位于环市东路商圈，紧挨友谊商店环市店，是广州市目前唯一定位高端及奢侈品的购物中心。总面积只有 1 万平方米的丽柏广场无论在硬件还是软件设施上都力争营造精致奢华的购物氛围，众多国际顶级品牌汇聚其中，使其成为华南区世界奢侈品牌最为集中的购物场所之一。丽柏广场为广州及华南地区高端消费人群提供了除香港和海外之外的又一购物选择。

丽柏广场　　表 2.2-5

项目名称	丽柏广场
地址	环市东路 367 号
开业时间	2004 年 1 月
建筑面积	10000 平方米
定位	高端/奢侈
楼层	5 层
出租率	100%
主要品牌	Louis Vuitton，Hermès，Prada，Dior，Fendi，Céline，Chloé，Ermenegildo Zegna，Salvatore Ferragamo，Bvlgari，Valentino，Versace，Emporio Armani，Burberry，Daks，Hugo Boss，Lanvin，Juicy Couture，Marc by Marc Jacobs，D&G，Tru Trussardi，Canali，Cerruti 1881，Agnès b.，ICE Iceberg，Diesel

2.3　沈阳市商业地产市场报告

2.3.1　宏观经济和人口统计分析

1. 经济和商业性质指标分析

2009 年，沈阳 GDP 为 4，359.2 亿元，同比增长 14.1%，2000 年至 2009 年期间 GDP 年均复合增长率达到 16.93%，增速高于同期北京水平（北京 GDP 年均复合增长率为 16.1%）。在东北地区主要城市中，2009 年沈阳发展位于前列，GDP 水平仅次于大连。同时，沈阳人均 GDP 保持稳定增长，2009 年达到 55，816 元，同比增长 12.3%。

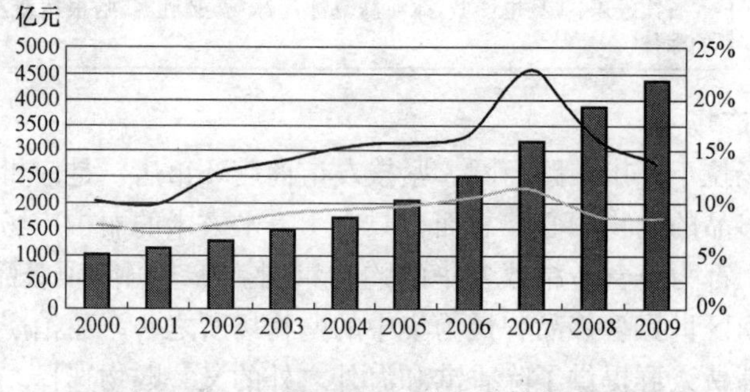

图 2.3-1　沈阳 GDP 及增长率（2000～2009 年）

数据来源：沈阳市统计局，2010 年

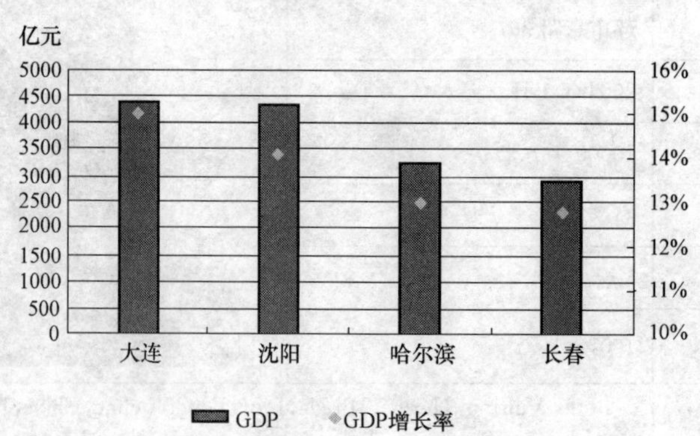

图 2.3-2　东北地区四个主要城市 GDP 及其增长率（2009 年）

数据来源：沈阳市、大连市、长春市及哈尔滨市统计局，2010 年

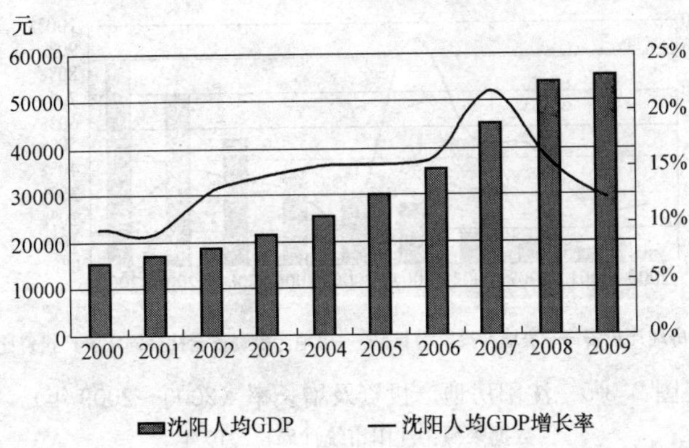

图 2.3-3 沈阳人均 GDP 及增长率（2000～2009 年）

数据来源：沈阳市统计局，2010 年

2009 年，沈阳全社会固定资产投资达 3676 亿元，同比增长 22.2%。其中，房地产投资共计 1188.7 亿元，同比增长 17.6%。尽管受金融危机背景下经济增速放缓的影响，投资增速同比下滑，2009 年沈阳房地产投资占全社会固定资产投资比重仍达 32.3%，连续七年占比 30%以上，房地产投资市场增长趋势稳定。同时，在东北地区主要城市中，沈阳房地产投资所占比重远远超过其他城市水平，表明沈阳在该区域内的发展优势十分明显。

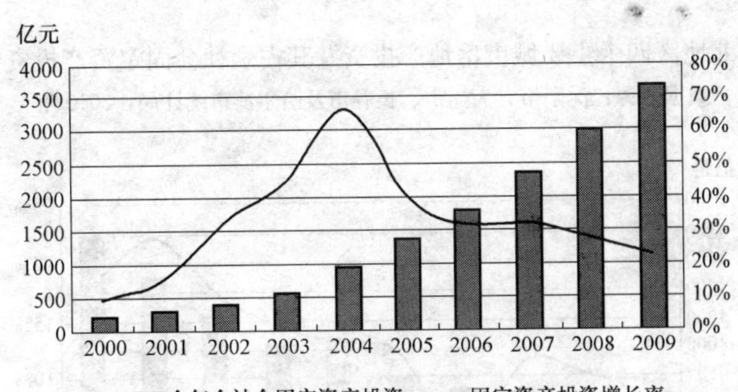

图 2.3-4 沈阳全社会固定资产投资及增长率（2000～2009 年）

数据来源：沈阳市统计局，2010 年

2009 年沈阳消费品零售总额同比增长 18.1%至 1778.6 亿元，居于东北地区主要城市首位。2000 年至 2009 年零售总额年均复合增长率为 13.6%，预计未来几年内，沈阳商业市场的良好表现将促使其增速得以加快。

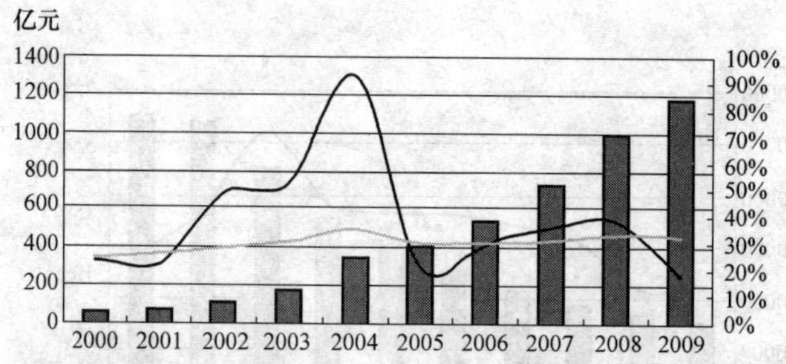

图 2.3-5　沈阳房地产投资及增长率（2000～2009 年）

数据来源：沈阳市统计局，2010 年

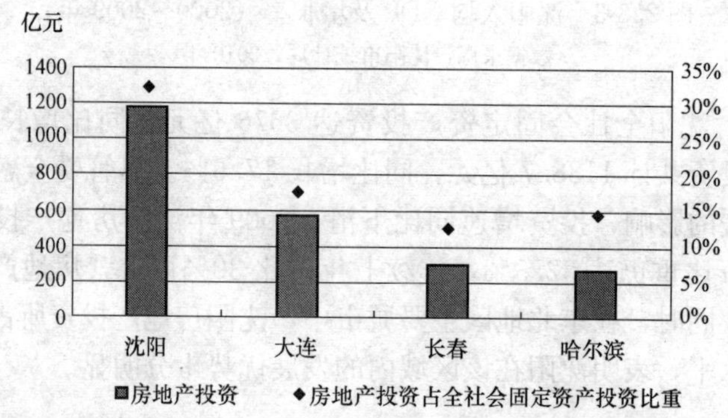

图 2.3-6　东北地区四个主要城市房地产投资及其占全社会固定资产投资比重（2009）

数据来源：沈阳市、大连市、长春市及哈尔滨市统计局，2010 年

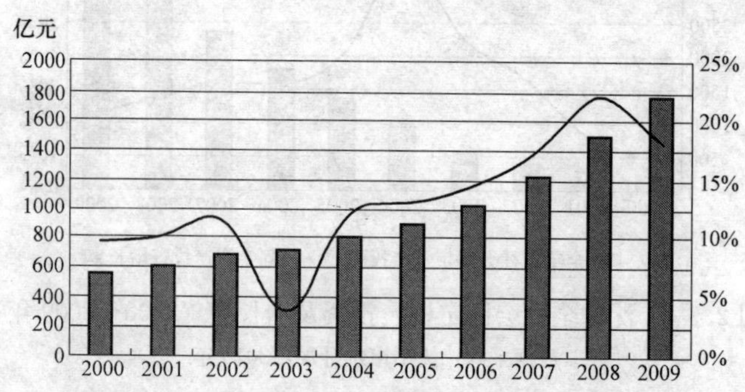

图 2.3-7　消费品零售总额及其增长

数据来源：沈阳市统计局，2010 年

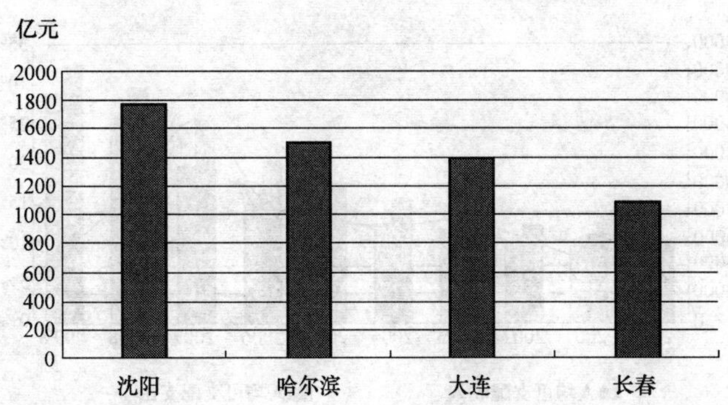

图 2.3-8　东北地区四个主要城市全市消费品零售总额（2009）

数据来源：沈阳市、大连市、长春市及哈尔滨市统计局，2010 年

2. 人口统计分析

沈阳市人口总量保持低速增长，自然增长率持续维持在 1%以下的低位水平。截至 2009 年年底，全市户籍人口 716 万，常住人口年增加 10 万达到 786 万人，外来人口迁入已成为沈阳人口增长的主要原因。2009 年沈阳城市居民人均年可支配收入 18560 元，在东北地区仅低于大连；人均消费年支出 16448 元，位于东北地区主要城市首位。同时，近年居民消费增长速度超过可支配收入的增速，也表明居民消费意愿已明显增加，沈阳消费品市场的活跃态势仍将保持。尽管两项指标在 2008 年与 2009 年受金融危机影响增速明显放缓，但随着未来以沈阳为中心建设沈阳经济区进程的推进，本地经济发展的逐渐加快，将促进人民生活水平进一步提升。

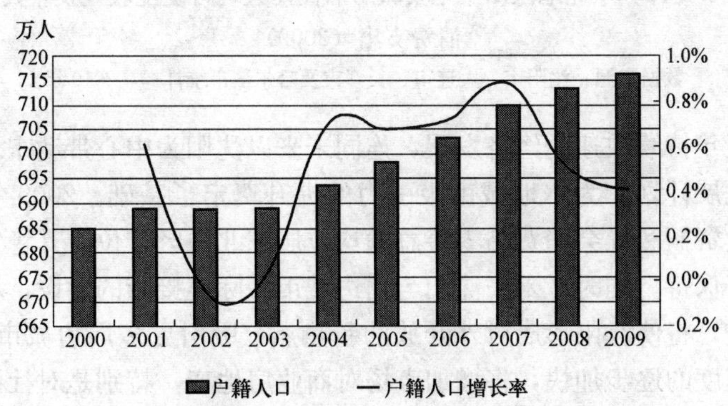

图 2.3-9　沈阳户籍人口及增长率

数据来源：沈阳市统计局，2010 年

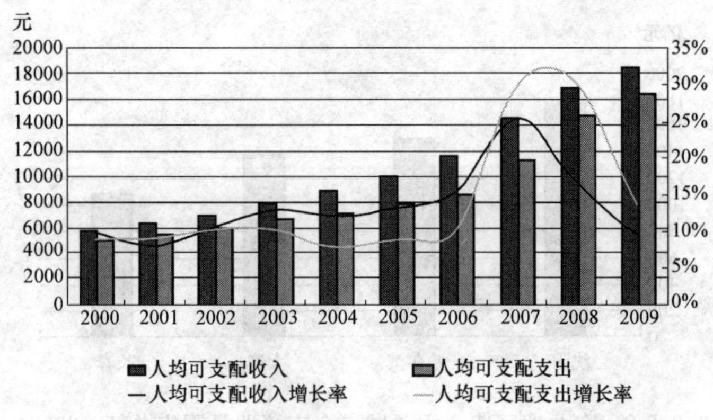

图 2.3-10　沈阳城镇居民可支配收入和消费性支出

数据来源：沈阳市统计局，2010 年

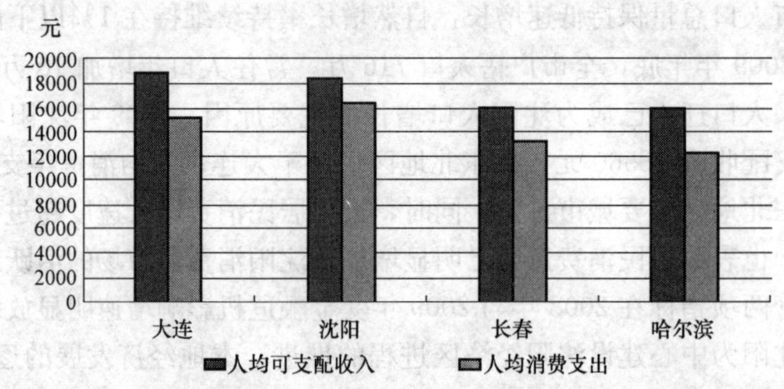

图 2.3-11　东北地区四个主要城市居民年人均可支配收入及年人均消费支出（2009）

数据来源：沈阳市、大连市、长春市及哈尔滨市统计局，2010 年

沈阳近年持续快速的经济发展，连同未来以沈阳为中心带动东北老工业基地振兴的发展计划，为本地城市吸引力的提升奠定了基础。2009 年，沈阳全年房地产投资额和社会消费品零售总额均位居东北地区首位，其稳定的增长势头预计仍将保持。同时，未来沈阳与周边城市城际连接带的建设，城市一体化进程的推进，将使沈阳形成对外开放的新热点，吸引更多周边城市人口流入。人口增长速度的逐步加快，将增加市场对商业房地产，特别是对社区型商业项目及人口密集地区综合型购物中心项目的需求。基于以上良好的经济基本面和积极因素，沈阳商业地产已经进入快速发展通道，并将保持乐观的预期。

2.3.2　商业物业市场概览

1. 本地商业市场综述

沈阳作为东北地区的经济中心，其各项经济指标表明沈阳正处于高速发展阶段，亦带动了商业市场在近年的发展。目前和平区和沈河区是沈阳商业格局的核心区域，主要中高端商业项目多集中于太原街和中街两大市级商圈，其他区域发展相对缓慢并多以专业市场为主，如以IT数码产品为主的三好街商圈，以纺织服装为主的五爱商圈，以鞋业和家电日杂用品为主的南塔商圈等。截至2009年年底，以市区内主要中高端商业项目和市区户籍人口计算，沈阳人均优质商业面积仅约为0.4平方米，商业总供应仍然不足，且整体布局存在结构性失调问题。此外，市场内缺乏优质购物中心的现状使得本地消费者消费习惯较为传统，同时，高端商品及奢侈品牌多面向周边城市高收入消费群体，因此整体商业设施品质及消费模式有待进一步提升与改变。

未来沈阳市将注重商业布局的合理性，通过改造旧城区和开发建设新城区逐步加强空间发展战略的实施，同时加快地铁等基础设施的完善，这些积极因素均为沈阳商业网点的建设带来长期利好的发展前景。

2. 本地商业市场重点商圈介绍

根据现有和未来沈阳中高端百货商场和购物中心较为集中的区域，全市主要商圈共有6个，包括市级商圈2个（太原街商圈，中街商圈），区域级商圈2个（北站商圈，五里河商圈）和社区型商圈2个（铁西商圈，北行商圈）。此外，沈阳商业市场还包含五爱、三好街、南塔和西塔等专业型商圈，但在此次报告中不作重点研究。

（1）太原街商圈

太原街位于和平区，以太原街和中华路为主，区域面积3.41平方公里，是沈阳市两个市级商圈之一，2007年获得“中国著名商业街”称号。太原街商圈定位于中高档，以大型综合百货商场为主体，共聚集10个中高档百货商场和购物中心，同时包括沈阳最早发展起来的地下商业街。商圈内节假日客流量可达70万～80万，全年商品交易额近百亿，消费群体涵盖本地各区，亦辐射沈阳周边城市，吸引具有中高档购物需求的消费者。

目前，市级发展规划已提出建设大太原街现代商贸区，预计将太原街现有区域向南延伸至南八马路，向北延伸至西塔街，向东沿中华路扩展到南市场地区。未来，太原街商圈的发展将进一步完善业态结构总体布局和商业功能分区，注重提升传统业态，并引进现代商务及总部经济等新兴业态。同时，优化交通设施配置，配合地铁工程加强地下商业街区建设也将成为主要发展方向。

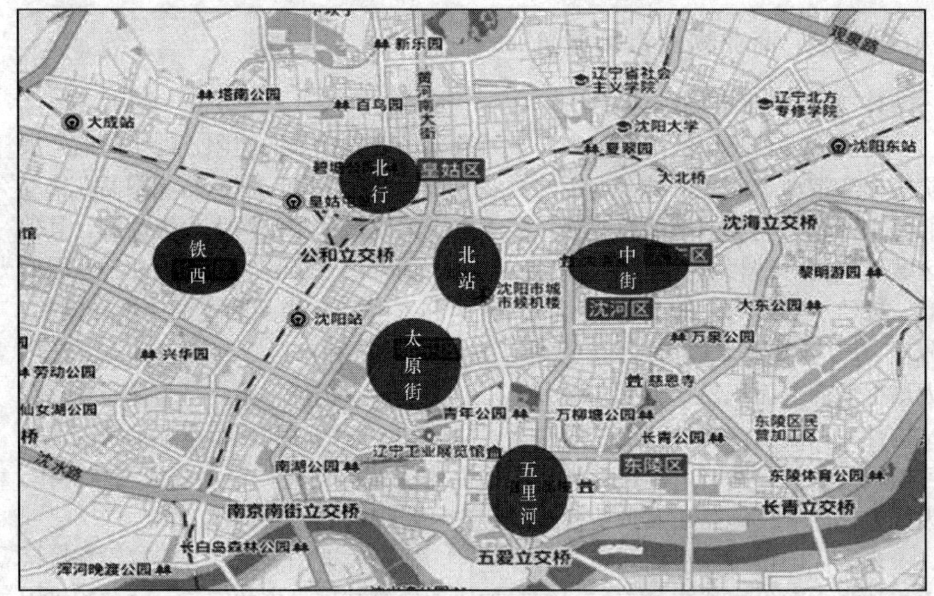

图 2.3-12　沈阳主要商圈分布图（2009 年）

资料来源：北京高力国际研究部

(2) 中街商圈

中街位于沈河区，是沈阳第一条步行街商业区。中街商圈定位于中档，其中西段以服装小商品市场和钟表首饰店为主，中段以购物中心和品牌专卖店为主，东段凭借综合性购物中心大悦城的开业，在商业设施和品牌组合方面得以快速提升，同时使中街整体长度延长至 2 公里。商圈内日均客流量 60 万人，商品年交易额超过百亿元，消费群体包括旅游人群、本地中低收入人群，特别是年轻时尚人群。

目前，沈河区依据商业圈内故宫等沈阳独有文化资源力求打造文化中街。同时，包括皇城恒隆广场、大发广场、盛世长安商业广场及久光百货等在内的至少 8 个中高档商业项目将在未来 2～3 年内逐步建成入市，规划建筑面积超过 200 万平方米。这些新建项目在进一步提升区域商业档次的同时，也将使中街商圈占据未来沈阳商业市场的主导地位。

(3) 北站商圈

北站商圈主要指沈阳北站南部区域，该区域为沈阳市重点规划的金融商贸区，定位为中高端商业区。由于北站并非传统商圈，区域内目前除超市和家居专业市场外，仅有卓展购物中心和华府天地两个中高端商业项目。其中，卓展购物中心是沈阳最高档百货商场之一，聚集较多国际一线及二线品牌，消费群体主要来源于沈阳周边城市具有高端需求的消费者，同时亦包含区域内高端商务人士。

随国家发展战略提出建设以沈阳金融商贸区为主体的区域性金融中心，未来北站商圈将聚集众多高端写字楼及城市综合体项目，配套商业设施以高档购物中心为主，如恒隆市府广场购物中心、沈阳国际金融中心及裕景中心的配套购物中心等，从而使北站将有可能升级为市级高档商圈。

（4）五里河商圈

五里河商圈位于沈阳金廊工程南部，东起南五爱街，西至南三好街，北起文化路，南至浑河北岸，主要由于三好街数码产品市场而知名。区域内集中较多高档酒店和高档住宅，但除定位于高端的西武百货，商圈内其他中高档百货商场和购物中心项目极少。目前沈阳市政府已将五里河区域定位于以传媒、科技、商贸、商业及高端居住为主要发展方向的高端商务区，未来随世茂五里河、茂业新天地、华丰文化广场、佳兆业中心及新世界会展中心等中高端项目的完成，五里河商圈将在此基础上形成面对区域内长期居住的高收入群体和商务人士的高档商业区。

（5）铁西商圈

铁西商圈主要分布于兴华街、兴顺街及附近街区，目前以家居建材市场和批发市场等专业市场为主，同时包括铁西百货、友谊购物中心及新玛特铁西店共三家中低档及中档百货商场，消费群体主要为沈阳市西部地区居住人群。随铁西新区建设，区域内住宅市场进入快速发展时期，促使商业项目迎来更好发展机会，新项目包括万达广场、星摩尔购物广场等综合性大型购物中心，以及茂业等百货商场。

（6）北行商圈

北行商圈位于皇姑区，北起崇山中路，南至长江街南端，区域内商业类型主要为超市和家电专业市场，目前仅有千盛百货一家中档百货商场项目，消费群体为周边及北部社区居民。未来区域内没有大型商业项目供应，区域商业发展较为缓慢。

2.3.3　商业物业市场分析

以下章节对沈阳商业物业市场的分析将选取中高档商业项目作为研究对象，高力国际研究部对该类项目的定义如下：

位置：位于主要中心行政区划内，包括和平区、沈河区、大东区、皇姑区及铁西区；

面积：商业建筑面积超过10000平方米；

商业类型：中高端百货商场及购物中心（不计算专业购物中心，如家居购物中心、建材购物中心及步行街街铺等）。

1. 商业物业供应

沈阳中高端商业物业市场在2006年以前发展缓慢，入市项目多以传统百货商场为主。其后，随汇集众多国际知名奢侈品牌的高档百货商场卓展购物中心、体量约达24万平方米的大型商业项目华府天地购物中心等项目相继落成，沈阳商业物业市场逐渐进入快速发展的轨道。2009年，沈阳中高端商业市场迎来真正意义上的大型购物中心项目，分别为位于太原街商圈的万达广场和位于中街商圈的大悦城，总建筑面积合计245000平方米。

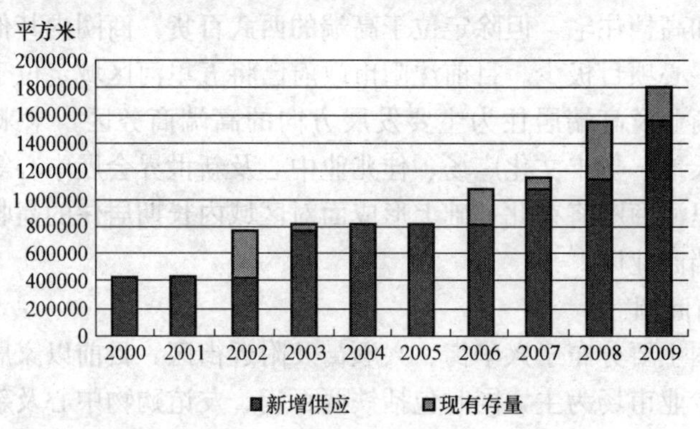

图2.3-13　2000～2009年沈阳市中高档商业供应量及存量

数据来源：北京高力国际研究部

截至2009年年底，沈阳中高端商业市场共计24个商业项目，总存量扩大至1814539平方米。其中，业态形式为百货商场的项目共16个，总建筑面积占市场总量的51.54%，仍占据主导位置。购物中心项目共8个，由于2009年新入市项目单体体量均超过10万平方米，沈阳购物中心总建筑面积占市场总量的比重得以迅速提升。随着目前在建及规划中的购物中心项目逐步建成，该业态形式将成为沈阳商业市场的主要发展方向。

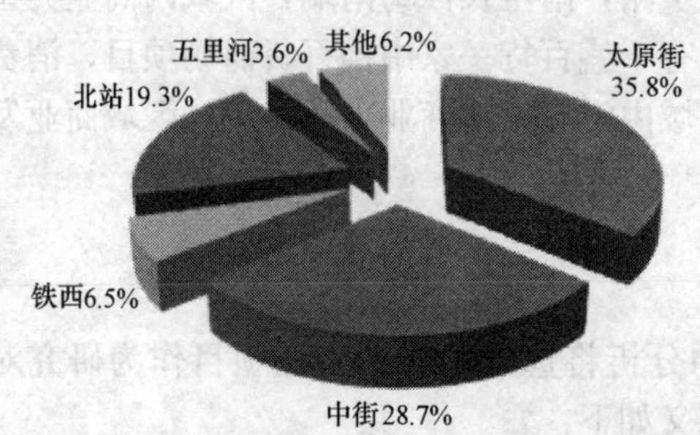

图2.3-14　沈阳市中高档商业供应量按商圈分布（至2009年）

数据来源：北京高力国际研究部

主要商圈中，传统商业区太原街商圈共有10个中高端商业项目。该商圈主要为百货商场业态形式，

包括百盛、中兴商厦、华联商厦等中档商场，同时涵盖美美百货、新世界百货一店、伊势丹百货等高档商场。年内万达广场的入市，及2010年中兴方城、朝汇购物中心的开业，将进一步丰富太原街的业态组合。

中街商圈共有5个项目，定位于中档，包括沈阳商业城、新玛特等百货商场，以及购物中心项目兴隆大家庭和沈阳大悦城。其中，新开业的沈阳大悦城在引进众多国际化时尚品牌的同时，将东中街打造为景观步行街，传统中街商圈得以逐步升级。

其他商圈中，除位于北站商圈的卓展购物中心和位于五里河的西武百货两个高档百货商场，区域内商业项目主要为中低档百货商场、专业及批发市场和社区型配套商业设施等，商圈整体水平有待进一步提升。

2. 商业物业经营状况

沈阳百货商场项目，租金形式以按营业额比例抽成为主，抽成比例通常在15％～30％之间。根据主要商品类别，抽成比例有所不同，其中服装、珠宝及化妆品抽成18％～30％，餐饮抽成10％～15％。

沈阳部分代表百货商场首层租金抽成比例（2009）　　表2.3-1

项目名称	抽成比例	项目名称	抽成比例
欧亚沈阳联营公司	28％	中兴沈阳商业大厦	23％～25％
新世界百货	20％～30％	伊势丹	23％～25％
新玛特	25％～27％	铁西百货	18％～25％

数据来源：北京高力国际研究部

沈阳购物中心项目目前仍处于初期发展阶段，部分项目经过近一年时间的市场培育，经营状况仍有待进一步改善。因此，购物中心首层固定净有效租金水平不高，平均水平大致在每天每平方米人民币10～15元。但随着未来皇城恒隆广场等定位于中高端的购物中心项目开业，沈阳购物中心平均租金水平预计将有所提高。

沈阳部分代表购物中心首层租金（2009）　　表2.3-2

项目名称	首层租金［元/(平方米·月)］
沈阳春天时装之苑	400～500
兴隆大家庭	350
沈阳大悦城	450～500
华府天地购物中心	300～400
万达广场(太原街)	420～450

数据来源：北京高力国际研究部

沈阳作为东北地区的经济中心，商业辐射范围涵盖周边具有较强消费能力的城市群，因此消费市场一直保持良好表现，吸引了众多国内外零售商进入本地市场或在此扩张，特别是随大悦城等新项目入市，沈阳迎来更多国际知名时尚品牌，如 MUJI、ZARA、C&A、UNIQLO、DAZZLE 等，H&M 也已确定将在沈阳开出东北地区首店。同时，购物中心通过业态调整，亦吸引更多餐饮、娱乐及生活服务等方面的零售商进驻，项目整体出租率情况保持良好，万达广场及大悦城出租率均达到 90%以上。百货商场方面，面向普通收入水平居民的中档百货商场普遍具有较高的出租率水平，而定位于高档的百货商场，如美美百货和西武百货，则由于国际一线品牌经营战略的转变及自身经营模式等问题，开始面临品牌档次下降和空置率上升的状况。

2.3.4 城市发展规划和未来供应分析

1. 本地城市发展总体规划

《沈阳市城市发展规划（1996～2010）》于 2010 年年底到期，新总体规划执行期限为 2010 年至 2030 年，中期到 2020 年。根据新规划，沈阳城市性质将调整为“辽宁省省会、国家中心城市、国家先进制造业基地、国家历史文化名城”，拟通过全市行政区划调整使城市功能分区更加明确合理，促使各区域重点产业有序发展。

沈阳城市发展规划（2010～2030）主要内容　　表 2.3-3

<table>
<tr><td rowspan="8">主要发展方面</td><td rowspan="6">区划调整</td><td></td><td>面积
(平方公里)</td><td>功能定位</td></tr>
<tr><td>沈河区</td><td>58</td><td>金融、商贸等现代服务业</td></tr>
<tr><td>和平区</td><td>60</td><td>现代服务业</td></tr>
<tr><td>皇姑区</td><td>66</td><td>教育、居住及现代服务业</td></tr>
<tr><td>大东区</td><td>100</td><td>汽车产业</td></tr>
<tr><td>东陵区、浑南新区和航高基地</td><td>600</td><td>高新技术产业、航空产业、智能产业和现代服务业
建设浑河南岸成为沈阳新城区</td></tr>
<tr><td colspan="4">加快金廊工程建设:拉动服务业发展、增强沈阳对周边城市的辐射带动作用</td></tr>
<tr><td colspan="4">发展核心区地下空间:以地铁网络为骨架,以城市公共中心地区为重点,以地铁站周边地区为节点,确定金融商贸开发区、太原街地区、长江街地区等 16 个重点开发地区,构建多功能复合地下空间体系</td></tr>
<tr><td>人口</td><td colspan="4">2020 年常住人口:1000 万;城市化率:87%
2030 年常住人口:1200 万;城市化率:90%</td></tr>
<tr><td>2030 年发展目标</td><td colspan="4">建设国家中心城市
建设国际竞争力优势明显的东北亚重要城市</td></tr>
</table>

数据来源：沈阳市政府

根据沈阳市商业网点“十一五”规划，沈阳将加快形成东联西接、南展北拓、多层次、放射型的东北地区商贸物流中心。其商业经济服务范围将辐射七城市经济圈，即东（南）联抚顺、本溪，南联辽阳、鞍山、营口，西联阜新，北联铁岭，基本形成中心城市的开放式发展布局。

沈阳商业网点“十一五”规划主要内容　　表 2.3-4

加快重点布局建设:重点打造以“一廊两带三圈”为架构的商业网点体系	
一廊	延伸南北“金廊”到约 25 公里,以青年大街为中轴,平均开发宽度 500～1000 米。重点布局北部开发区(北部大学城)、龙江区域商贸中心、北站都市商贸中心、五里河都市商贸中心、浑南都市商贸中心,建设商务办公、国际金融、科技文化、体育休闲商业产业带
两带	南带——沿东西“银带”(浑河)实施深度开发,重点在棋盘山国际旅游风景区、沈阳植物园、东陵新城、浑南都市商贸中心、长白新城、苏家屯新城、铁西区 7 个节点上建设独具特色的生态商业产业带
	北带——沿地铁一号线,重点布局张士开发区、于洪新城、兴工都市商贸中心、太原都市商贸中心、中街都市商贸中心、东城都市商贸中心、黎明居住商贸区 7 个节点,建设购物、餐饮、休闲、娱乐、家居服务贸易产业带
三圈	“核心圈”——在二环路建成区范围,构建层次分明、结构合理的都市商贸中心、区域商贸中心、社区商服中心三级商业功能区和现代特色街区
	“中心圈”——在二、三环路之间,发展特色商业空间,构建具有强大辐射力的现代贸易体系
	“边缘圈”——在县域范围,构建由“县域商贸中心”和“乡村商服中心”二级商业网点为支撑的网络体系
完善三级商业功能区:新建 5000 平方米以上大型零售商业网点 50 个,包括新建大型百货商店 11 个、新建大型综合超市 15 个和新建大型购物中心 4 个;商业网点总面积增至 1920 万平方米,人均拥有商业网点面积达到 1.92 平方米	
都市商贸中心	改造完善中街、太原街、北站 3 个现有都市商贸中心。重点规划五里河、长江、兴工、东城、浑南 5 个都市商贸中心,10 年后,使其具备都市商贸中心的雏形
区域商贸中心	重点规划培育 10 个区域商贸中心,布局按照一个大中型百货商店,一个大型综合超市和若干个服务于日常生活需要的专业店、专卖店和服务设施组合模式
社区商服中心	到 2010 年,在 1257 个社区中新建 100 个社区商服中心,总量达到 200 个
扩增商业街数量	增加特色商业街、专业商业街和综合商业街共 8 条,使商业街总数量增至 48 条
整合同类市场资源	重点新建 12 个专业市场,改造 20 个批发市场,形成 6 个市场集群
培育建设物流园区	沿 4 条物流产业带布局物流基地,重点建设 20～30 个第三方物流中心
建设产地型农业市场	培育 6 个县域商贸中心,开发建设 6 个新城商贸中心、10 个支柱产业型市场及 30 个产地型农产品市场

数据来源：沈阳市政府

2. 未来供应量

未来沈阳商业物业市场将迎来更多中高端项目，2010 年至 2103 年新增供应总量预计可达约 430 万平方米，其中 2012 年为供应最高峰值，超过 250 万平方米。新项目将以综合型购物中心为主要形态，预计截至 2013 年，购物中心占全市商业总量的 78.25%，其总体量将是目前购物中心总建筑面积的 5 倍。值得注意的是，基于沈阳商业市场的良好发展预期，更多香港及海外投资机构显示出投资热情。未来新增供应中，非内资企业投资项目总数超过总项目数量的 40%。除主要商圈太原街和中街外，CBD 商圈、铁西新区、五里河商圈及浑南新城等区域将布局更多中高端百货商场和购物中心项目，沈阳商业市场开始逐步呈现分散化发展趋势。

从商圈来看，中街商圈将在未来 3～4 年内迎来超过 200 万平方米的供应，占新增供应总量的一半，使得该商圈将替代太原街商圈，成为沈阳中高端商业市场项目最为集中的区域。另一方面，凭借铁西区以打造现代建筑产业园为主要发展目标之一的铁西新城规划，区域内居住片区快速发展带来的机遇吸引了众多开发商的目光，万达广场、兴隆大天地、星摩尔购物广场及龙之梦购物中心均将在未来两年内竣工完成，总建筑面积超过 60 万平方米。

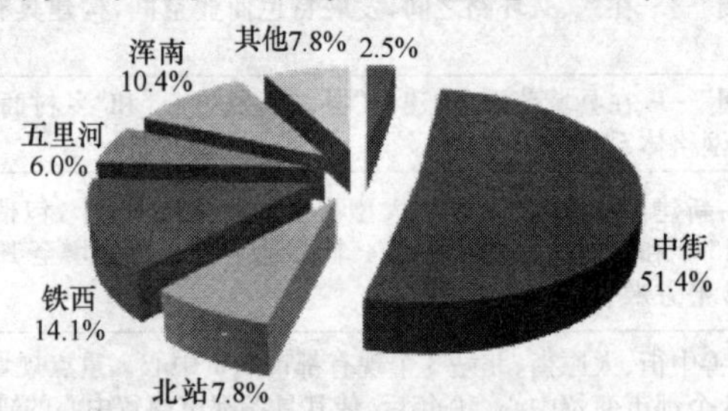

图 2.3-15　沈阳市中高档商业新增供应按商圈分布（2010～2013 年）

数据来源：北京高力国际研究部

2.3.5　城市重点商业地产项目分析

1. 新玛特（中街店）

新玛特（中街店）为大商集团在沈阳发展的第一个项目，定位于综合型流行时尚百货商场，包括时尚品牌、运动休闲、超市、电玩娱乐、影院及健身中心等多种业态。由于中街商圈多集中服饰、饰品等中低档专卖店，该店引入的众多国际知名时尚品牌填补了商圈内缺少中高档品牌的空白，同时其内容丰富且功能齐全的业态组合也使其明显区别于区域内其他商业项目，消费群体涵盖各年龄阶段，因而拥有较大客流量并保持稳定。

未来商圈内新增供应多为中高档购物中心，更高品质的购物环境与更多新进品牌的入驻将对此类传统百货商场产生较大威胁。但另一方面，凭借自身已经成熟的经营模式，对其商场具有较高品牌忠诚度的消费群体也将逐步扩大，商场的发展仍将保持良好预期。

新玛特（中街店）　　表 2.3-5

项目名称	新玛特(中街店)
地址	大东区小东路1号
开业时间	2002年12月
建筑面积	100 000平方米
定位	综合型流行时尚百货商场
楼层	9（地下2层地上7层）
租金	扣点为营业额的25%～27%
出租率	100%
主要品牌	化妆品：Chanel，Dior，Lancome，Guerlain，Elizabeth Arden，Shiseido，Kanebo，Biotherm，Clinique，Fanc，SK II，MAC，Make Up For Ever等 女性服饰：Ports，EP，Mango，Ochirly，Esprit，Season Wind，淑女屋，自然元素等 男性服饰/鞋品：Lacoste，Nautica，Scofield，Vicutu，Ecco，Clarks等 休闲品牌：Astro Boy，Tough，G-star Raw，Jasonwood，Cabbeen，Viscap等 其他：一兆韦德健身中心，永乐电影城，新玛特美食天地，新玛特超市

2. 伊势丹百货

伊势丹沈阳店为该公司在东北地区投资建设的首家百货商场，包括服饰、家居、餐饮及超市等多种业态，定位于具有中高端消费需求的年轻女性群体。为区别于太原街商圈内其他商场，伊势丹内过半品牌以首次进入沈阳且自身独有的亚洲品牌为主，同时在经营管理方面更加注重商品陈列的更新与顾客服务的提升。

未来2～3年内太原街商圈新增供应较少，主要以对现有项目进行升级为发展方向。因此，通过打造独有品牌、营造高端购物环境仍将是伊势丹进行差异化经营的主要优势。

伊势丹百货　　表 2.3-6

项目名称	伊势丹百货
地址	和平区太原北街 84 号
开业时间	2008 年 2 月
建筑面积	30000 平方米
定位	中高端时尚百货商场
楼层	9（地下 2 层地上 7 层）
租金	扣点为营业额的 23%～25%
出租率	100%
主要品牌	化妆品：Lancome，Estee Lauder，Shiseido，Biotherm，Clinique，Clarins，Fancl，Anna Sui，SUISSE，KOSE，Soap Opera，redearth，Skin Food 等 女性饰品：Twisty，Apis Art，Soeru，GUNZE，ELLE，AURORA，和真等 女性服饰：Dazzle，iimk，on & on，OLIVE des OLIVE，U'db，TAPENADE，OBEG，CIRCLE，Dosch，ICICLE，COCOON，nancrk，TR/BECA，TANDS，Thursday Island，Bear Eimy 等 男性服饰：Timberland，CORONA MIQUEL，G-STAGE，S&V，MIQUEL，Hattric，EXR，NALAKUVARA，Ecco，VALLEVERDE，SKAP，KAISER，42ND ROYAL HIGHLAND 等 家电：PHILIPS，Panasonic，OSIM，CLEANSUI，TIGER 等 餐饮：鱼漫日式料理，SEVEN DAYS Dining Café，PARK WAY 泰国料理，ICHIDO，MOCHI SWEETS，素美人甜品工房，NISSEI Soft Cream 等

3. 沈阳大悦城

沈阳大悦城位于传统中街商圈的东端，是沈阳重点规划工程“东中街”的核心项目，共设 A、B、C、D 四馆和沃尔玛超市，其中 A、B 馆于 2009 年开业，C、D 两馆将于 2011 年开业。该项目由全长 600 米的景观步行街贯穿，同时连通地铁一号线东中街站，是沈阳目前首个真正意义的大型主题购物中心项目。大悦城 A 馆及 B 馆定位于年轻、时尚消费群体，已吸引 ZARA、UNIQLO、C&A、MUJI 及丝芙兰等国际知名时尚品牌进驻，同时注重丰富餐饮等业态的组合，项目优势在目前的中街商圈较为明显。

但需要注意的是，未来中街商圈将迎来较大规模的新增供应，且商业类型主要为中高端购物中心。这一趋势将为沈阳大悦城在品牌招商及商业运营等方

面带来压力，因此，稳步培养其商业项目品牌认知度，针对主力消费人群进一步优化现有商品组合模式，或将成为未来立足的关键。

沈阳大悦城　　　　**表 2.3-7**

项目名称：	沈阳大悦城 
地址	大东区小东路 8 号
开业时间	2009 年 5 月
建筑面积	120000 平方米(A 馆及 B 馆)
定位	综合型时尚购物中心 
楼层	A 馆：5(地上 5 层)； B 馆：6(地下 1 层地上 5 层)
首层租金	450～500 元/(月·平方米)
出租率	90％
主要品牌	A 馆： 流行服饰：ZARA，Mango，Levi's，G-Star，LEE，UNIQLO，Ochirly，BERSHKA，ME&City，ETAM，SCAT，PRICH，TEENIE WEENIE，E-LAND，JASONWOOD，COCOLULU，CABBEEN，EHOMME，OAKLEY，D. STYLE LAB，WRANGLER，QUIKSILVER，PLORY 饰物：CITIZEN，HONEY BABY，BICO，ZIPPO，ODM，GIFTOUR，几米，花之恋 家居生活：LOVELY LACE，GOCJ，YOUNG2 美发，IRIS 生活馆，帝豪斯健身 餐饮：禾绿回转寿司，麻辣诱惑，加乐比意式餐厅，仙 Q 甜品工坊，ICHIDO，佰果捞芒果皇后，北海道满喫 B 馆： 流行服饰：C&A，Asobio，Dazzle，SCOFIELD，LA CHAPELLE，MIGAINO，Basic House，GEN，LILY，La SENZA，COCOON，SU，X-MOOM，S&V，ESPRIT，MIND BRIDGE，ROEM，MOTIVI，HOTWIND 等 餐饮：星巴克，味千拉面，巴贝拉，思湘馆，SUBWAY，茶太屋，花漾年滑，真锅咖啡，凡情蒂诺巧克力等 其他：MUJI，SEPHORA，DHC，美舍雅阁，潘多拉生活创意馆等

2.4　成都市商业地产市场报告

2.4.1　宏观经济和人口统计分析

1. 经济和商业性质指标分析（2000～2009 年）

(1) GDP、GDP 年增长率、人均 GDP

成都经济自2000年至2009年保持了快速稳定的增长，2009年GDP总量为人民币4502.6亿元，约是2000年的3.4倍，近十年内复合增长率达到14.67%。人均GDP为人民币34996元，增速高于同期全国水平。在主要中西部城市中，2009年成都GDP总量及增长速度均位于前列，经济发展潜力巨大。

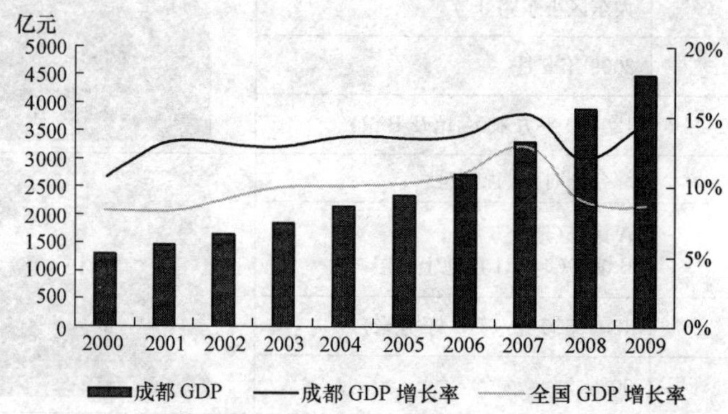

图2.4-1 成都GDP及GDP增长（2000～2009年）

数据来源：成都市统计局，2010

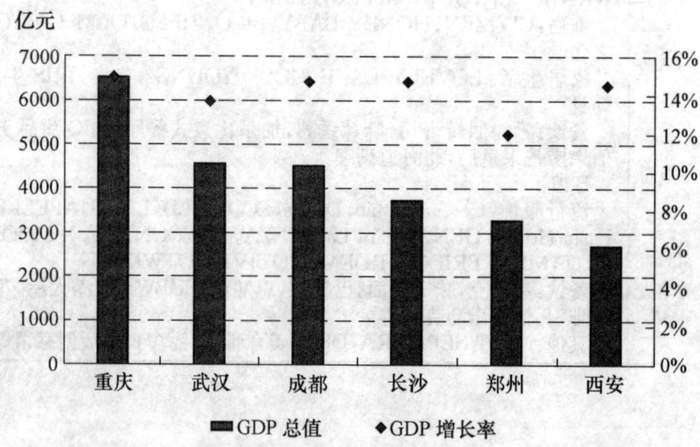

图2.4-2 主要中西部城市GDP总值及增长率（2009年）

数据来源：成都、重庆、长沙、武汉、西安及郑州市统计局，2010

（2）固定资产投资、房地产投资及其两者之间的变化、两者间的年增长率

成都固定资产投资在过去十年以26.78%的复合增长率快速增加，2009年全社会固定资产投资总额为4025.9亿元，同比增长34%，投资总额和增速均高于武汉、长沙、西安及郑州等其他中西部城市。固定资产投资中，房地产投

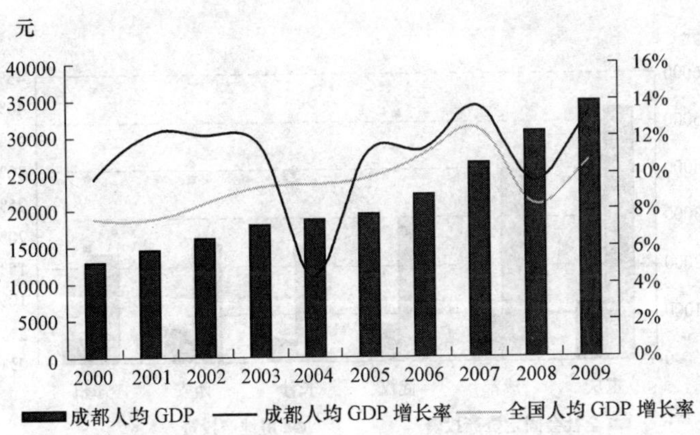

图 2.4-3　成都人均 GDP 及增长率（2000～2009 年）

数据来源：成都市统计局，2010

资于 2005 年至 2007 年保持约为 42%的年均增长率，尽管近两年增速明显放缓，但所占比重仍基本稳定在 30%的水平，是城镇固定资产的主要投资方向之一。预计未来随着城市建设的发展，城市整体投资环境和房地产市场仍将保持良好的增长预期。

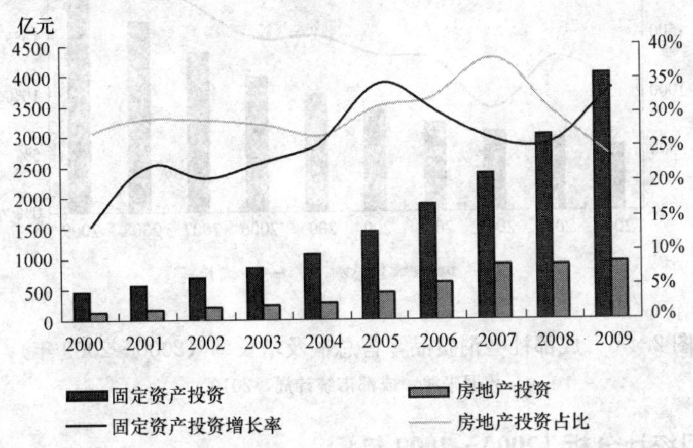

图 2.4-4　成都全社会固定资产投资和房地产投资情况（2000～2009 年）

数据来源：成都市统计局，2010

（3）社会零售总额及年增长率

2009 年成都社会消费品零售总额同比增长 20.2%至人民币 1950 亿元，在中西部主要城市中排名前列，增速居于首位。2000 年至 2009 年复合增长率达到 15%，繁荣的消费市场成为推动整体商业市场迅速发展的最有力的因素之一。

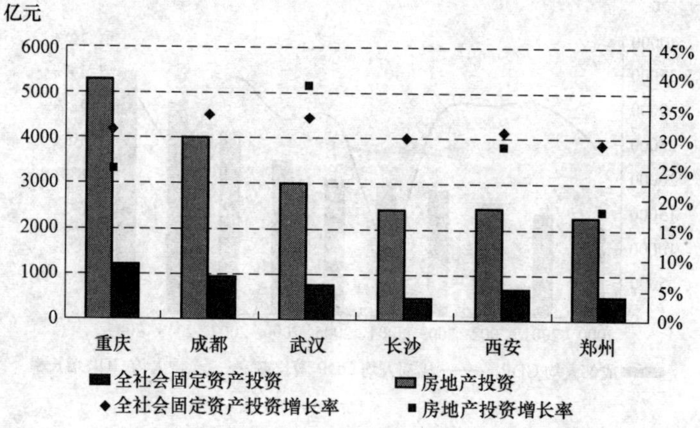

图 2.4-5 主要中西部城市固定资产投资和房地产投资情况（2009 年）

数据来源：成都、重庆、长沙、武汉、西安及郑州市统计局，2010

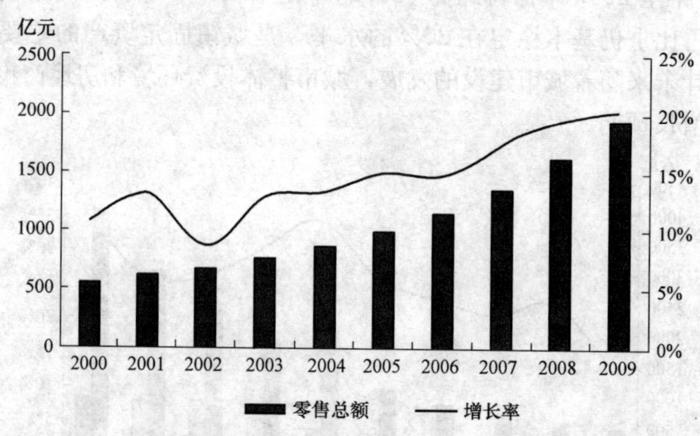

图 2.4-6 成都社会消费品零售总额及增长率（2000～2009 年）

数据来源：成都市统计局，2010

2. 人口统计分析（2000～2009 年）

(1) 常住人口总量及自然增长率

成都人口总量持续平稳增长，截至 2009 年年底，全市户籍人口为 1319.6 万人，常住人口达 1286.6 万人，常住人口近年的快速增长已超过户籍人口的增加，表明外来迁移人口增长已成为全市人口增长的主要原因。作为西部特大中心城市，成都快速的经济发展未来还将吸引更多周边地区与省内二级城市的人口迁入，加快本地城市化的进程。

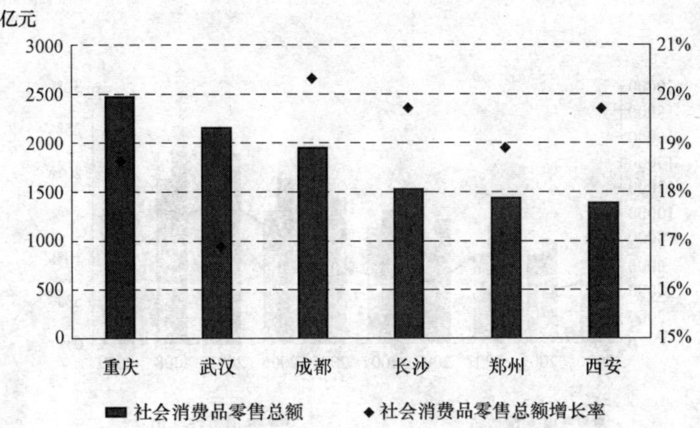

图 2.4-7　主要中西部城市社会消费品零售总额及增长率（2009 年）

数据来源：成都、重庆、长沙、武汉、西安及郑州市统计局，2010

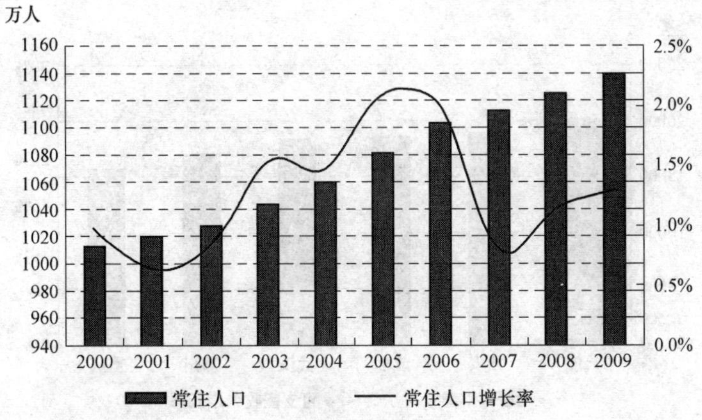

图 2.4-8　成都人口总量及增长率（2000～2009 年）

数据来源：成都市统计局，2010

（2）城镇居民收入及其年增长率

2000 年至 2009 年，成都城镇居民人均年可支配收入复合增长率为 10.42%，2009 年同比增长 10.1%至人民币 18659 元。在主要中西部城市中，成都目前可支配收入水平仅低于长沙和西安，预计未来随着成都在西部地区城市地位的不断提升，收入水平将会进一步提高。

作为西部最大的中心城市之一，成都近年保持了快速稳定的经济发展势头，各项主要经济指标绝对值位于中西部地区前列，而在经济发展、固定资产

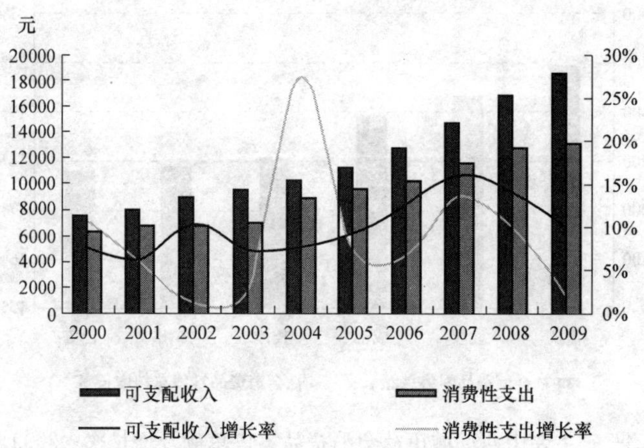

图 2.4-9　成都城镇居民人均年可支配收入和消费性支出情况（2000～2009 年）

数据来源：成都市统计局，2010

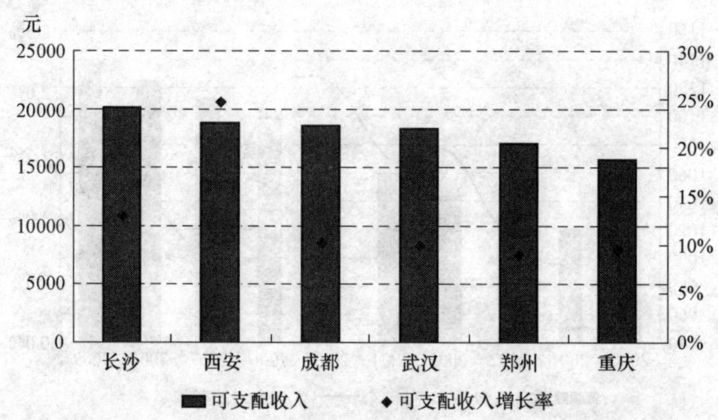

图 2.4-10　主要中西部城市城镇居民人均年可支配收入（2009 年）

数据来源：成都、重庆、长沙、武汉、西安及郑州市统计局，2010

投资及社会消费品零售总额等方面的增速，成都均处于地区首位，城市地位不断提升。良好的经济基本面为整体商业市场的繁荣奠定了基础，全球范围内知名的大型零售商和品牌运营商都已将成都作为主要发展城市之一即是例证。同时，伴随基础设施的完善，城市建设的加速吸引更多房地产开发企业的进入，已促使成都本地商业地产市场正经历着由传统模式向更为现代的开发经营模式转变的过程，市场投资需求潜力巨大。

2.4.2　成都商业物业市场概览

1. 本地商业市场综述

成都历来是中国的西部重镇，经济的发达程度虽不及国内一线城市，但在中西部地区一直处于领先地位，是西部地区经济门户和发展引擎。闲适的生活氛围和良好的自然环境更增添了“天府之都”的吸引力，使其成为中国最宜居的城市以及热门旅游目的地之一。在此背景下，成都商业市场呈现繁荣景象，其较高的开放度和良好的经营状况引人注目。与大多数二、三线城市中本土选手占据市场的情况不同，成都商业市场上活跃着众多外资或外埠发展商或运营商，其中包括日本的伊藤洋华堂和伊势丹，马来西亚百盛集团，印度尼西亚力宝集团，菲律宾SM集团、中国台湾远东（太平洋）集团、香港新世界百货以及国内百货巨头王府井百货等。成都居民乐于消费和超前消费的习惯以及逐年上升的个人可支配收入使本地市场多数商业项目有很好的经营状况。王府井百货2009年销售额超过25亿元；伊藤洋华堂在成都三家店总销售额2008年突破35亿元，2009年第四店开业首日销售额达1500万元。

成都商业市场经营最为成功的物业形态为百货商场，从20世纪90年代末发展至今，百货商场在成都不但没有没落反而在不断调整升级中保持着强劲的竞争力。成都传统百货商场经过市场淘汰已改头换面，人民商场变身茂业百货，百货大楼也可能在重建后成为远东百货。而现有百货项目大多有明确定位、商品丰富、管理精细并注重购物环境的提升，在消费者中积累了较高的品牌辨识度和忠诚度。相比之下，购物中心在成都的发展起步较晚，2004年开业的百联天府购物中心是成都首个购物中心项目，此后购物中心模式被更多的发展商采用。然而，成都购物中心发展欠成熟，存在主力店面积过大、业态组合不完善、项目散售导致后期经营管理困难等问题，目前尚缺乏经营出色的代表物业。但这一局面有望随着新加坡凯德商业和仁恒置地集团等富有购物中心开发和管理经营的外资发展商陆续进入本地市场而得以改善。

成都三大传统商圈——春熙路商圈、盐市口商圈和骡马市商圈集中分布在成都市核心区域，形成三足鼎立的格局。春熙路和盐市口商圈商业项目分布密集，竞争激烈，是成都商业气氛最浓郁的区域。近年来随着城市发展，商业地产项目不断涌现，使成都的商圈呈现出向二、三环外扩张的趋势。目前沿二环路主要居住区已发展形成数个各具特色的区域性商圈，包括建设路商圈、双桥商圈、成仁商圈、双楠商圈和会展商圈等。

2. 重点商圈介绍

（1）春熙路商圈

资料来源：高力国际研究部，2010年

图 2.4-11　成都市主要商圈分布

春熙路商圈位于锦江区，以春熙路步行街为中心，北至总府路，南达上东大街，西靠北新街，东接红星路，是成都最繁华也是最重要的商圈。春熙路商圈具有丰富的历史沉淀，亨得利钟表、精益眼镜、成都工美商场等中华老字号商铺和成都名小吃云集于此；同时春熙路商圈又是现代时尚的代名词，除步行街各色潮流商铺外，还拥有成都最早的外资商业项目-太平洋百货和伊藤洋华堂、王府井百货、乐森购物中心（原西武百货）和第一城等百货及购物中心。丰富的业态和多元化的选择使春熙路商圈成为成都居民和外地游客购物、休闲和娱乐的首选，游人如织早已成为常态。

春熙路商圈内中高端百货和购物中心项目众多，各有特色。王府井百货和太平洋百货隔街相望，由人行天桥连接，商品组合以时尚大众为主；伊藤洋华堂和伊势丹两日系百货比肩而立，伊藤洋华堂是百货加超市的家庭路线，而伊势丹则主打中高端自有品牌；第一城作为购物中心以店中店方式引进大量国际潮流品牌，吸引年轻时尚人士光顾；乐森购物中心则接棒西武百货，继续经营高端奢侈品牌。从大众平民到高端奢侈，春熙路商圈可谓档次齐全，能覆盖大部分消费人群，其繁荣景象由此得到最佳注解。

随着群光百货、银石广场和国金中心等项目的陆续面世，春熙路商圈体量将继续扩大，商业整体品质有望进一步提升。而成都地铁二号线和三号线在春熙路交会，公共交通的便利将为该商圈带来更大的人流量。可以预见，春熙路商圈将继续其在成都商业版图上的龙头地位。

图 2.4-12 春熙路商圈

(2) 盐市口商圈

盐市口商圈紧邻春熙路商圈，北至人民东路、南达新光华街、西靠人民南路一段、东临青石桥街、青年路，是成都市中心的商业腹地。盐市口商圈内商业物业形态丰富，从超级市场、服装专业批发市场、书市、影城到百货商场和购物中心一应俱全，顾客构成相对春熙路商圈也更复杂。盐市口商圈中集中着数个百货商场和购物中心，包括茂业百货、摩尔百盛百货、仁和春天百货、新世界百货、北京华联商厦、美美力诚百货和财富广场等。其中仁和春天百货是成都市开业最早的奢侈品购物场所，也是成都本土百货的代表；而坐落于人民南路二段的美美力诚百货则是成都首个定位纯高端奢侈品的百货商场。

尽管拥有蓉城定位最高端的商业项目，但由于交通不便、老城规划落后和物业的相对陈旧等问题，盐市口商圈的整体发展相对慢于春熙路商圈。但盐市口商圈的升级一直在积极进行中，茂业中心（人民商场二期）、百货大楼原址项目、国际商城和地一大道等项目均在积极建设中。仁恒置地广场也于 2010 年开业，为盐市口商圈再添一家纯高端奢侈购物中心。与此同时，天府广场的改造和成都地铁的建设将给盐市口商圈带来新的竞争优势，这一传统商圈有望迎来更广阔的发展空间。

(3) 骡马市商圈

骡马市商圈位于青羊区，是以骡马市为核心，人民中路二段为轴的两侧区域，属于成都传统三大商圈之一。骡马市商贸历史可上溯到 300 多年前，直至 20 世纪八九十年代依然是商业兴隆的区域。但在随后的旧城改造和交通建设

图 2.4-13 盐市口商圈

中，传统老商业形态撤离，向现代商业转型的过程却不甚顺畅。目前，骡马市商圈内商业物业项目相对缺乏，仅有太平洋全兴店、铂金城和新城市广场等。其中新城市广场和铂金城为购物中心项目，新城市广场以百盛百货、百佳以及国美电器作为主力店，经营状况在商圈内数上乘。整体而言，骡马市商圈商业项目布局相对分散，不能有效地聚集人气，项目大多定位不清晰，缺乏特色。

据青羊区政府数据，骡马市商圈在 2006 年就已经聚集了成都 60%以上的外资机构，区域内不乏金融机构和高档酒店，可见商圈的消费能力不容置疑，骡马市商圈重现往日光彩的实力仍在。2010 年，富力地产接手招商失败的熊猫城项目打造的富力天汇 Mall 项目有望面世，其 25 万平方米的庞大体量以及广百百货、真冰滑冰场、嘉禾影院和以 H&M 为代表的时尚品牌的入驻无疑将为骡马市商圈带来新的生机。

图 2.4-14 骡马市商圈

2.4.3 商业物业市场分析

1. 研究对象定义

鉴于成都商业物业市场的发展现状及有限的篇幅，以下章节对广州商业物业市场的研究将集中于中高端商业物业，高力国际研究部对此类物业定义如下：

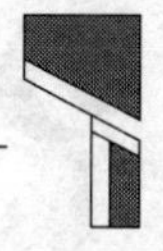

位置：位于成都市三环以内，包括青羊区、锦江区、成华区和武侯区；

面积：商业建筑面积超过 10000 平方米；

商业类型：中高端百货商场及购物中心（不计入商业街、社区商业、超级市场和专业购物中心，如家居购物中心等其他商业形态）；

租户组合：中至高档国内及国际品牌；

盈利方式：主要通过专柜销售收入的分成或分租物业的租金收入方式获利。

2. 中高端商业物业供应（2000～2009 年）

（1）现有存量的数量分析

成都中高端商业物业供应在 2004 年以前只有百货商场单一形态，但整体品质较高，发展状况良好，总体存量为 25.8 万平方米左右。自 2004 年起，购物中心业态兴起，2004 年至 2007 年间成都市场陆续出现包括百联天府广场、新城市广场、SM 广场和万达广场等一批购物中心项目，购物中心大体量的特征使成都中高端商业物业的供应量在此期间迅速放大，至 2007 年底达到 124 万平方米。近两年供应速度放缓，受自然灾害频发和金融危机影响，2008 年成都商业市场新增供应空白。

截至 2009 年底，成都中高端商业物业供应总存量为 135 万平方米。2009 年仅有伊藤洋华堂建设路店和仁和春天百货光华路店入市，为市场带来 92000 平方米新增供应。值得注意的是，新增项目的体量较以往更大，其中伊藤洋华堂建设路店是其在成都最大店铺，仁和春天百货新店的体量则超过 6 万平方

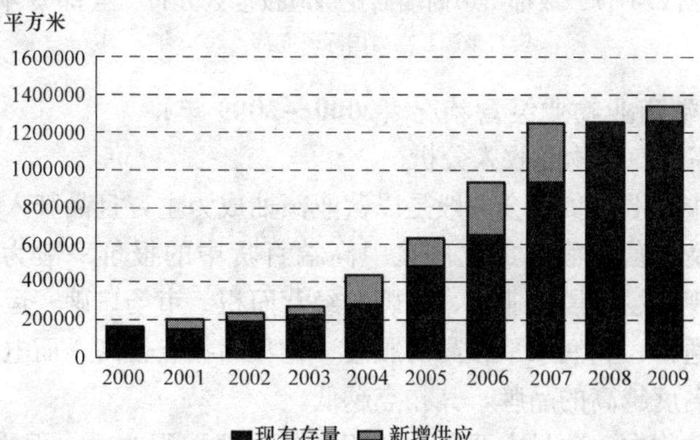

图 2.4-15 成都市中高端商业物业现有存量及新增供应

资料来源：高力国际研究部，2010 年

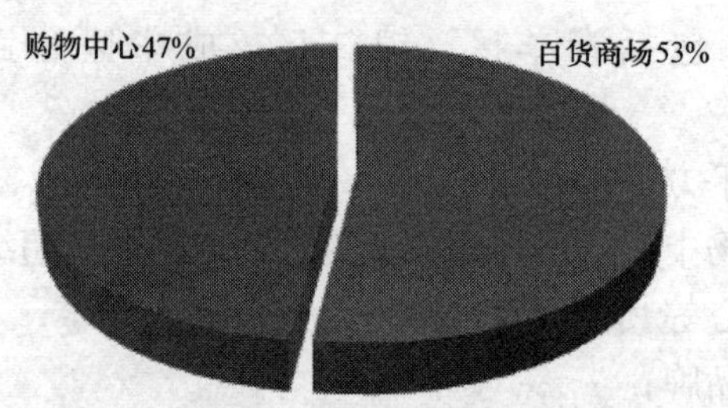

图 2.4-16　成都市中高端商业物业现有存量构成（至 2009 年）

资料来源：高力国际研究部，2010 年

米。从物业形态来看，购物中心与百货商场从面积上考量已经形成平分天下的格局。

(2) 现有存量分布及构成

成都中高端商业物业的现有供应均分布在三环以内，其中又以一环内和二环附近为主。春熙路、盐市口和骡马市三大商圈内共有 20 余个中高端商业项目，面积总计 56.8 万平方米，占全市存量的 43%左右。城东区域由于有万达广场和 SM 广场两大购物中心项目，供应量也达到 39.2 万平方米，占全市存量的 29%。城南区域以及其他区域供应存量则分别为 20.9 万和 16.7 万平方米，占全市总额的 16%与 12.5%左右。随着更多新项目的涌现，三环以外的供应量在未来 3～5 年也将有较快增长。

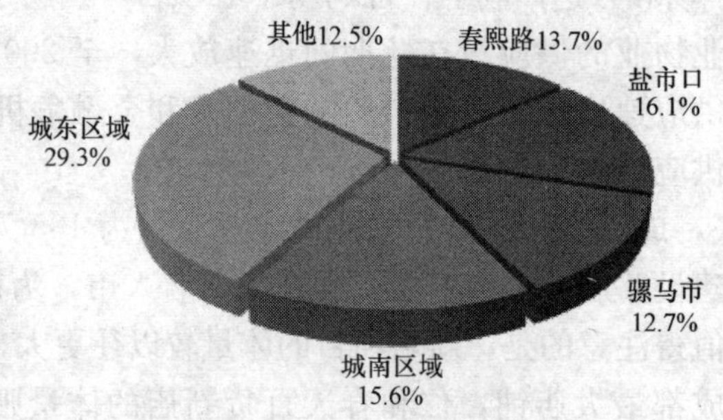

图 2.4-17　成都市中高端商业供应按地区分布（至 2009 年）

资料来源：高力国际研究部，2010 年

3. 中高端商业物业经营状况（2000～2009 年）

(1) 中高端商业物业收入分析

成都市中高端百货租金一般是以营业额抽成为主，且品牌入场需缴纳一定额度的入场费。营业额抽成比例在中高端百货中的报价一般为 20%～30%，具体比例则视商场地段、业态、品牌的经营面积、市场口碑、运营能力及谈判能力而定。通常，利润水平较高的服装、化妆品扣点较高，而电器及珠宝类扣点较低。知名度越高的品牌，其扣点越低。

成都市购物中心项目主要采取纯租金的形式取得收入，但也有个别项目，如第一城开发商自持部分，是采取营业额抽成的收租方式。由于成都市购物中心的经营水平相对较低，因而租金水平亦不高，且部分项目有散售状况，租金

成都市中高端百货扣率表　　表 2.4-1

商品类别	扣率(%)	商品类别	扣率(%)
服装	25～30	鞋类	15～25
化妆品	25～30	珠宝	15～20
家居用品	20～25	电器	10～15

资料来源：高力国际研究部，2010 年

因个人业主差异较大。通常情况下，主力店因为租赁面积大、租期长，而在谈判中占有有利地位，成交租金往往较低。以下列举部分购物中心非主力店首层平均租金水平。

成都市中高端购物中心首层租金　　表 2.4-2

项目名称	首层租金[元/(月·平方米)]	物业管理费[元/(月·平方米)]
万达广场	300～400	48
财富中心	300～400	33
嘉信茂购物中心	180～260	35
百联天府广场	200～300	20
第一城	扣点 13%～20%	20

资料来源：高力国际研究部，2010 年

(2) 出租率分析

成都市中高端百货商场，尤其是位于成熟商圈内的项目，通常是各类零售商争相入驻的目标。但成都购物中心的空置率则较高，个别项目经营不善，出租率仅能达到 60%左右。值得一提的是，除了国内外中高端的时尚服饰、箱包皮具、餐饮和娱乐等品牌外，国际高端奢侈品牌也是成都中高端商业项目的主要需求来源之一，根据成都市零售商协会的统计，目前近八成的国际一、二线品牌已落户成都。国际奢侈品牌对这个中国西部城市的渗透率令人吃惊。

2.4.4　城市发展规划和未来供应分析

1. 成都城市及商业网点总体规划

根据《成都市城市总体规划 2003～2020》规划，成都将建设成为新兴产业城市、中心枢纽城市、花园宜居城市、魅力文化城市、山水生态城市和旅游中心城市。形成"一心多极，一轴一群"的城镇空间格局。

《成都市商业网点发展规划 2003～2020》提出在成都建立与国内外市场接轨的现代商业网络，将成都建设为中西部地区商贸中心城市的目标。规划按照商业网点规划的布局原则，根据成都市实际，将成都商业网点体系分为：市级商业中心区、外围组团商业中心、片区商业中心、居住区商业中心（社区商业中心）、街坊商业、专业街、中心镇商业和一般镇商业、农村商业等几个层次。其具体规划如表 2.4-4 所示。

成都市城市总体规划 2003～2020 主要内容　　表 2.4-3

<table>
<tr><td>发展目标</td><td colspan="3">逐步建设成为新兴产业城市、中心枢纽城市、花园宜居城市、魅力文化城市、山水生态城市和旅游中心城市</td></tr>
<tr><td rowspan="5">城镇体系规划</td><td rowspan="3">一心多极</td><td>一个主城区</td><td>以城市中心区为核心地位，构建南北、东西两条十字交叉轴线，集中布置城市公共设施，形成新的城市中心区；在华阳组团和新都—青白江组团规划设置两个市级商业中心，其他各区设置各具特色的区级商业中心</td></tr>
<tr><td>四个中等城区</td><td>包括都江堰、崇州、邛崃和彭州</td></tr>
<tr><td>四个小城区</td><td>包括新津、大邑、蒲江和金堂</td></tr>
<tr><td rowspan="2">一轴一群</td><td>南北向城市发展轴</td><td>由主城区沿成雅高速公路和成绵高速公路向南北伸展，并连接新津、蒲江以及市域以外的广汉、德阳、乐山等形成南北向城市发展轴</td></tr>
<tr><td>城镇群</td><td>依托成温邛快速路和成雅高速公路，由崇州、邛崃、新津、大邑、蒲江，以及为数众多中小城镇组成联系紧密、分工合理、功能一体化的城镇群</td></tr>
<tr><td></td><td colspan="3">将城市核心区打造成为辐射西部地区的现代化商务、商业中心</td></tr>
</table>

资料来源：成都市政府，2009

成都市商业网点发展规划 2003～2020 主要内容　　表 2.4-4

<table>
<tr><td>发展目标</td><td colspan="4">建立与国内外市场接轨的现代商业网络体系；把成都建设成为中西部地区的商贸中心城市</td></tr>
<tr><td rowspan="10">主城区</td><td colspan="4">总体布局</td></tr>
<tr><td rowspan="3">中心城</td><td>二轴</td><td>人民路及蜀都大道-东大街-老成渝路</td><td rowspan="3">发展以商务中心、购物中心为主体的商业中心及现代服务业</td></tr>
<tr><td>一个中央商务区</td><td>由三个主要功能区和一个配套区构成</td></tr>
<tr><td>六大旅游休闲商业区</td><td>武侯祠、文殊院、水井坊、浣花溪、十陵、北郊</td></tr>
<tr><td>龙泉</td><td colspan="3">发展组团商业中心及东部地区的主要配送中心，发展休闲娱乐业</td></tr>
<tr><td>华阳</td><td colspan="3">发展组团商业中心、现代服务业及滨水休闲娱乐业</td></tr>
<tr><td>东升</td><td colspan="3">发展组团商业中心、现代服务业及航空港物流基地</td></tr>
<tr><td>新都-青白江</td><td colspan="3">发展组团商业中心、北部物流中心，发展旅游业</td></tr>
<tr><td>郫县</td><td colspan="3">发展组团商业中心、生态观光及休闲娱乐业</td></tr>
<tr><td>温江</td><td colspan="3">发展组团商业中心、现代服务业，发展休闲娱乐业</td></tr>
</table>

续表

各级商业中心规划布局			
层次	范　围	鼓励设置	限制设置
市级商业中心区	盐市口-春熙路-大慈寺片区	百货店、专业店、专卖店	大型综合超市、仓储式商场、农贸市场
外围组团商业中心	龙泉、华阳、东升、新都-青白江、郫县、温江	专业店、专卖店、超市	农贸市场
片区商业中心	19个	专业店、专卖店、超市、便利店	农贸市场
社区商业中心	100个左右	社区型购物中心、超市、便利店、专业店	干扰性的非配套商业

资料来源：成都市政府，2009

2. 未来供应量总述

2010年至2013年，成都中高端商业物业市场预计将迎来15个左右的新项目，总计商业建筑面积逾133万平方米，体量几乎与2009年市场存量持平。从项目分布上看，春熙路、盐市口和骡马市商圈依然是热门开发区域，全市50%以上的新开发面积都集中于此。另一方面，购物中心已经成为未来几年内的主流开发形态，至少有九个新项目前期定位是中高端购物中心，包括凯德项目、富力天汇Mall和万达金牛项目等，总计开发面积占全市预计新增供应的80%。而百货类型的项目主要位于春熙路和盐市口商圈，包括群光广场、仁和春天百货人东店二期以及在建的茂业中心和百货大楼原址项目等。

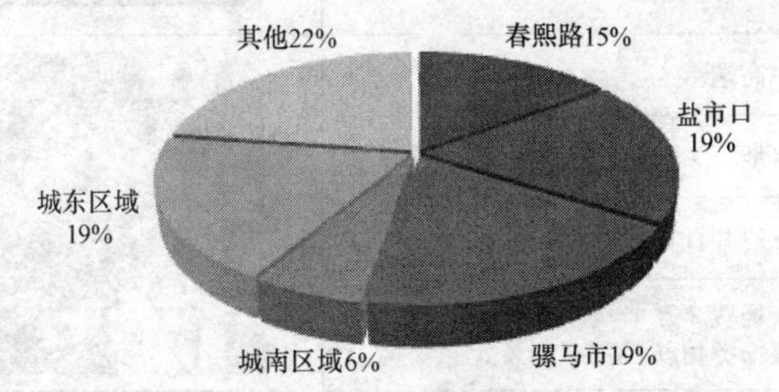

图2.4-18　成都市中高端商业物业未来供应分布（至2013年）
资料来源：高力国际研究部，2010年

2.4.5　城市重点商业地产项目分析

1. 王府井百货

王府井百货是北京王府井百货集团在外埠最大的投资项目，为定位中高端

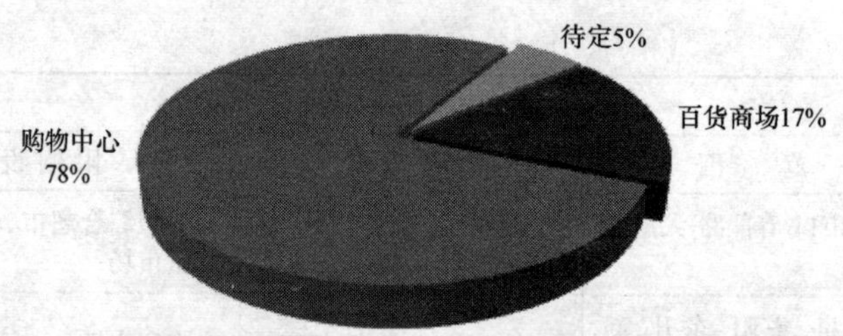

图 2.4-19　成都市中高端商业物业未来供应类型（至 2013 年）

资料来源：高力国际研究部，2010 年

的大型综合百货商场，于 1999 年正式进入成都，落户总府路，在 2009 年扩建后总面积达到 4 万平方米左右。王府井百货在成都中高端商业市场一直处于领导地位，其商品组合和定位很大程度上迎合了成都主流消费群体的消费习惯和购买力，销售额在 2008 年突破 21 亿元，2009 年达到 25.6 亿元，保持着成都百货零售业单店销售记录，也是王府井集团在全国最成功的店铺之一。

王府井百货　　表 2.4-5

项目名称	王府井百货
地址	锦江区总府路 15 号
开业时间	1999 年底
建筑面积	40000 平方米
定位	中高端
楼层	8(地下 1 层至地上 7 层)
运营商	王府井百货集团
租金	入场费 3 万 服饰类扣点 18%～28%
主要品牌	时尚服饰：Armani Jeans，DAZZLE，REPLAY，C. P. U，ESPRIT，淑女屋，艾格，依恋，花木马，自然元素，MIAMIA，JOJO，ONLY，GIORDANO，FAIRWHALE，NIKE，LOSACOS，JACKJONES，IZZUE，SEVENSTAR，5CM，Q'GGLE 化妆品：CK，CD，OLAY，ESTEELAUDE，LANCOME，L'OREAL，ANNASUI，SK-II，H2O 鞋类箱包：MILLIE'S，ST&SAT，ACHETEE，COACH 儿童用品：智迪玩具，银辉玩具，小霸王，小猪班纳，NIKEKID，SNOOPY，MORGAN&MILE，GOOGWAY，THOMAS&FRIENDS，LAMAZE，REEBOK，PONY，NEWBALANCE

2. 伊势丹

伊势丹位于春熙路利都广场B座，为日本零售业巨头伊势丹百货公司投资，于2007年开业。成都伊势丹沿袭了伊势丹高端精品的血统，商场装潢精致、布局合理、指示清晰、商品陈列精美、服务亲和细心，营造出现代而舒适的购物氛围。伊势丹在业态配比上也较为完善，除了购物部分，超市、特色餐饮和美容沙龙也体现了伊势丹在百货运营上的成熟度。在开业初期，由于近70%的品牌首次进入成都，且多为日系自有品牌，市场认知率较低，因此经营并不出色。随着本地居民消费实力的上升和商场不断的本地化调整，伊势丹有渐入佳境的趋势。

伊势丹　　**表2.4-6**

项目名称	伊势丹
地址	利都广场B座
开业时间	2007年5月
建筑面积	35000平方米
定位	中高端
楼层	9(地下1层至地上8层)
运营商	伊势丹百货集团
主要品牌	时尚服饰：PORTS，ESPRIT，ETE，T3，D. NADA，VOL. 3，masfer. SU，BASIC-HOUSE，NEWHERE，SOAP，DAZZLE，Q. B. A，MANGO，IORI，TWISTY 化妆品：CK，HR，兰蔻，植村秀，雅诗兰黛，COVER，KOSE，KANEBO，AUPRES 鞋类箱包：Coach，GALADAY，HUSHPUPPIES，MILLIE'S，ECCO，KAITZ，ELLE，GENTEN，CARLORINO 家居珠宝：SWAROVSKI，WEGWOOD，NISHIKAWA，MIRABELLO，MDD，ENETHAN，TITTOT，NARUMI，法国长胜，NORITAKE，LONGDA

3. 仁和春天百货人东店

仁和春天百货由成都仁和集团经营，是本土高端奢侈百货的先行者和标杆性项目。仁和春天百货人东店位于盐市口商圈人民东路，于1998年开业，成为成都最早的奢侈品购物场所。几经扩建至2010年二期开业时仁和春天百货人东店商场面积已到3万平方米左右，入驻仁和春天百货的国际高端和奢侈品牌也已从纪梵希、都彭和喜登路发展到卡地亚、宝格丽和阿玛尼等。尽管随着美美力诚的开业以及仁恒置地广场的面世，成都高端奢侈品市场竞争日趋激烈，但凭借长期的市场影响和不断引入的新鲜品牌，仁和春天百货仍将保持较高的市场占有率。

仁和春天百货　　表 2.4-7

项目名称	仁和春天百货 
地址	青羊区人民东路 59 号
开业时间	1998 年 9 月
建筑面积	30000 平方米(至 2010 年二期开业)
定位	高端/奢侈 
楼层	6(地下 1 层至地上 5 层)
运营商	仁和集团
主要品牌	服饰：Armani Collezioni，Hugo Boss，Burberry，D&G，Max Mara，Kenzo，Givenchy，Bally，Aquascutum 化妆品：Dior，La prairie，Lancome，Kiehl's，La Mer，Estee Lauder，Make Up For Ever，HR，Giorgio Armani Beauty 手表珠宝：Cartier，Swarovski，Vacheron Constantin，Rado，Longines，Bvlgari，Vertu，MontBlanc，Piaget，Porsche Design

2.5 太原市商业地产市场报告

2.5.1 宏观经济和人口统计分析

1. 经济和商业性质指标分析

(1) 国内生产总值及其增长

太原是山西省的省会，也是山西省的政治、经济、文化、教育、科技、交

通及信息中心，是以冶金、机械、化工、煤炭为支柱，以输出能源、原材料、矿山机械产品为主要特征的全国重要能源化工城市。太原经济自2000年至2009年保持了稳定高速增长，GDP总量从2000年的396.3亿元增加到2009年的1545.2亿元，年均增长率11.8%，明显高于同期全国GDP增长率。

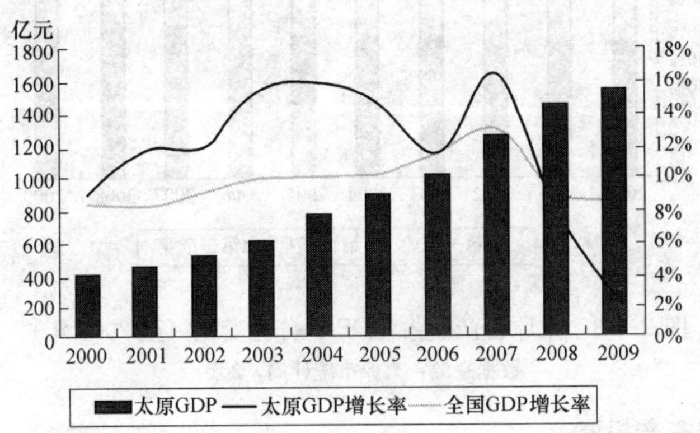

图2.5-1 太原GDP及GDP增长（至2009年）

数据来源：太原市统计局，2010

太原人均GDP从2000年的13021元到2009年的44319元，年均增长率为14.6%，不过2009年人均GDP同比增长只有1.9%，明显偏低。

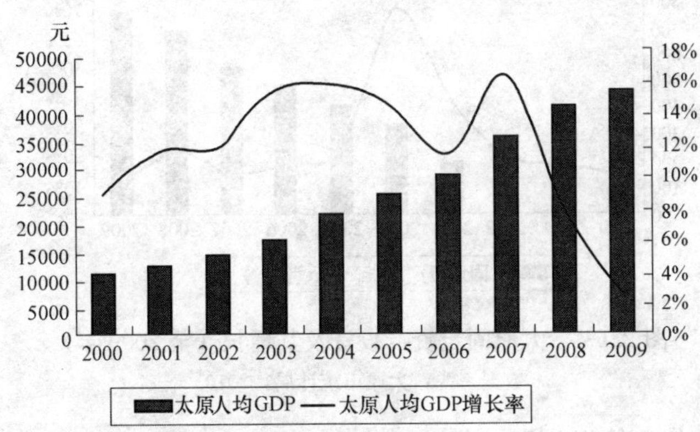

图2.5-2 太原人均GDP及其增长（至2009年）

数据来源：太原市统计局，2010

太原作为一个工业城市，经济增长一直以来是由以工业为代表的第二产业推动的，最近两年，随着低碳经济政策的实施，高污染高排放的工业所占比重有所下降，而第三产业所占比重大幅上升。

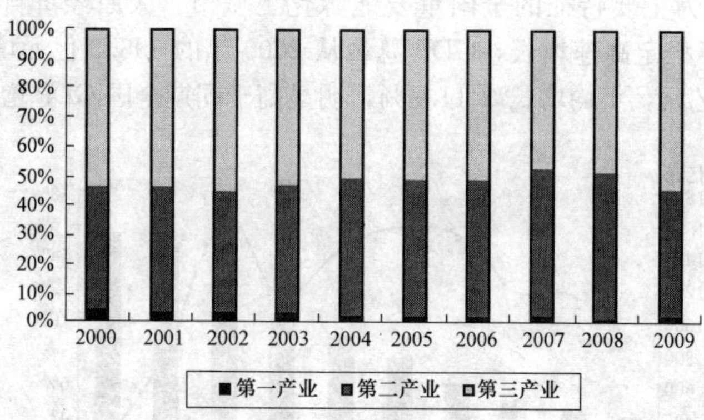

图 2.5-3 太原各产业占 GDP 百分比变化（至 2009 年）
数据来源：太原市统计局，2010

(2) 固定资产投资

太原固定资产投资在过去 10 年以平均 25.0%的速度持续增长，2009 年固定资产投资为 782.0 亿元，同比增长 11.3%，是 2000 年固定资产投资 104.8 亿元的 7.5 倍。

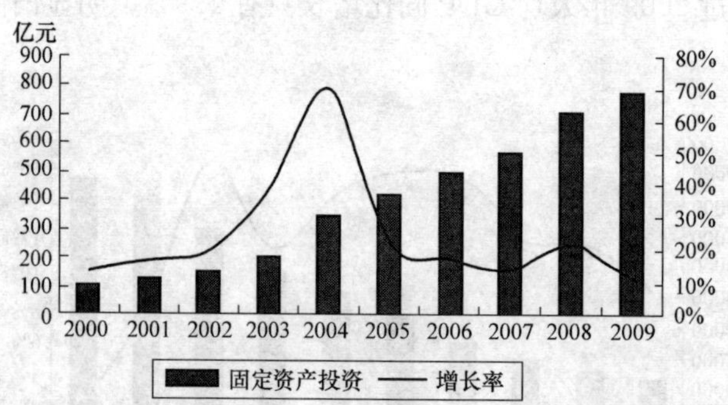

图 2.5-4 太原固定资产投资及其增长（至 2009 年）
数据来源：太原市统计局，2010

(3) 房地产投资和建设

太原房地产投资增速比固定资产增速更快，年均为 29.5%，2009 年为 165.0 亿元，同比增长 35.7%。房地产投资占固定资产投资的比重这 10 年一直保持在 20.0%左右，2009 年占固定资产投资的比重为 21.1%，远低于北京、上海等大城市的水平，说明太原房地产开发有很大的发展潜力。

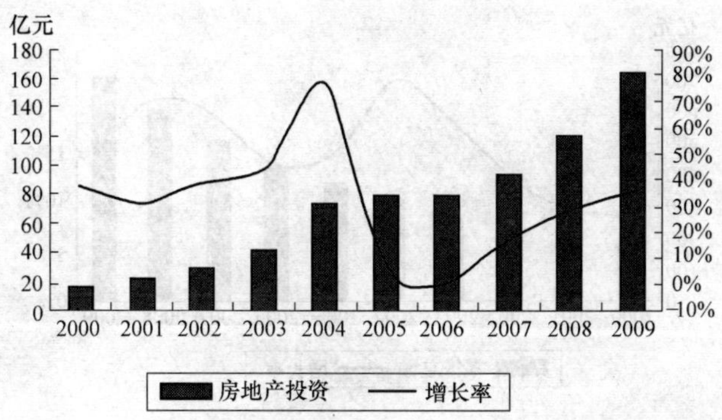

图 2.5-5　太原房地产投资（至 2009 年）

数据来源：太原市统计局，2010

（4）居民消费价格指数

太原居民消费价格指数从 2002 年开始呈逐渐上升的趋势，2008 年居民消费价格指数最高达到 107.4，2009 年有所下降。

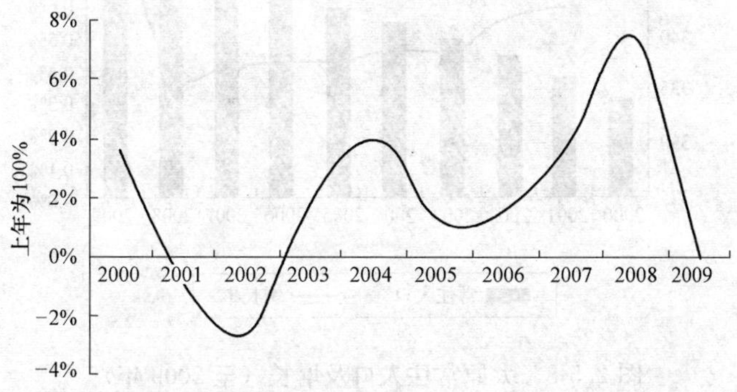

图 2.5-6　太原居民消费价格指数（至 2009 年）

数据来源：太原市统计局，2010

（5）消费品零售总额

2009 年太原消费品零售总额达 721.7 亿元，同比增长 16.4%。2000 年至 2009 年平均增长率为 16.0%。

2. 人口统计分析

（1）人口

太原常住人口在最近 10 年里保持低速增长，从 2000 年的 334.4 万增加到 2009 年的 350.2 万，年均增长率为 0.5%。太原作为中西部省会城市，人口流动性较小，人口增长以自然增长为主。

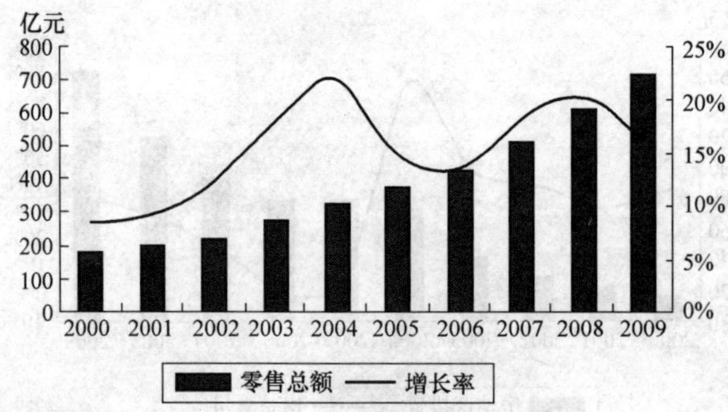

图 2.5-7　太原消费品零售总额及其增长（至 2009 年）

数据来源：太原市统计局，2010

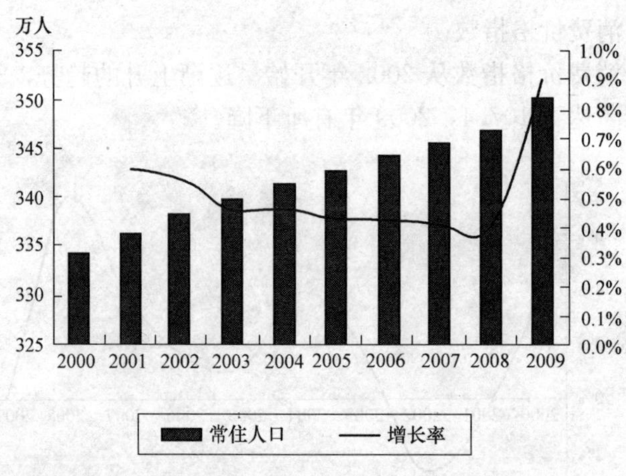

图 2.5-8　太原常住人口及增长（至 2009 年）

数据来源：太原市统计局，2010

(2) 可支配收入和消费性支出

从 2000 年到 2009 年，太原城镇居民人均可支配收入年均增长 11.2%，2009 年达到 15607 元，同比增长 2.5%。这一指标的强劲稳定增长反映了城市经济的增长，包括以零售和住宅为代表的房地产市场。太原城镇居民人均消费性支出年均增长率为 9.1%。2009 年为 11708 元，同比增长 8.4%。

2.5.2　商业物业市场概览

1. 本地商业市场综述

太原作为山西省的经济中心，其各项经济指标表明太原正处于高速发展阶

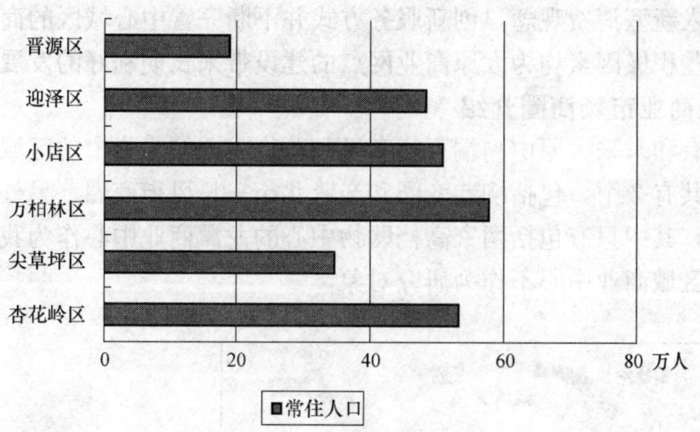

图 2.5-9　2009 年太原市区人口规模（至 2009 年）

数据来源：太原市统计局，2010

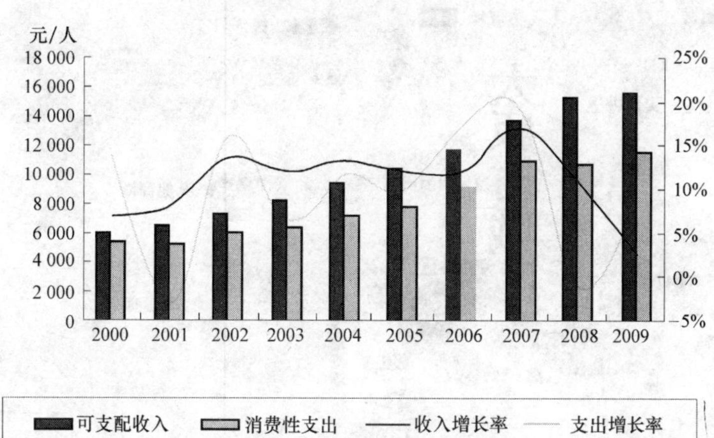

图 2.5-10　太原城镇居民可支配收入和消费性支出（至 2009 年）

数据来源：太原市统计局，2010

段。但以市区内主要中高端商业项目和市区户籍人口计算，截至 2009 年年底，太原人均优质商业面积仅约为 0.13 平方米，商业总供应较为不足，且整体布局存在结构性失调问题。目前太原主要中高端商业项目多集中于柳巷和亲贤北街—长风街两大市级商圈，除龙潭商业中心外，其他区域发展相对缓慢。

此外，市场内绝大多数中高端商业项目依旧停留在传统的百货商场阶段，高端商品及奢侈品牌数量有限，由此导致本地消费者消费习惯较为传统，因此整体商业设施品质及消费模式有待进一步提升与改变。

未来太原市将注重商业布局的合理性，明确三级商业中心，规范主要商业

街，积极引入新型消费观念，创新服务方式并不断完善中心城区的商业金融设施体系，这些积极因素均为太原商业网点的建设带来长期利好的发展前景。

2. 本地商业市场商圈介绍

根据现有和未来太原中高端百货商场和购物中心较为集中的区域，目前全市市级商圈共有2个，包括柳巷商圈和亲贤北街—长风街商圈，另外有区域商业中心7个，其中只有包括两家高档购物中心的龙潭商业中心作为我们的研究对象，其他区域商业中心不作为研究对象。

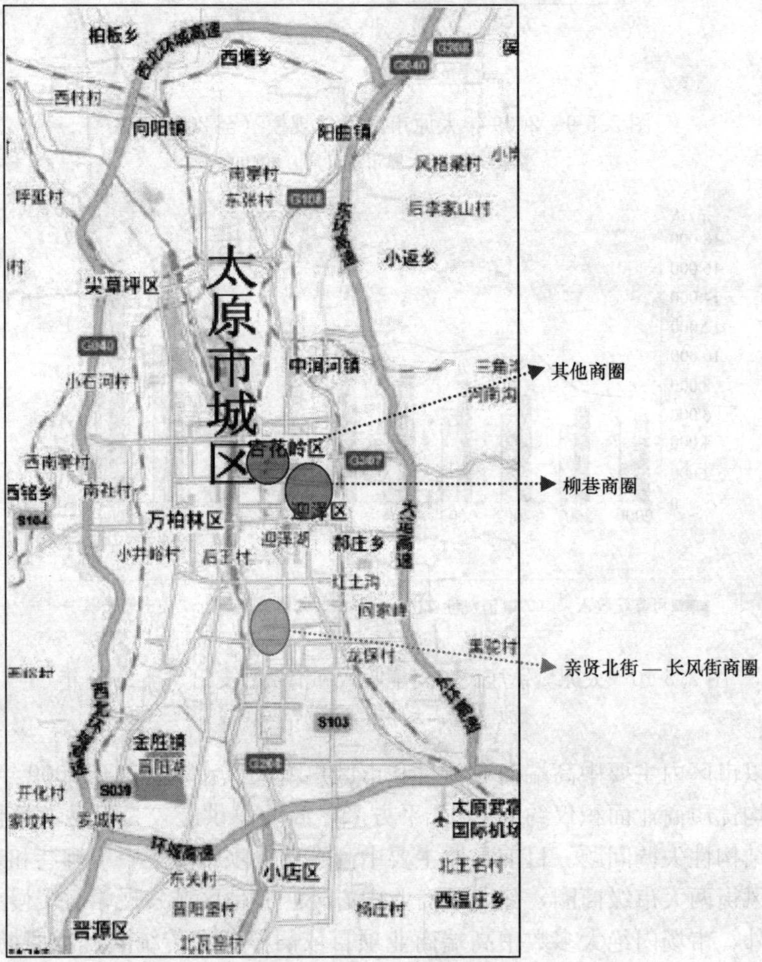

图 2.5-11　太原主要商圈分布图（2009 年）

资料来源：北京高力国际研究部，2010

(1) 柳巷商圈

柳巷商圈位于市中心的迎泽区，以柳巷南路、柳巷北路、钟楼街、鼓楼街以及开化寺街为中心区域。其中柳巷位列中国十大商业街之一，是太原市一条历史悠久最繁华的商业老街，具有三百多年的商业历史，拥有中国四大夜市之一、华北地区最大的夜市，日人流量多达二十余万。

柳巷商圈在近期规划中仍坚持以大型百货商场为主要业态，包括华宇购物中心、巴黎春天百货、茂业百货、铜锣湾国际购物中心以及贵都世纪广场等知名的中高档流行时尚百货商场，在保持和发扬其传统特色的同时，适当引进国际名品和名牌，完成规划后，柳巷商圈将基本形成购物、餐饮及休闲消费三分天下的格局。

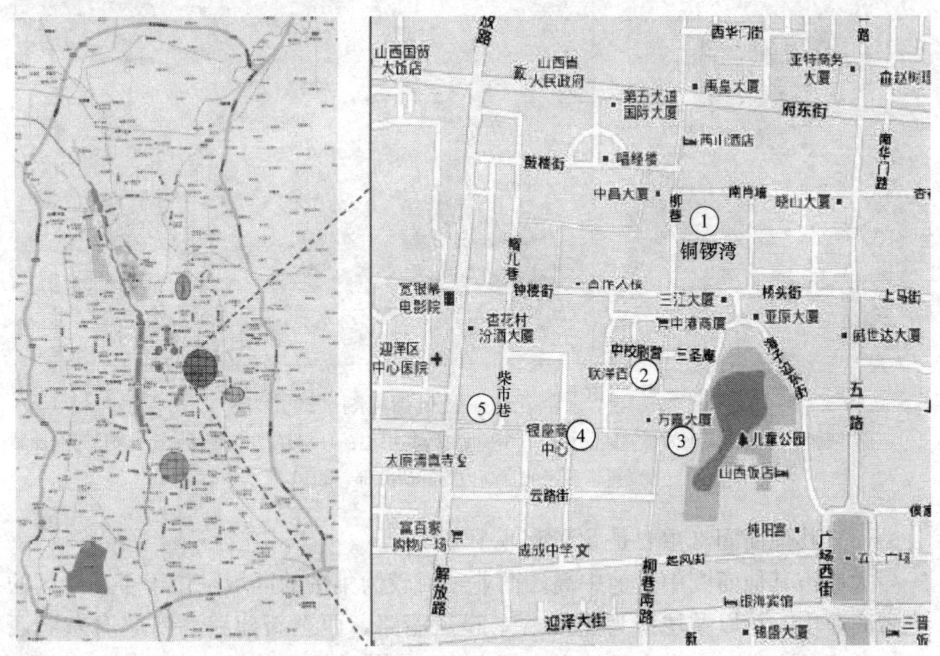

图 2.5-12　柳巷商圈（2009 年）

1—铜锣湾国际购物中心；2—茂业百货；3—贵都世纪广场；4—巴黎春天百货；5—华宇购物中心

资料来源：北京高力国际研究部，2010

(2) 亲贤北街—长风街商圈

亲贤北街—长风街商圈位于城南的小店区，以东起建设南路，西至平阳路，南起长风街，北至南内环街为核心。随着太原市一系列商业规划的逐步实施，亲贤北街—长风街商圈正在由多元化的商务型商圈迅速升级为新兴的商业区。

随着王府井购物中心、梅园百盛购物中心以及燕莎友谊商城等大型高档及中高档百货商场的开业，亲贤北街已形成具有集大型百货、时尚娱乐、豪华酒店、风情餐饮和特色服务于一体的城市商业氛围。针对该商圈，太原市的发展规划提出将重点建设现代商业设施，继续推动大型综合商厦、大型综合超市的建设，构筑城市南部的现代综合型商业中心。

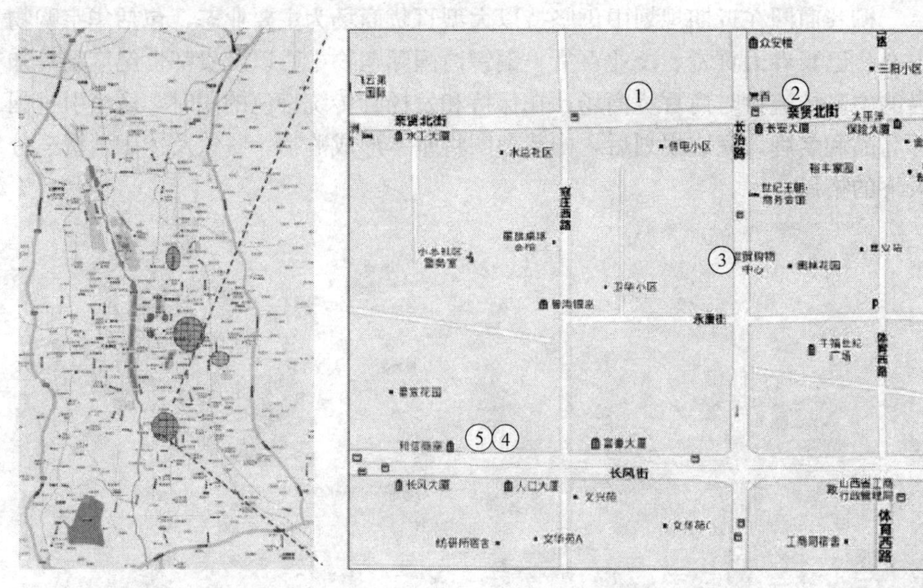

图 2.5-13　亲贤北街—长风街商圈（2009 年）

1—王府井购物中心；2—梅园百盛购物中心；3—世贸购物中心；4—燕莎友谊商城；5—和信时尚商城

资料来源：北京高力国际研究部，2010

（3）其他商圈（主要是龙潭商业中心）

太原市其他商圈中目前中高端商业项目较为集中的区域是位于杏花岭区的龙潭商业中心，以城坊街为主轴，东起三墙路，西至新建路，南起府东府西街，北至北大街。在未来的城市规划中，这里将建设高品质的中央商务区，从而带动一系列大型商业及商务办公、五星级酒店、步行酒吧街以及市民活动广场的建设。

该区域目前拥有华宇国际精品商厦及天美名店购物中心两个专营国际高档品牌的购物中心，另外还有一家专营国际高档珠宝及手表的国贸商城。在未来的商业供应中，即将开业的位于龙潭公园的万达广场将是该区域一大亮点。该项目包括了大型商业中心、高端 5A 写字楼、六星级酒店以及娱乐设施配套完善的酒吧街等，将成为太原中心区新的繁华中心。

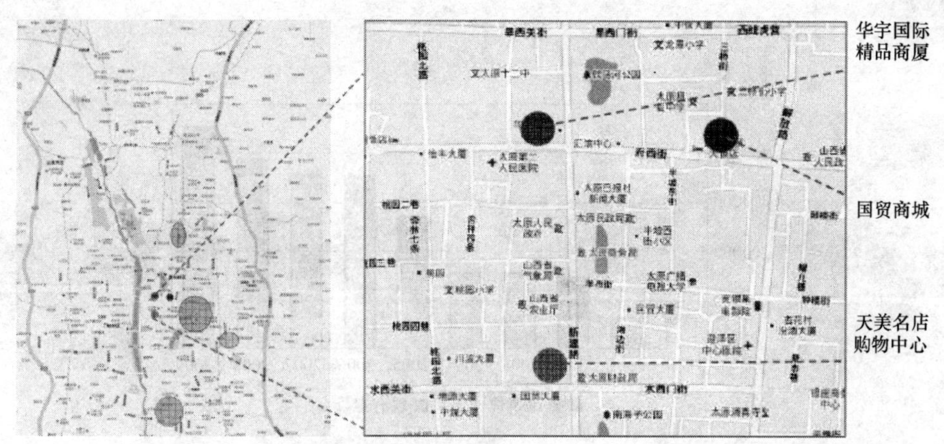

图 2.5-14　其他商圈（主要是龙潭商业中心）（2009 年）

资料来源：北京高力国际研究部，2010

2.5.3　商业物业市场分析

选取太原中高档商业项目作为分析对象，高力国际研究部对该类项目的定义如下：

位置：位于主要中心商业区或交通要道，包括迎泽区、小店区及杏花岭区；

面积：商业建筑面积超过 10000 平方米；

商业类型：中高端百货商场及购物中心（不计算专业购物中心，如超市、家居购物中心、建材购物中心及步行街商铺等，但包括专营高档品牌的底商）；

租户组合：中高档国内及国际品牌；

盈利方式：主要通过专柜销售收入的分成或分租物业的租金收入方式获利。

1. 商业物业供应

截至 2009 年底，太原中高端商业市场共计 13 个商业项目，总存量扩大至 461927 平方米。

其中，业态形式为百货商场的项目共 10 个，商业建筑面积占市场总量的 94.1%；并且 2009 年太原中高端商业市场有一个百货商场项目入市，为位于亲贤北街—长风街商圈的王府井购物中心，商业建筑面积达 70827 平方米，所以该业态形式依旧占据绝对主导位置。业态形式为购物中心的项目共 2 个，但是均为单体体量不超过 10000 平方米的高端购物中心，商业建筑面积仅占市场总量的 4.5%，所以该业态形式在太原的发展仍处于起步阶段。

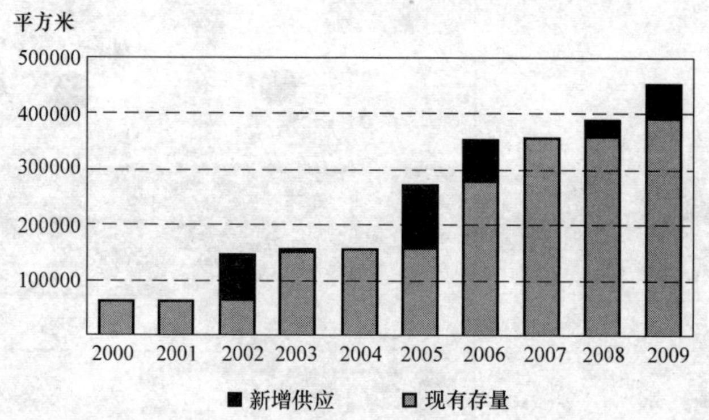

图 2.5-15　2000 年至 2009 年太原中高档商业供应量及存量

数据来源：北京高力国际研究部，2010

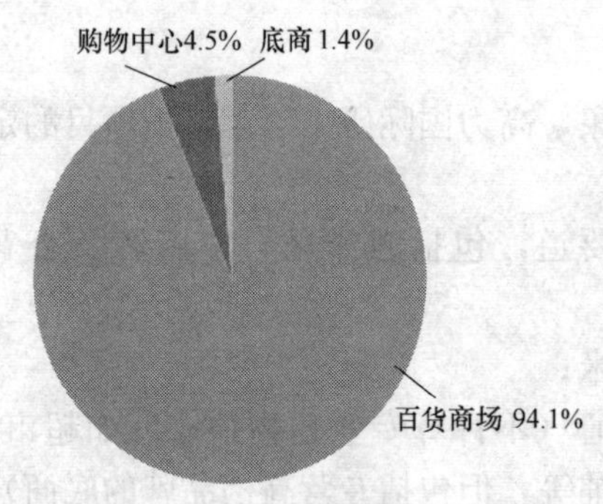

图 2.5-16　太原中高档商业供应量按业态形式分布（至 2009 年）

数据来源：北京高力国际研究部，2010

主要商圈中，传统商业区柳巷商圈共有 5 个中高端商业项目。该商圈主要为百货商场业态形式，包括茂业百货、铜锣湾国际购物中心、贵都世纪广场等中档商场，同时涵盖华宇购物中心及巴黎春天百货等中高档商场。作为太原最繁华的商业区，柳巷历来被认为是太原最高档、最时尚的购物中心。

新兴商业区亲贤北街—长风街商圈共有 5 个中高端商业项目。该商圈主要为百货商场业态形式，包括世贸购物中心及和信时尚商城等中档商场，同时涵盖王府井购物中心、梅园百盛购物中心及燕莎友谊商城等高档和中高档商场。虽然繁华程度不如柳巷商圈，但是亲贤北街—长风街商圈吸引了更多世界级高端品牌入驻，成为目前太原中高端商业市场项目最为集中的区域。随着配套设施及商业规划的进一步完善，该商圈正在以独特的方式，向多元化的商圈升级。

其他商圈中，位于杏花岭区府西街的华宇国际精品商厦和位于迎泽区新建路的天美名店购物中心为太原市仅有的两个高档购物中心，虽然商业建筑面积较小，但其通过吸引国际知名奢侈品牌、精致典雅的购物环境和日臻完善的专业服务，提升了整个太原市的商业形象与文化品位。另外位于杏花岭区府西街

山西国际贸易中心首层的国贸商城为一家专营国际高档名表和珠宝的底商。

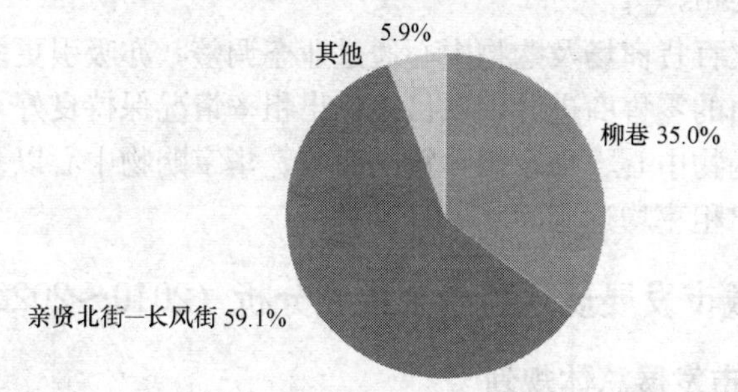

图 2.5-17　太原中高档商业供应量按商圈分布（至 2009 年）
数据来源：北京高力国际研究部，2010

2. 商业物业经营状况

太原百货商场项目，租金形式以按营业额比例抽成为主，中高档百货商场的抽成比例通常在 22%～28%之间；中档百货商场的抽成比例通常在 22%～26%之间。根据主要商品类别，其中服装、珠宝及化妆品抽成比例通常在 22%～28%之间。

太原购物中心项目目前仍处于初期发展阶段，仅有两家体量较小、业态组合较为单一的国际精品购物中心。该购物中心的租金形式也以按营业额比例抽成为主，抽成比例通常在 28%～30%之间；根据主要商品类别，其中服装、珠宝及化妆品抽成比例通常在 28%～30%之间。

太原部分代表百货商场及购物中心首层租金抽成比例（2009）　　**表 2.5-1**

项目名称	抽成比例	项目名称	抽成比例
华宇国际精品商厦	28%	天美名店购物中心	30%
王府井购物中心	22%～28%	巴黎春天百货	20%～26%
华宇购物中心	22%～28%	梅园百盛购物中心	22%～28%
燕莎友谊商城	22%～28%	茂业百货	22%～26%
铜锣湾国际购物中心	20%～26%	贵都世纪广场	20%～26%

资料来源：北京高力国际研究部，2010

太原作为山西省的政治、经济和文化中心，消费市场一直保持良好表现，吸引了众多国内外零售商进入本地市场或在此扩张，特别是随着王府井购物中心、梅园百盛购物中心以及华宇国际精品商厦等项目的开业，太原迎来了更多的国际高档品牌，如 Gucci、Burberry、Chanel、DKNY、Givenchy、Cartier、

LV、Zegna、Ferragamo以及Dunhill等，和知名时尚品牌，如MGS、Esprit、Levi’s、CK Jeans等。

同时，各大百货商场及购物中心通过业态调整，亦吸引更多餐饮、娱乐及生活服务等方面的零售商进驻，项目整体出租率情况保持良好，王府井购物中心、梅园百盛购物中心、华宇国际精品商厦、华宇购物中心以及巴黎春天百货等项目的开业出租率均达到90%以上。

2.5.4 城市发展规划和未来供应分析（2010～2020）

1. 本地城市发展总体规划

根据《太原市城市总体规划（2008～2020）》，太原市的城市性质为：山西省省会，中部地区重要的中心城市，全国重要的新材料和先进制造业基地，历史悠久的文化古都。

太原市城市总体规划（2008～2020）主要内容　　表2.5-2

<table>
<tr><th colspan="3"></th><th>区域</th><th>重点建设内容</th><th>发展方向</th></tr>
<tr><td rowspan="5">主要发展方面</td><td rowspan="3">划分三级商业中心</td><td rowspan="3">其中：市级中心</td><td>柳巷</td><td>与旅游、休闲相结合的辐射全省的商业中心</td><td>在鼓楼街、柳巷、钟楼街等街道组织步行商业街，优化购物环境，形成具有传统特色的综合性商业中心</td></tr>
<tr><td>长风街</td><td>现代商业设施</td><td>继续推动大型综合商厦、大型综合超市的建设，构筑城市南部的现代综合型商业中心</td></tr>
<tr><td>武宿中心</td><td>新城中心，培育金融、中介、会展、咨询等职能</td><td>结合新城生产性服务中心建设，配套建设零售、餐饮、娱乐设施，形成服务新城的综合型商业中心</td></tr>
<tr><td colspan="5">不断完善中心城区的商业金融设施体系</td></tr>
<tr><td colspan="5">省政府迁至长风街东段，市委市政府迁至长风文化商务区，加强迎泽大街、新建路沿线行政机构的整合</td></tr>
<tr><td rowspan="2">人口</td><td colspan="5">2010年：385万，其中市区总人口：305万，城市化率：79%</td></tr>
<tr><td colspan="5">2020年：460万，其中市区总人口：375万，城市化率：82%</td></tr>
<tr><td rowspan="2">用地规模</td><td colspan="5">2010年：284～295平方千米</td></tr>
<tr><td colspan="5">2020年：358～365平方千米</td></tr>
</table>

资料来源：北京高力国际研究部，2010

根据太原市商业网点发展规划，太原市将建成以市域商业中心为主导、区域商业中心为主体、社区商业网络为基础、商业街为特色、现代物流配送和专业批发市场为支柱的商业体系。

太原市商业网点发展规划主要内容　　　　表 2.5-3

<table>
<tr><td rowspan="4">近期目标</td><td colspan="4">改造、提升柳巷—钟楼街市域商业中心</td></tr>
<tr><td colspan="4">完善、发展龙潭、朝阳街、尖草坪和下元四个区域商业中心</td></tr>
<tr><td colspan="4">配套建设社区商业网络</td></tr>
<tr><td colspan="4">培育、规范主要商业街</td></tr>
<tr><td rowspan="4">远期目标</td><td colspan="4">建设、完善亲贤北街—长风街市域商业中心</td></tr>
<tr><td colspan="4">培育小店、迎新街、晋源旅游三个区域商业中心</td></tr>
<tr><td colspan="4">完善社区商业网络</td></tr>
<tr><td colspan="4">提升重点商业街</td></tr>
<tr><td>规划重点</td><td colspan="4">市区三级商业体系、四类批发市场体系及城镇商业体系</td></tr>
<tr><td rowspan="4">市区三级商业体系</td><td rowspan="2">市域商业中心</td><td>柳巷—钟楼街商业中心</td><td>近期以大型百货为主力业态，适当引进名品、名牌</td><td>远期形成购物、餐饮、休闲消费三分天下的格局</td></tr>
<tr><td>亲贤北街—长风街商业中心</td><td>近期引进以品牌商品和品牌服务为特色的商业设施和新型业态</td><td>远期引入新型消费观念，创新服务方式，培育在全市乃至全省有一定知名度和影响力的购物消费和娱乐、服务场所</td></tr>
<tr><td>区域商业中心</td><td colspan="3">建设朝阳街、尖草坪、下元、龙潭、小店、迎新街及晋源 7 个区域商业中心</td></tr>
<tr><td>社区商业网络和商业街</td><td colspan="3">建设 450 个社区组成的社区商业网络和 13 条商业街</td></tr>
<tr><td>四类批发市场体系</td><td colspan="4">建立农副产品批发市场、日用工业品批发市场、生产资料批发市场和废旧物资交易市场体系</td></tr>
<tr><td>城镇商业体系</td><td colspan="4">发展服务本区、整合关联市场、辐射周边区域的商业中心；发展具有本地特色优势的批发市场，利用地租优势吸引市区批发市场的迁移</td></tr>
</table>

资料来源：北京高力国际研究部，2010

2. 未来供应量

虽然目前太原商业项目的业态以百货商场为主，但是未来商业项目供应将以中高端购物中心为主要形态，预计截至 2013 年，新增购物中心占全市新增中高档商业总量的 74.4%，其总体量将是目前购物中心总建筑面积的 13.8 倍，并且太原市的购物中心正在从传统的国际品牌专营店转向集珠宝、化妆品、服饰、餐饮、娱乐、健身及影院于一体的综合性购物中心发展。其中典型的项目为位于亲贤北街—长风街商圈的北美新天地时尚中心，该购物中心突破了传统百货只卖百货产品的限制，是目前太原市唯一一家一站式的购物中心，并吸引了 ZARA、星巴克、屈臣氏、哈根达斯、味千拉面、MNG、Z&A、HONEYS、i.t、Hotwind、C&A 等知名国际品牌。

分商圈来看，未来1～3年内随着北美新天地时尚中心的上市和茂业天地的竣工完成，亲贤北街—长风街商圈将在未来1～3年内迎来超过150000平方米的供应；随着万达广场的上市，以龙潭为主的其他商圈将迎来超过240000平方米的供应，而传统的柳巷商圈未来供应量则极为有限，从而打破了太原传统的商圈布局，逐渐形成几大商圈平分秋色的局面。

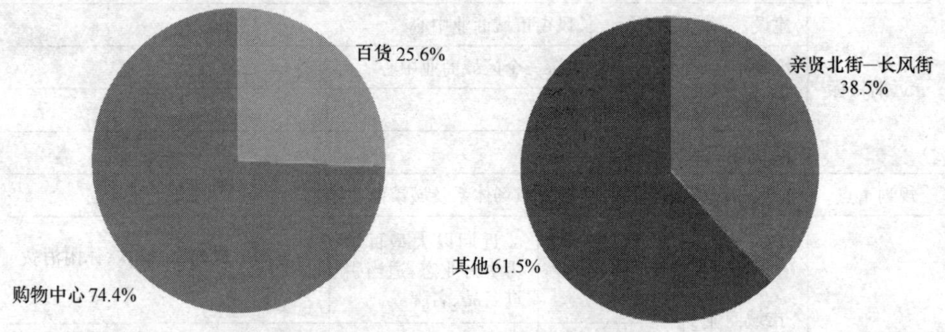

图 2.5-18　太原中高档商业未来供应量按业态形式分布（至2013年）
数据来源：北京高力国际研究部，2010

图 2.5-19　太原中高档商业未来供应量按商圈分布（至2013年）
数据来源：北京高力国际研究部，2010

2.5.5　城市重点商业地产项目分析

1. 华宇购物中心

华宇购物中心位于解放路与开化寺街交叉口，是柳巷商圈唯一一家引进国际高档品牌的百货商场，集购物、餐饮、娱乐等功能为一体，特别是一层荟萃了近40家世界顶尖品牌入驻。在这方面与柳巷商圈内其他大型百货商场相比，华宇购物中心具有得天独厚的优势，也因此吸引了一批购买力较强的忠实消费者。

自1998年6月开业以来，华宇购物中心已经连续多年取得良好业绩，销售业绩以每年40%的增长速度持续递增。在未来的规划中，华宇购物中心将继续保持中高档路线，不断深化调整品牌结构，提升品牌层次，吸引更多的国际大品牌加盟，同时引进更多的国际时尚品牌，打造多功能的时尚百货商场，巩固其在太原的商业地位。

2. 王府井购物中心

王府井购物中心位于亲贤北街核心地段，是一家云集了众多国际高档品牌的百货商场。与太原多家传统的百货商场，如茂业百货、巴黎春天百货、贵都世纪广场等相比，王府井购物中心采用了购物中心的运营管理模式，将国际先

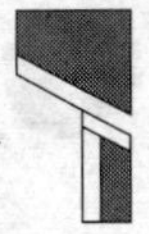

华宇购物中心 **表 2.5-4**

地址	迎泽区开化寺街87号
开发商	山西华宇集团
开业时间	1998年6月
建筑面积	39000平方米
定位	中高档流行时尚百货商场
楼层	8(F1～F8)
租金	22%～28%扣点
出租率	100%
主要品牌	国际化妆品及护肤品:Chanel, Dior, Estee Lauder, Lancôme, Shiseido, Clinique, Fancl, Elizabeth Arden, Sisley, Biotherm 手表:Tudor, Longines, Guerlain, Omega 珠宝:Swarovski,周生生,六福 女性服饰:Ports, Mojo. S. Phine, Marisfrolg, White Collar, Lancy From 25 男性服饰与鞋品:Pierre Cardin,凯撒,Didiboy,华伦天奴,鄂尔多斯,Cross, Clumbia, The North Face, G-Star ,Teenmix, SKAP, Ecco 休闲品牌:KAKO, E. P, CK Jeans Levi's, Timberland, Jeep, Hush Puppies,爱慕

进的体验式商业引入太原，创造了一家集购物、休闲、餐饮、娱乐、文化等多功能主题为一体的时尚生活体验之都。王府井购物中心的开业为太原城南商业的发展注入了新的活力，与一街之隔的梅园百盛购物中心一起，支撑起了亲贤北街—长风街商圈，并和柳巷商圈南北呼应，形成了太原的两大精品商圈。

王府井购物中心 **表 2.5-5**

地址	小店区亲贤北街99号
开发商	山西阳光实业集团有限公司
开业时间	2009年4月
建筑面积	94045平方米
定位	高档流行时尚百货商场
楼层	7(B1～F6)
租金	22%～28%扣点
出租率	100%
主要品牌	国际化妆品及护肤品:Elizabeth Arden, Kose, H2O 国际高档服饰:CK, DKNY, Gucci, Burberry, Tommy Hilfiger, BMW Lifestyle, Daniel Hechter, Autoson, Ports, Canali 珠宝、手表:Swarovski, Rolex, Fenix, Bulgari, Omega 女性服饰:Marisforlg, Moreline, Yiner, Nice, Doneed, Dybula Fan, Lucky, Scofield, Jessia Episode, Lancy From 25, E. P 男性服饰:Vicutu, Lavico, Goldlion, London Fog, Scofield, Bean Pole, Chrisdine Deny, Playboy 鞋品:Bally

3. 华宇国际精品商厦

华宇国际精品商厦地处太原市CBD核心商务区，是一家专营国际高档品牌的购物中心，为目前太原已开业的两家购物中心之一。目前，已入驻的主要品牌有LV、Cartier、Ermenegildo Zegna、Hugo Boss及Ferragamo等国际奢侈品，均为山西省内独有品牌或形象旗舰店。这些世界标志性奢侈品品牌的入驻，使太原市商业行业的发展达到一个新的高度，提升了整个太原市的商业形象与文化品位。

华宇国际精品商厦　　表2.5-6

地址	杏花岭区府西街169号	
开发商	山西华宇集团	
开业时间	2002年	
建筑面积	16000平方米	
定位	高档国际品牌购物中心	
楼层	4(F1～F4)	
租金	28%扣点	
出租率	100%	
主要品牌	珠宝、手表、服饰：Cartier，LV，Zegna，Ferragamo，Boss，江诗丹顿，Rolex，Paul Shark，Vertu，Davidoff 高级女装：Escada Sport，Gerry Weber，D&G 商务男装：SD. spontini，Kaltendin 餐饮：采蝶轩	

2.6　深圳市商业地产市场报告

2.6.1　深圳经济及商业地产发展特征（2009年）

(1) 2009年，深圳生产总值在中国内地位列第四，仅次于北京、上海和广州；GDP增幅受金融危机余波影响，略有下降，但仅次于广州，排名全国第二，经济发展势头仍显强劲。

(2) 产业结构正进一步优化，金融业和高新技术产业对GDP的贡献日益重要。

(3) 房地产投资占GDP比重是四个一线城市中最低，并呈持续下滑态势，这主要由深圳对外依赖较大的经济结构所决定，也反映了深圳房地产供应乏力。

（4）社会消费品零售额呈稳定较快增长态势，消费对经济增长的拉动作用明显增强。

（5）人口开始进入缓慢增长期，人口增长率呈逐年下降趋势；人口老龄化、家庭结构变化将带来消费需求的变化，对商业地产发展具有深刻影响。

（6）与其他一线城市相比，深圳居民的消费能力和消费意欲仍显强劲，同时仍存在较大的提升空间，有利于深圳商业地产的发展。

（7）城市规划、轨道交通规划、城市更新改造等相关规划、政策影响着深圳商业格局、商业物业供应，未来一定比例的新增供应将以城市更新改造项目为主，并且沿地铁沿线布局的趋势明显。

（8）深圳零售商业已发展成以各类大型超市、百货商场、购物中心为主的现代化商业形态，并形成罗湖金三角、深南大道中、福田中心区、南山商业文化中心四个主要商圈，宝安、龙岗、盐田等区商业发展相对落后。

（9）现有商场供应以中档和中高档为主，共占目前存量的76%。

（10）在发展成熟的商圈内，大型的中高档的优秀购物中心空置率均在极低的水平，物业需求旺盛；罗湖金三角商圈的万象城首层租金高达1500～2000元/(平方米·月)，是目前深圳整体租金水平最高的购物中心。

2.6.2　宏观经济和人口统计分析

1. 经济和商业性质指标分析（2000～2009年）

（1）GDP、人均GDP及其增长率

作为中国南部重要的经济核心城市，深圳经济在过去10年保持着两位数字的高位增长，经济总量占全国的2.6%，占广东省的五分之一，在中国内地仅次于北京、上海和广州，位列全国第四。

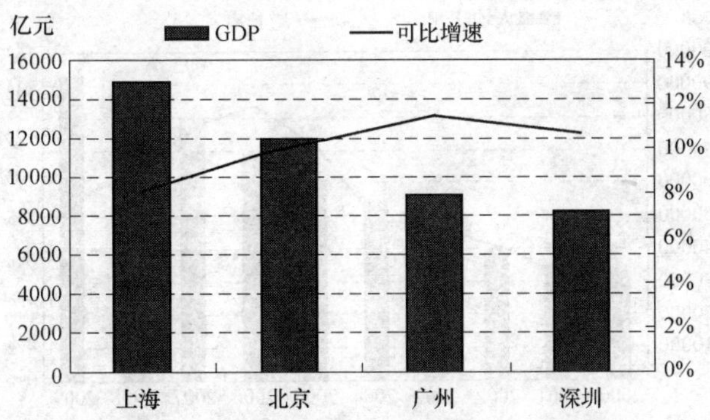

图2.6-1　2009年四大一线城市GDP对比

数据来源：北京、上海、广州、深圳统计局

在金融危机余波的影响下，2009年深圳全年生产总值仍达8201.23亿元，GDP同比涨幅略有下降，但全年涨幅仍达10.7%，增幅高于北京的10.1%、上海的8.2%，仅次于广州的11.5%，位列全国GDP增幅第二名。

但是，在GDP总量方面，尽管深圳在全国的排位仍然不变，但和前一位的广州距离拉大，与后一位的苏州距离缩小。2008年，深圳与广州GDP差距为400亿元，2009年扩大至800亿元；2008年，深圳与后一位苏州的差距为1106亿元，2009年缩小至800亿元。

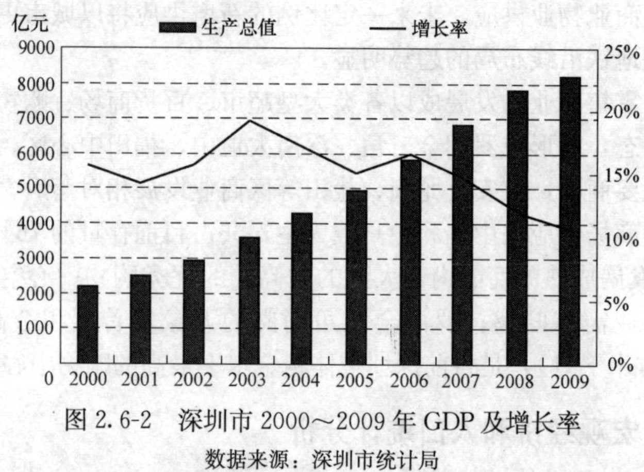

图2.6-2　深圳市2000～2009年GDP及增长率

数据来源：深圳市统计局

深圳市人均GDP近十年来稳步增长，受全球金融风暴影响，近两年增幅有所下降，但人均GDP仍然连续十多年位居全国第一，2009年人均GDP达到92771元（按当年中国人民银行公布的平均汇率计算，折合美元13581元/人），超过中上等国家收入水平标准，增幅达8.9%。

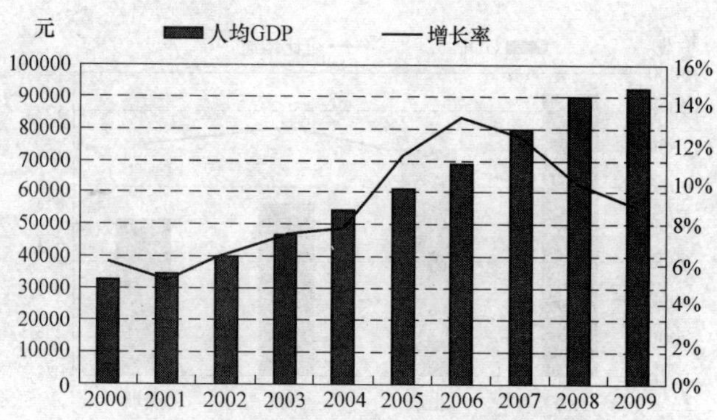

图2.6-3　深圳市2000～2009年人均GDP增长率

数据来源：深圳市统计局

(2) 产业结构及GDP构成

在三大产业中，2009年第三产业对GDP贡献过半，是推动深圳经济增长的最重要力量。目前，深圳产业结构正进一步优化，2009年三次产业结构发展为0.1∶46.7∶53.2，其中第三产业所占比重比上年提高2.9个百分点。深圳工业基础雄厚，今后仍将保持高速增长，但第三产业与其他一线城市相比，仍有较大差距。

深圳有四大支柱产业，分别为高新技术产业、物流业、金融业、文化产业。其中，第三产业中的金融业在2009年实现增加值1148.14亿元，比上年增长20.5%，占GDP比重提高至14%，成为拉动深圳市绿色GDP增长的推手。

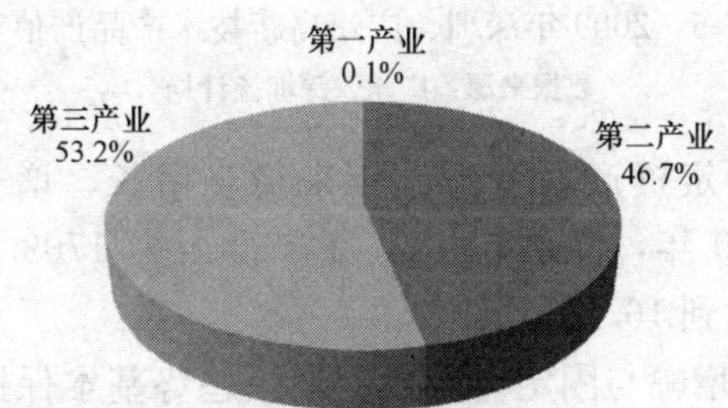

图2.6-4　2009年深圳市三大产业占比

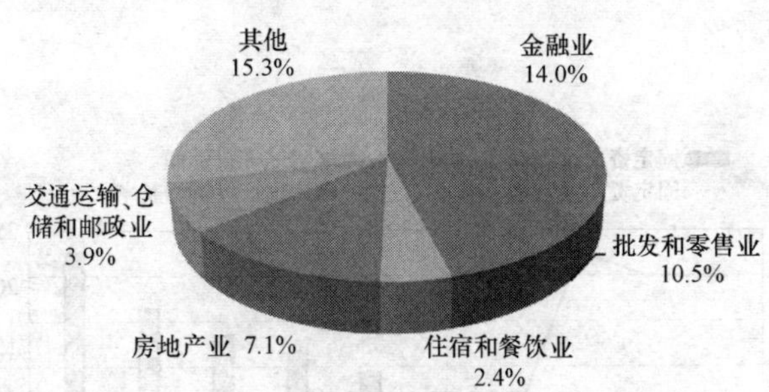

图2.6-5　2009年深圳第三产业GDP占比

数据来源：深圳市统计局

深圳市政府近两年不断加强新能源、生物医药、电子信息等高新产业的发展，高新技术产业对GDP的贡献也日益重要，2009年高新技术产品产值达到8507.81亿元，占规模以上工业总产值的比重57.6%，对GDP贡献率达31.8%，远远高于同时期的广州。

(3) 固定资产投资、房地产投资及增长率

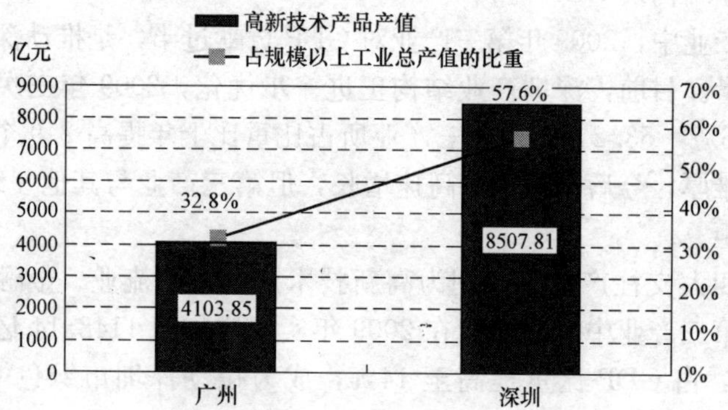

图 2.6-6　2009 年深圳、广州高新技术产品产值对比

数据来源：广州、深圳统计局

深圳市全社会固定资产投资近十年来稳步增长，增长率在近五年来呈“V”字形变化，2009 年，深圳市固定资产投入为 1709.2 亿元，增长率为 2004 年以来最高，达到 16.5%。

房地产开发投资增幅与固定资产投资增幅趋势基本保持一致。近三年来，受土地资源供应紧缺和房价波动的影响，房地产投资占固定资产投资比例逐年下降，增幅持续低迷，连续三年为负增长。2009 年房地产投资总额为 437.5 亿元，下降了 0.7%。

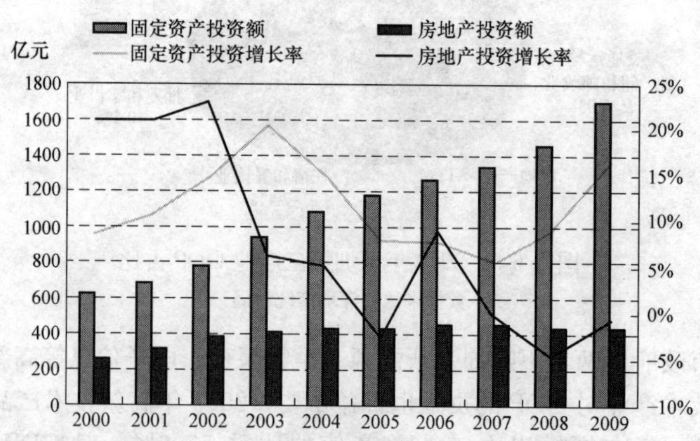

图 2.6-7　深圳市 2000～2009 年社会固定投资与房地产投资额增长对比

数据来源：深圳市统计局

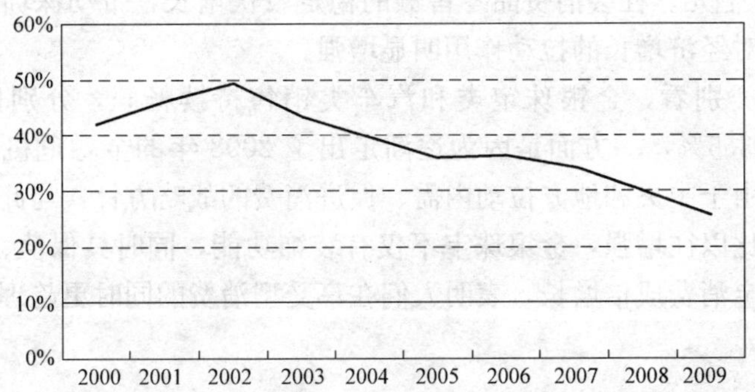

图2.6-8　深圳市2000～2009年房地产投资占固定资产投资比例走势

数据来源：深圳市统计局

2005年以来，深圳的房地产投资在GDP中的比重平均在7%左右，是四个一线城市中最低的，并呈现持续下滑态势，2009年下降到只有5%。2009年，北京房地产开发投资增长22.5%，上海和广州分别增长7.1%，而深圳却下降了0.7%，同时房地产投资增速远远落后于财政收入的增速，说明深圳财政收入对房地产的依赖程度比较低，这既是深圳对外依赖较大的经济结构和产业结构所决定的，也是深圳房地产供应力度乏力的反映，同时也反映出深圳的房地产市场化程度是最高的。

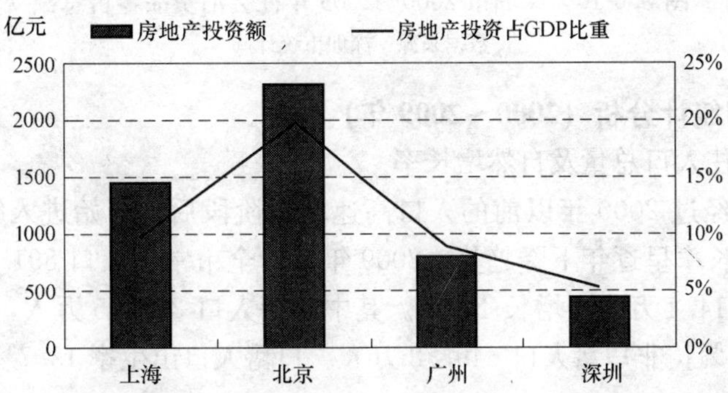

图2.6-9　2009年四大一线城市房地产投资对比

数据来源：北京、上海、广州、深圳统计局

（4）社会零售总额及增长率

近十年来，深圳市消费市场运行保持平稳增长的良好态势。2009年社会消费品零售总额2598.68亿元，比上年增长15.4%，总量稳居广东省第二大商贸中心城市之列，在全国大中城市中排位第四；其中，批发和零售业实现零售额2252.2亿元。社会消费品零售额的稳定较快增长，带动深圳零售市场的发展，消费对经济增长的拉动作用明显增强。

从商品类别看，金银珠宝类和汽车类销售持续畅旺，分别比上年增长228.0%和83.5%，一方面是因为逐渐走出了2008年的金融危机的影响，另外一方面是由于中央和地方拉动内需、促进消费的战略方针，与此同时，人们的危机意识比以往增强，金银珠宝不仅有装饰功能，同时具保值、增值功能，因此金银珠宝消费成倍增长，表明人们在享受型消费的同时更趋理性，更有投资意识。

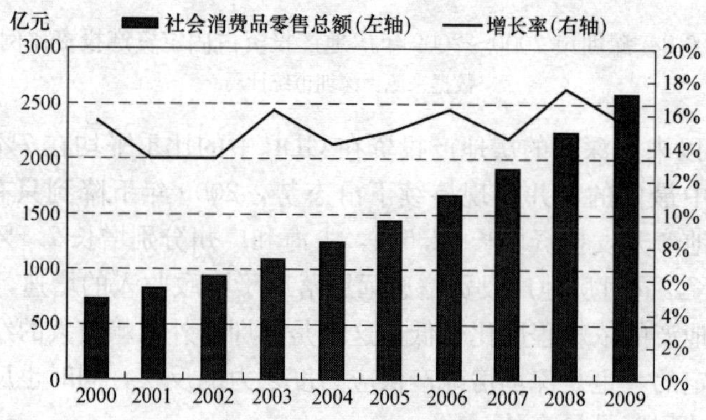

图2.6-10　深圳市2000～2009年社会消费品零售总额

数据来源：深圳市统计局

2. 人口统计分析（2000～2009年）

（1）常住人口总量及自然增长率

深圳市经过2000年以前的人口高速增长阶段后，开始进入缓慢增长期，并且人口增长率呈逐年下降趋势。2009年底，全市常住人口891.23万人，比上年末增加14.4万人，增长1.6%。其中户籍人口241.45万人，仅占常住人口比重27.1%；非户籍人口649.78万人。户籍人口出生率13.7‰，自然增长率12.84‰。

在人口构成方面，随着深圳特区建立30周年的到来，早期来深建设者的年龄等级逐渐抬升，家庭结构逐渐从单身、两口之家向三口之家、三代同堂等稳定型家庭结构转变，随之带来消费需求的变化，对商业地产发展具有深刻影响。

（2）人均可支配收入

根据600户居民家庭抽样调查资料显示，2009年全年居民人均可支配收

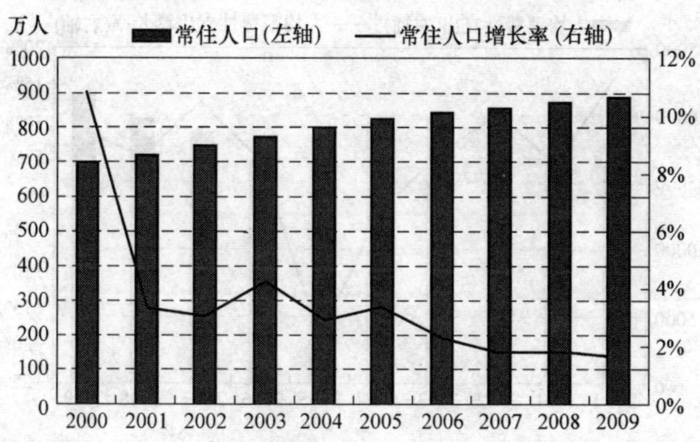

图 2.6-11　深圳市 2000～2009 年常住人口总数及增长率

数据来源：深圳市统计局

入 29244.52 元，比上年增长 9.4%，扣除物价因素，实际增长 10.8%。

（3）人均消费性支出

根据 600 户居民家庭抽样调查资料显示，2009 年全年居民人均消费性支出 21526.10 元，增长 8.8%，实际增长 10.2%。

随着经济的逐渐复苏，深圳消费结构不断升级优化，市民向享受型及新型商品消费转型的趋势明显，生活质量越来越高，其中 2009 年交通通信和医疗保健类增长较高，分别为 21%和 14.6%。但是深圳居民的食品花费比重仍然较大，居四个一线城市的首位。

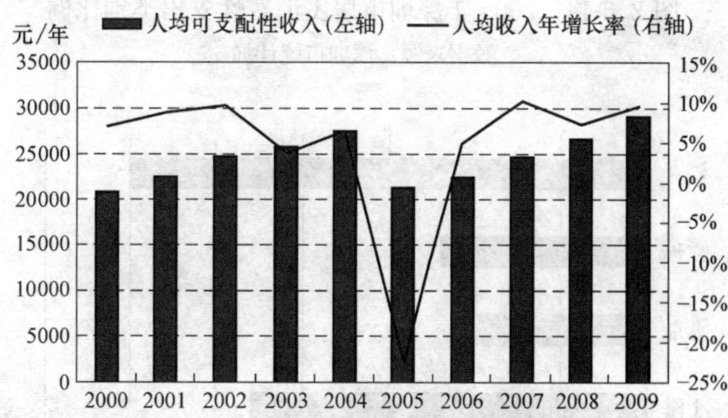

图 2.6-12　深圳市 2000～2009 年城镇居民人均可支配性收入及增长率

数据来源：深圳市统计局

注：2005 年起城镇居民收入及消费水平为 600 户常住户（户籍＋暂住）的抽样统计数据。

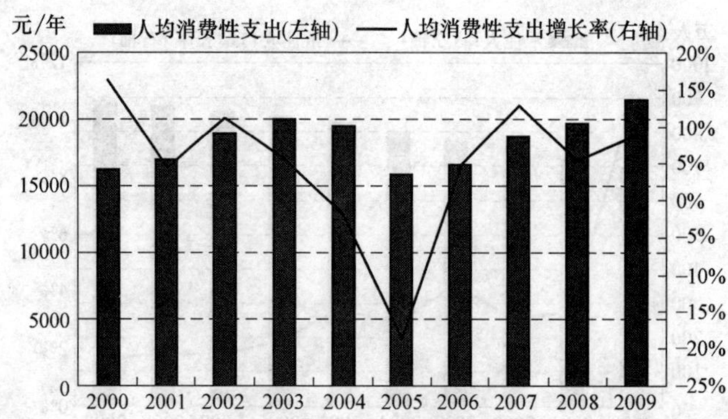

图 2.6-13　深圳市 2000～2009 年城镇居民人均消费性支出及增长率

数据来源：深圳市统计局

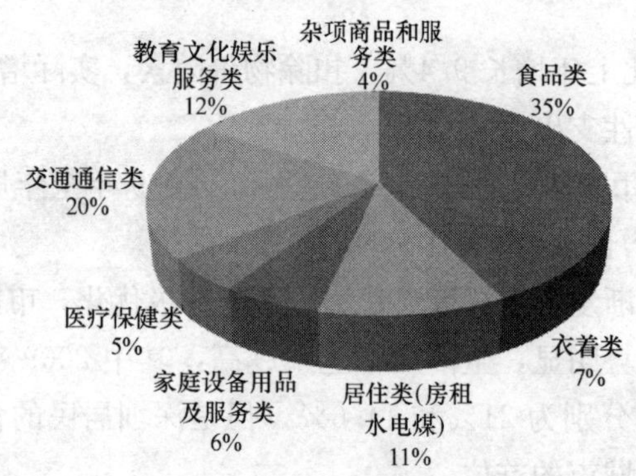

图 2.6-14　2009 年深圳市居民消费性支出类别比例

数据来源：深圳市统计局

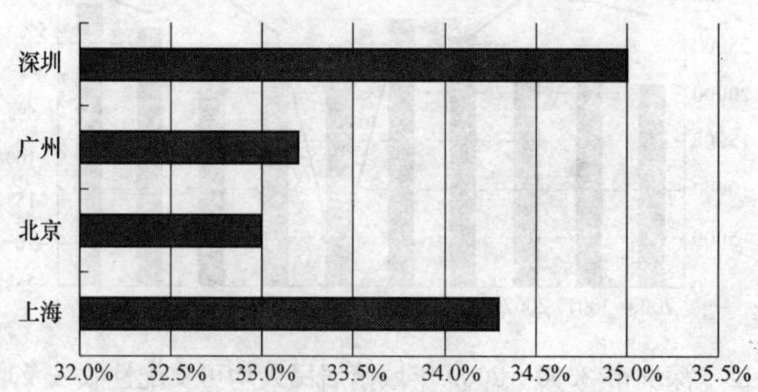

图 2.6-15　2009 年四大一线城市恩格尔系数

数据来源：北京、上海、广州、深圳统计局

(4) 收入与消费比例分析

近10年来，城镇居民消费性支出占可支配收入比例约在75%左右，消费的增长略滞后于收入的增长，传统的消费观念、收入的分配差距、收支预期以及物价水平都对消费具有较大的影响。

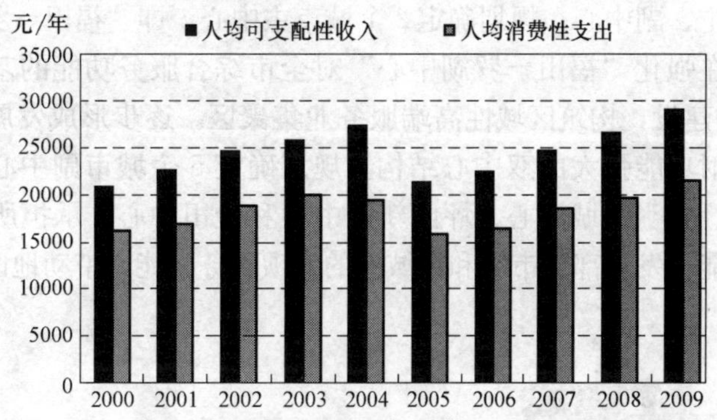

图 2.6-16　深圳市 2000～2009 年城镇居民收入与消费对比

数据来源：深圳市统计局

深圳在四大一线城市中，人均收入排名第一，也居全国首位，深圳居民消费能力强劲；其人均消费支出排名第二，稍逊于广州。从消费支出占收入的比例来看，深圳为73.6%，落后广州9个百分点，排名第二，但与上海比例接近，显示深圳居民的消费能力和消费意欲强劲，且存在较大提升空间，支持深圳商业地产持续发展。如图2.6-17所示。

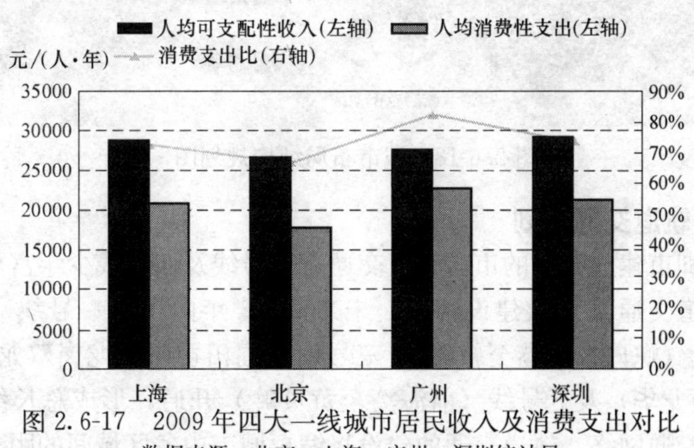

图 2.6-17　2009 年四大一线城市居民收入及消费支出对比

数据来源：北京、上海、广州、深圳统计局

2.6.3　城市发展规划

1. 城市总体规划

从《深圳市城市总体规划（2010～2020）》来看，深圳城市发展重心逐渐西移，中心城区用地有限，未来将以推进前海中心区以及 5 个城市副中心的发展为主，城市商业格局也将随之改变。

(1) 城市空间结构：以中心城区为核心，以西、中、东三条发展轴和南、北两条发展带为基本骨架，形成“三轴两带多中心”的轴带组团结构。

(2) 城市主、副中心：规划确定 2 个城市主中心，即“福田一罗湖中心”和“前海中心”。在强化“福田一罗湖中心”对全市综合服务功能的基础上，推进“前海中心”的建设，构筑区域性高端服务业集聚区。逐步形成发展有序、功能互补、区域辐射功能强大的双中心结构。规划确定 5 个城市副中心，即龙岗中心、龙华中心、光明新城中心、坪山新城中心和盐田中心，承担所在城市分区的综合服务职能，发展部分市级和区域性的专项服务职能，带动地区整体发展。

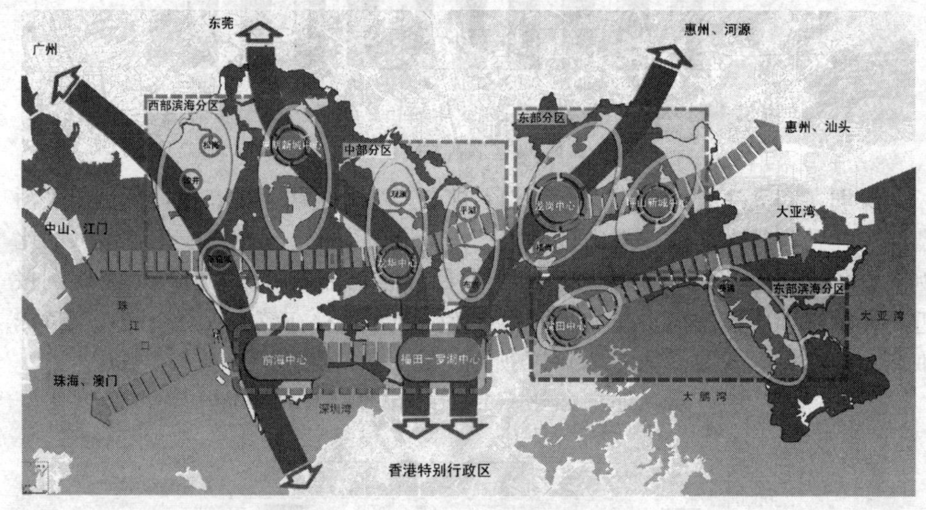

图 2.6-18　城市布局结构规划图

2. 城市轨道交通规划

目前深圳市建成开通的市内轨道交通有一号线及四号线少年宫至福田口岸段，根据轨道交通规划及建设情况，未来 1～2 年内将有一号线（罗湖至宝安）、二号线（蛇口客运港至新秀）、三号线（福田益田至龙岗双龙）、四号线（福田口岸至龙华）及五号线（前海湾至黄贝岭）开通，形成总长约 140 公里的市内轨道交通网络。轨道交通的建设将缩短城市内各区域间的距离，有利于促进两区发展、加速人口迁移，进而影响城市商业格局的变化，较早开通的一号线和四号线沿线区域将成为商业地产布局的重点区域。

3. 城市商业网点规划

《深圳市商业网点规划（2006～2010）》提出以提高消费者对商业服务的满

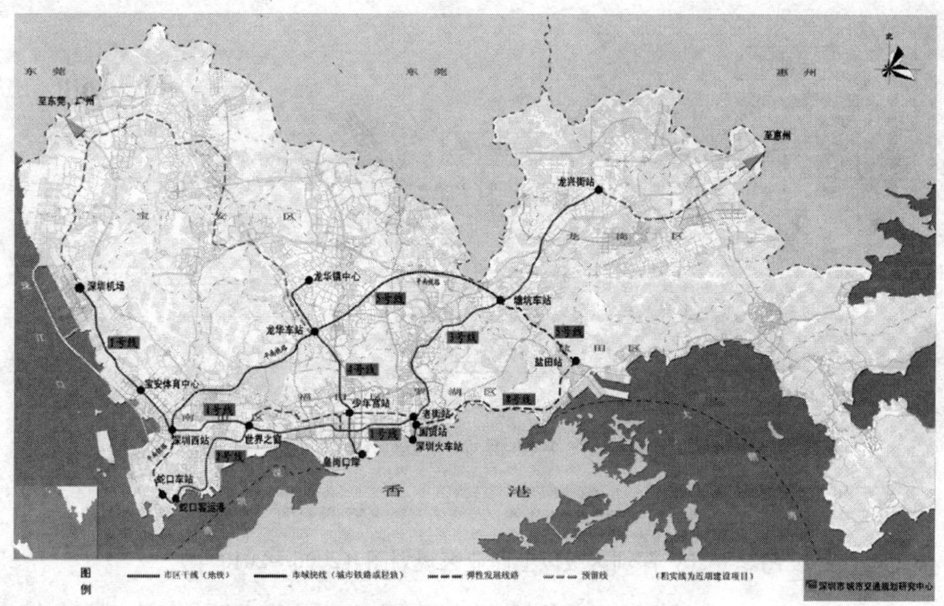

图 2.6-19　深圳市城市轨道交通建设规划方案图

意度、提升深圳商业在区域分工中的地位、提高商业网点现代化水平为发展目标。规划期内，形成“两轴、两带、十四个特色商业街区”的商业格局，其中，“两轴”指以地铁一号线和四号线为商业主轴，“两带”指沿东部 205 国道、西部 107 国道重点发展的东部商贸带和西部商贸带。

规划首次明确了深圳市商业分级设置规范和各业态相关概念、等级和类型，指明商业网点与人口数量的对应关系，对各个重点商业功能区也有相应的功能和等级定位。基于规划的有效指导，深圳中心城区的各个商业网点建设工作落实到位，但宝安新中心商业区、龙城—龙岗墟次市级商业区的商业网点建设仍显滞后。

4. 城市更新办法

为解决深圳市土地资源稀缺的问题，2009 年年底，深圳市政府公布了《深圳市城市更新办法》，并于 2009 年 12 月 1 日起正式实施。《深圳市城市更新办法》对城市建成区（包括旧工业区、旧商业区、旧住宅区、城中村及旧屋村等）进行综合整治、功能改变或者拆除重建的城市更新活动作了相关规定。

截至 2010 年底，深圳市城市更新单元规划制定计划共包含 174 个城市更新单元，拟拆除重建用地面积 15.3 平方千米；全市 6 个重点研究片区，研究范围 33.6 平千米。并初步计划在 2010～2015 年期间，城市更新的规模达到 90 平方千米，加上利用存量土地，未来 5 年，深圳市能释放出商品房的新供应将达到数千万平方米，其中，中心城区罗湖、福田、南山的更新改造将以商

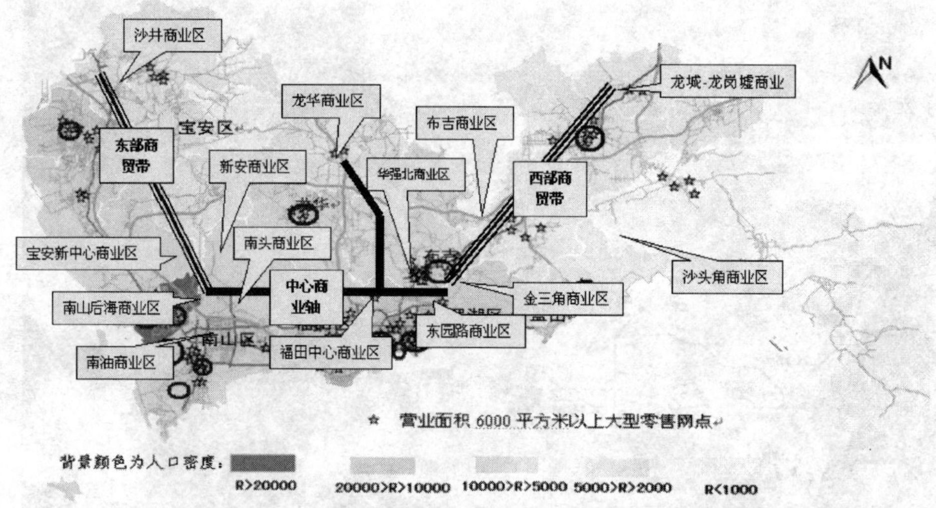

图 2.6-20 深圳区级以上商业区规划图（2006～2010年）

业、商务办公、配套居住等多功能综合服务区为主要功能引导。城市更新与深圳产业升级相适应，为商业发展、居住环境改善提供了空间，预计未来中心城区内的主要大型商业物业供应将来源于城市更新改造置换出的土地。

2.6.4 商业物业市场分析

1. 本地商业市场综述

深圳作为全国改革开放的前沿城市，其零售商业市场在近二十年内得到迅速发展，同时，良好的宏观经济、繁荣的零售商业及强劲的个人消费需求共同驱动，促使了购物中心在深圳的出现和迅速发展，从而使深圳零售商业形态转型升级。深圳零售商业已经由以临街商铺和老式百货为主的单一商业业态，发展成目前以各类大型超市、百货商场、购物中心为主的现代化商业形态。

深圳首家大型购物中心中信城市广场于2002年10月开业，由此拉开了深圳大型购物中心开发建设的序幕。2004年深圳传统商业旺区罗湖相继出现华润万象城、金光华广场。随着深圳城市建设西移，商业格局发生了较大变化，福田和南山成为近几年零售商业发展的热点区域，2006～2008年福田中心区和南山区进入大型购物中心扩张年，南山区的海岸城、益田假日广场、福田中心区的COCO Park、怡景中心城等购物中心相继入市。截至2010年底，深圳中心城区已开业的购物中心总量达14家，预计未来5年内将突破25家。

2. 商业现有供应存量分析

(1) 存量

深圳现有主要商场历年供应的数据显示：2004年及2007～2008年分别为深圳商业物业的供应高峰，这两个时期分别有金光华广场、万象城、怡景中心城、海岸城、益田假日广场等多个大体量的购物中心入市，促使深圳零售商业形态升级。至2010年底，深圳现有主要商场累计供应面积达223.2万平方米。

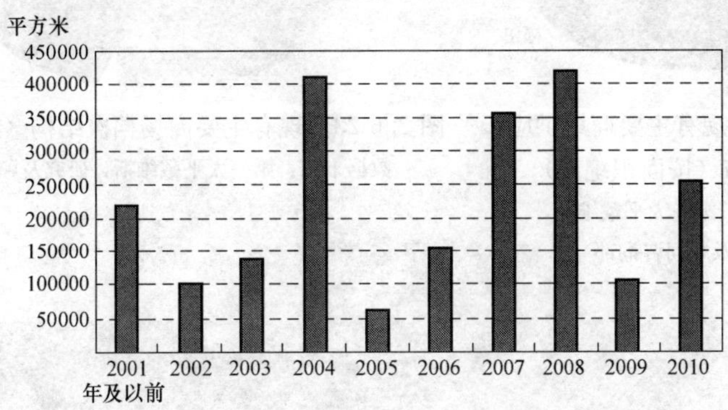

图2.6-21　现有主要商场历年供应（1985～2010年底）

数据来源：第一太平戴维斯，研究及顾问咨询部

（2）分布

根据目前现有主要商场供应区域分布（仅统计深圳市中心城区范围，包括罗湖区、福田区、南山区），随着城市重心西移，南山区商业市场得到较大程度发展，已成为深圳大体量、集中式商业项目的集中区域，其累积供应商业面积达87万平方米，占总供应量的39%，居各区首位；罗湖区和福田区累积商业供应量分别为69万平方米和67万平方米，占总供应量的31%和30%。

（3）构成

深圳现有商场供应以中档和中高档为主，二者累计供应量分别为102万平方米和66万平方米，各占市场份额的46%和30%；其次为高档商场，累计供应量约36万平方米，占比16%，中低档商场供应约8%。现有商场的档次结构在一定程度上也反映了深圳商业消费处于中高水平。

3. 各主要商业区分析

（1）主要商圈分析

深圳商业市场的发展，最先由接近罗湖口岸的东门开始，主要以大量大众化的零售街铺吸引内地及港澳旅客；而蔡屋围的商务氛围日渐成熟，亦令该商圈逐渐发展起来。随着深圳发展的逐步西移，以及福田CBD的快速发展，过去10年间慢慢形成了深南大道中及福田CBD等中高档商圈，商业形态也向写字楼底商和购物中心转变。相对而言，南山区的发展起步较晚，但亦在短短数年间形成了以南山文化中心区为主的中档购物商圈。

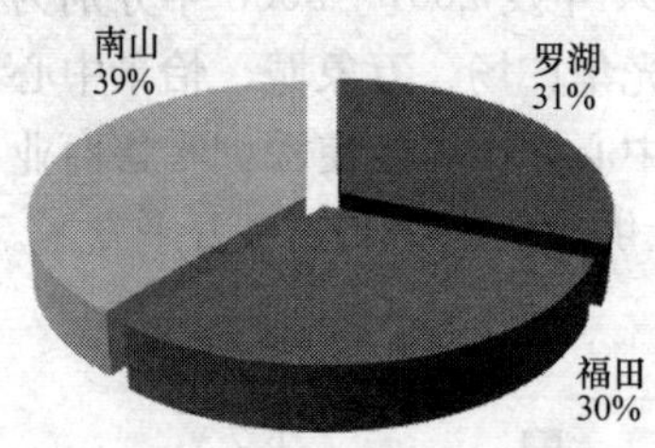

图 2.6-22　现有主要商场供应区域分布（按面积统计）

数据来源：第一太平戴维斯，研究及顾问咨询部

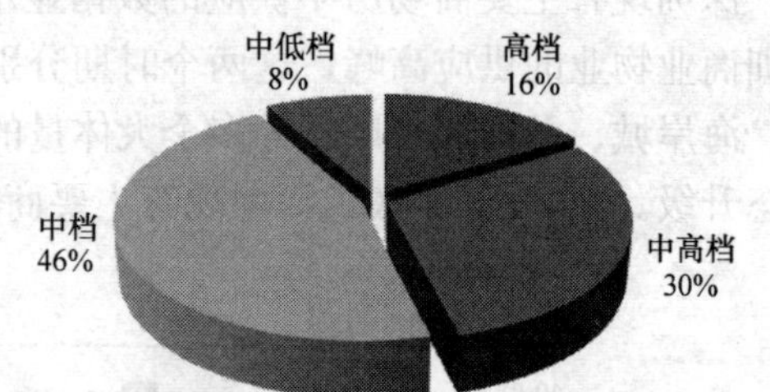

图 2.6-23　现有主要商场档次结构（按面积统计）

数据来源：第一太平戴维斯，研究及顾问咨询部

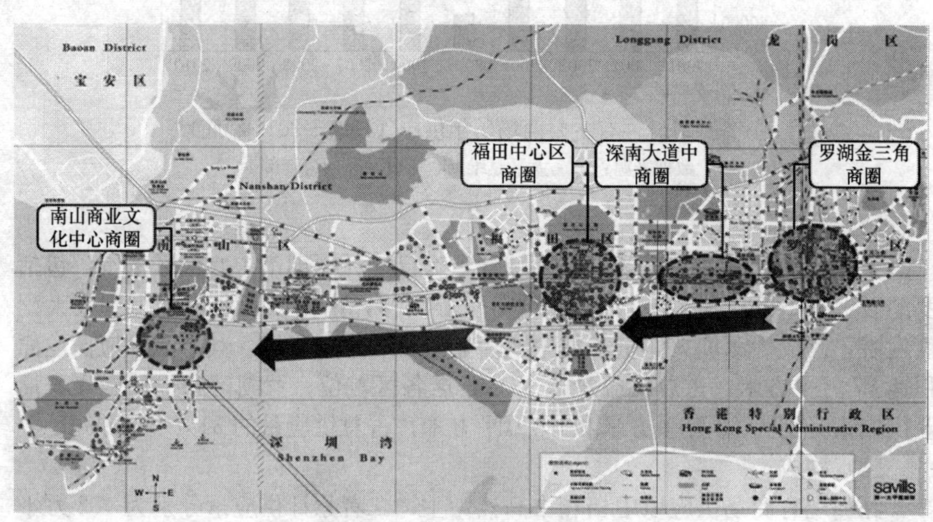

图 2.6-24　深圳主要商圈情况

深圳主要商圈情况　　表 2.6-1

商圈	范围	特　色	优势	主要零售物业
罗湖金三角商圈	由人民南、东门、蔡屋围商务区组成的商圈	商圈内由不同消费定位和风格取向的商业旺区组成商业金三角，集中了高中低档消费。其中，东门作为深圳传统、著名的商业旺区，经营服装鞋帽为主的商业网点高度密集；人民南则以零售、餐饮和旅游服务为特色；蔡屋围主要服务于高端、商务消费者，以购物中心及写字楼底商商业形态为主	邻近罗湖口岸和火车站，内地及港澳游客客流大；商圈内不同档次和定位的项目均有，能满足不同人群的消费需求	万象城、金光华广场、东门步行街、国贸天虹商场

续表

商圈	范围	特　色	优势	主要零售物业
深南大道中商圈	包括华强北、深南大道中沿线商业物业	华强北是深圳市电子配套、家电、珠宝、钟表、服装等专业市场聚集的商业旺区；深南大道中沿线以针对中高端商务客的商业为主	商圈拥有中心区位，交通便利；华强北人流量大，每日的客流量在50万人次以上，商铺租金增长迅速	华强北步行街、中信城市广场、茂业百货华强北店、赛格广场
福田中心区商圈	北至莲花山、红荔路，南至滨河大道；西临新洲路，东至彩田路	是深圳市近几年的供应热点区域，其商业起点远高于其他商圈，跳过传统百货发展阶段，直接进入购物中心时代，随着大量写字楼入伙及COCO Park和怡景中心城的开业，区域人气不断提升	拥有核心区位，是市级商务中心区，商圈整体规划定位高，交通便利，未来高铁站在此设站点，将更大程度提升商圈人流	COCO Park、怡景中心城、天虹购物广场
南山商业文化中心商圈	包括由滨海大道、南海大道、创业路、深圳湾围合的区域	定位为区域商业中心，目前集中了多个购物中心、百货商场，目前商业档次以中等为主，该商圈成为商户进驻南山市场的首选地点；随着地铁二号线的开通、后海湾填海区的加快建设，该商圈商业地位逐渐提升	作为新兴规划区域，区域性商业文化中心地位的确立，迅速提升其商业价值，成为深圳商业市场的后起之秀，商业氛围逐渐浓厚	海岸城、保利文化广场、天利名城、南山茂业时代广场

资料来源：第一太平戴维斯，研究及顾问咨询部

(2) 主要购物中心及其代表主力商家与品牌

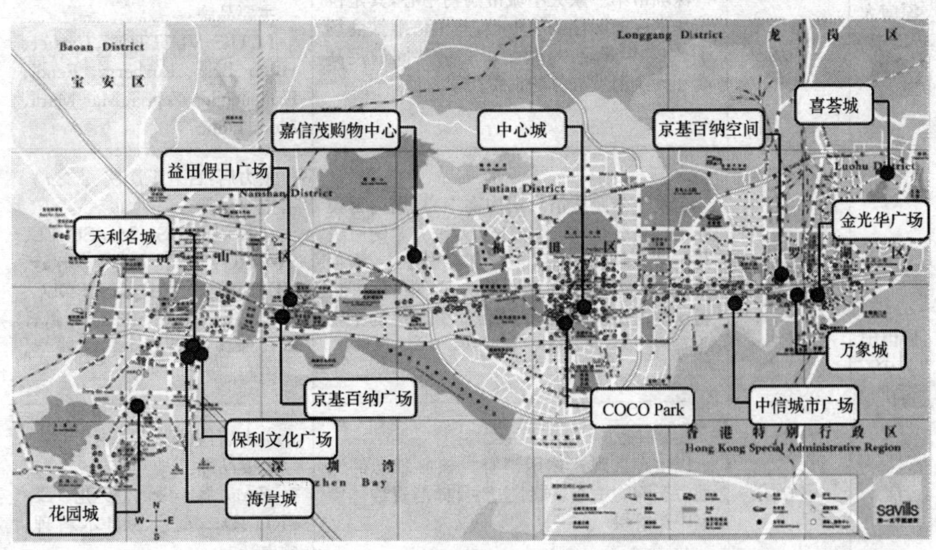

图 2.6-25　深圳主要购物中心及其代表主力商家与品牌

深圳主要购物中心及其代表主力商家与品牌　　　　表 2.6-2

所属商圈	购物中心名称	概　况	主力商家与品牌
罗湖金三角商圈	金光华广场	位于深圳传统商圈内,距离深圳火车站和罗湖口岸近在咫尺,该商圈日均人流量达30万人次,吸引了大量国内和港澳游客前来消费	主力店:南国影城、苏宁电器 主要品牌: Zara、Max Mara、Boss、Zegna、Versace、Swarovski、Omega、Cerruti 1881、CK
	万象城	定位为深圳最大、华南最好、中国最具示范效应的超大型室内购物中心,云集多个国际高端品牌,已经成为华南区域的商业代表,是外地游客前来深圳消费必去的商业场所之一,其租金水平也是深圳购物中心的最高水平	主力店:Reel 百货、Ole 超市、嘉禾影院、冰纷万象滑冰场 主要品牌: LOUIS VUITTON、Miu Miu、GUCCI、HERMES、Prada、Alfred Dunhill 、Salvatore Ferragamo、PAUL & SHARK、Emporio Armani、Brooks Brothers、Bally、Bottega Veneta、VALENTINO
	京基百纳空间	项目即将于2010年11月底开业,其定位于国际时尚精品购物中心,集国际顶尖品牌及高端消费于一体,项目周边拥有数十万商务、金融、证券、居住小区的高端消费群体	主力店:UA IMAX 电影院、华润 BLT 超市、俏江南旗舰店 主要品牌: Armani Collezioni、A|X Armani Exchange、金钱豹、翡翠餐饮集团、I. T 集团
深南大道中商圈	中信城市广场	深圳市第一家大型城市购物中心,其定位于华南区国际化购物中心,其中信地铁商场于2007年开业,与购物中心可共同满足高端和大众消费群体的消费需求	主力店:西武百货、吉之岛、新南国影城 主要品牌: LOUIS VUITTON、Cartier、Hugo Boss、Burberry、Fendi、Ermenegildo Zegna、Mar Mara、Mont Blanc
福田中心区商圈	COCO Park	定位于公园版情景式购物中心,周边云集几十栋高级住宅、超过140万平方米的甲级写字楼、高星级酒店群,紧邻会展中心,为项目带来了大量中高端消费人群;项目休闲、餐饮所占比例较大,是项目吸引人流的主要业态	主力店:百老汇影院、吉之岛 主要品牌: CK JEANS、MOISELLE、SWAROVSKI、La pargay、VERSINO、MARISFROLG、ELEGANT PROSPER、舞鹤日本料理铁板烧、和民、滋味堂、满记甜品
	中心城	以生态景观式休闲消费为核心理念的大型生态购物中心,项目主要目标消费群体锁定中产阶层	主力店:家乐福、金逸影院 主要品牌: Zara、Bershka、影儿、ESPRIT、Dazzle、上井日本料理、顺电

续表

所属商圈	购物中心名称	概　况	主力商家与品牌
南山商业文化中心商圈	海岸城	坐落于深圳南山后海，是目前深圳西部经营面积最大、功能最齐全、服务人群最广泛、最具代表性的购物中心，云集了50家特色美食，近300个规模不一、功能各异品牌店铺，成功吸引了大量深圳西部居住人群前来消费	主力店：吉之岛、海岸影城、冰FUN海岸滑冰场 主要品牌： UNIQLO、MANGO、ESPRIT、La pargay、TEENIE WEENIE、UCLA、VERO MODA、SKAP、Sammy、MOISELLE、DANIEL HECHTER、KALTENDIN
	保利文化广场	项目以文化为特色，包含了拥有1500余座席的深圳保利剧院，由餐饮酒吧区、影视娱乐休闲区和百货零售区组成，未来将与地铁二号线直接接驳	主力店：天虹百货、保利影城 主要品牌： PORTS、LEO、马天奴、HAURER、EBLIN、MOFFY、滔博运动、反斗乐园、大渔铁板烧、汉阳馆韩国料理
	天利名城	定位于欧洲宫廷式购物体验中心，业态范围涵盖影院、KTV、餐饮酒楼、儿童娱乐以及服饰精品，以大众消费为主	主力店：太平洋影院、利歌宴KTV 主要品牌： 衣恋Eland、LUSHINA、芭迪尔Badier、观奇洋服、汉堡王、北海渔村、京本台湾涮涮锅
其他商圈	益田假日广场	项目位于华侨城，紧邻深南大道、正对世界之窗，为双地铁上盖物业，交通便利；周边云集多个豪宅，高端消费群体集中，游客流量大	主力店：Ole超市、中影影城 主要品牌： Cartier、Hugo Boss、Burberry、Armani Collezioni、Ports、Zara、H&M、D&G、俏江南、四海一家、王品台塑牛排

资料来源：第一太平戴维斯，研究及顾问咨询部

(3) 经营状况

深圳大型购物中心租金水平因项目所在区域及项目成熟度而异，首层租金代表项目的最高商业价值。总体来说，罗湖金三角商圈的租金普遍较高，显示该商圈的购物中心发展水平较高，需求旺盛。2010年底，位于罗湖金三角商圈的万象城首层租金高达1500～2000元/（平方米·月），是目前深圳整体租金水平最高的购物中心。

统计数据显示，在深圳发展成熟的商圈内，大型的中高档的优秀购物中心空置率均在极低的水平，物业需求旺盛。2010年末，深圳优质购物中心的租售率均达到95%以上，目前空置的商铺大部分出于业主对店铺品牌调整需求。

深圳各区典型零售物业租金水平（2010年末） 表2.6-3

区域	物业名称	商业面积(m^2)	首层月租金，按建筑面积计算元/(平方米·月)	出租率(%)
罗湖区	万象城(包括一、二期)	208000	1500～2000	100%
福田区	COCO Park	85000	800～1500	95%
南山区	海岸城	120000	800～1300	95%

资料来源：第一太平戴维斯，研究及顾问咨询部

4. 未来供应与发展趋势分析

(1) 未来供应

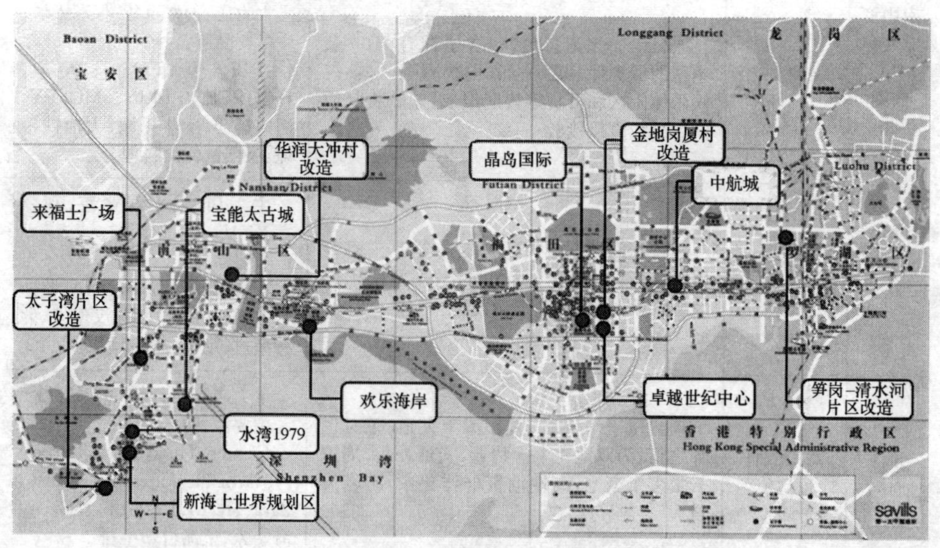

图2.6-26 深圳未来大型零售商业物业供应分布（中心城区）

未来4年深圳中心城区大型零售商业供应量较大，其中2011～2012年是供应的高峰期，期间将有华侨城欢乐海岸、晶岛国际、中航城等优质商业项目入市；2011～2014年深圳中心城区大型零售商业新增供应累计约101.6万平方米，是目前存量的46%。

未来4年深圳大型零售商业新增供应主要集中在南山区和福田区，分别占总新供应量的60%和40%，罗湖区短期内大型零售商业供应量有限。此外，伴随城市向西发展的步伐、轨道交通的日渐完善、消费人口的迁移，宝安区、龙岗区将相继出现大型零售商业物业，有望成为未来大型零售商业新增供应的热点区域。

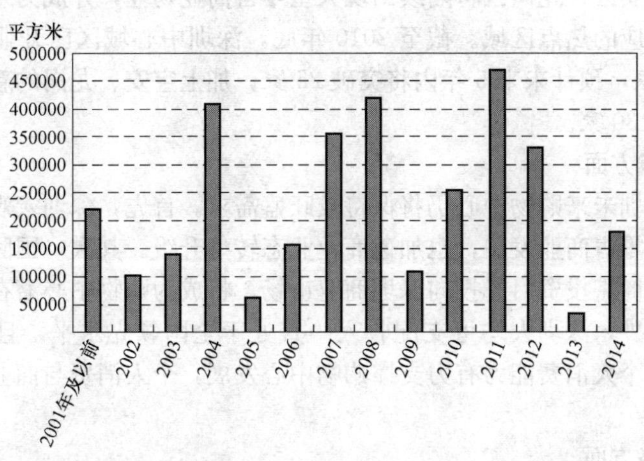

图 2.6-27　深圳大型零售商业供应（2014 年之前）

数据来源：第一太平戴维斯，研究及顾问咨询部

深圳未来主要新增零售商业项目　　**表 2.6-4**

预计建成开业时间	区域	位置	项目	商业建筑面积(m^2)
2011	福田	福田中心区	卓越世纪中心	36000
2011	福田	福田中心区	晶岛国际	136000
2011	南山	华侨城	欢乐海岸	300000
2012	福田	深南大道中	中航城	230000
2012	南山	后海填海区	宝能太古城	100000
2013	南山	蛇口	水湾 1979	34050
2014	南山	南海大道	来福士广场	120000
2014	南山	蛇口	新海上世界规划区	60000

资料来源：第一太平戴维斯，研究及顾问咨询部

（2）未来发展趋势

① 供应方面

远期来看，由于土地资源有限，深圳中心城区的大型商业物业新增供应将以城市更新计划下的旧城改造项目为主，如金地岗厦村改造、华润大冲村改造、笋岗—清水河片区改造等项目，通过旧村、旧厂改造，将为中心城区置换出一定规模的可用土地，这些土地一般位于商业发展成熟区，交通便利，市政配套完善，有利于开发大型商业项目。同时，随着城市快速扩张，住宅开发向宝安、龙岗等原特区外区域转移，以及轨道交通建设缩短城市内各区域间的距

离，预计宝安区、龙岗区将陆续出现大型零售商业物业，并成为未来大型零售商业新增供应的热点区域。截至 2010 年底，深圳中心城区已开业的购物中心总量达 14 家，预计未来 5 年内将突破 25 家，加上宝安、龙岗的新增供应，总数量有望达 30 家。

② 需求方面

预计深圳未来购物中心仍将保持较旺盛需求。首先，深圳宏观经济持续稳定增长带动零售商业发展，也加速商业业态转型升级。其次，国际知名零售商和餐饮娱乐商将投资目光投向深圳商业市场，将成为购物中心潜在主力租户重要来源。此外，深圳人均可支配收入一直处于全国领先水平，且消费意愿强烈，强劲的个人消费能力有力支撑购物中心发展，个人消费与商业发展将形成良好互动。

③ 价格方面

深圳未来大型购物中心新增供应持续加大，而租赁需求也将持续保持旺盛，因此预计未来深圳大型购物中心租金水平将稳中有升，福田、南山购物中心租金水平将逐渐与罗湖趋平。

④ 商业发展水平

购物中心供应的增多、消费者消费水平和需求的提升将促使市场竞争态势加剧，将一定程度加快市场细分的趋势，从而提升深圳商业市场的总体发展水平。预计未来深圳整体商业市场将呈现百花齐放的局面，购物中心类型多样化，新增项目将在业态、品牌、建筑设计等方面呈现特色化和差异化的定位。同时，深圳人口老龄化、家庭结构变化，随之带来的消费需求变化，将对未来商业地产的发展具有深刻影响，其中，预计社区型购物中心将得到进一步发展。

2.7 天津市商业地产市场报告

2.7.1 宏观经济和人口统计分析

1. 经济和商业性质指标分析（2000～2009 年）

(1) GDP、GDP 年增长率、人均 GDP

天津近几年国民经济均保持两位数的高速发展，2003 年 SARS 效应及 2008 年金融危机对天津总体经济发展均未形成明显影响。

2009 年，天津全市 GDP 完成 7500.80 亿元，比上年增长 16.5%。2010

年上半年，全市完成GDP 4106.48亿元，比去年同期增长18.0%，经济的高速增长显示了天津的巨大发展潜力以及良好的市场预期。

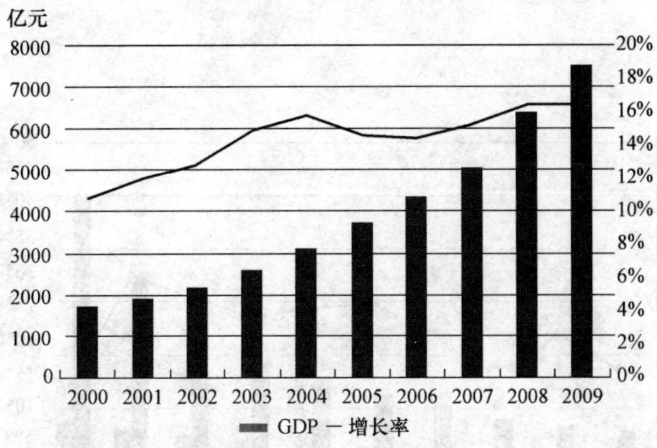

图2.7-1　天津市2000～2009年GDP及增长率

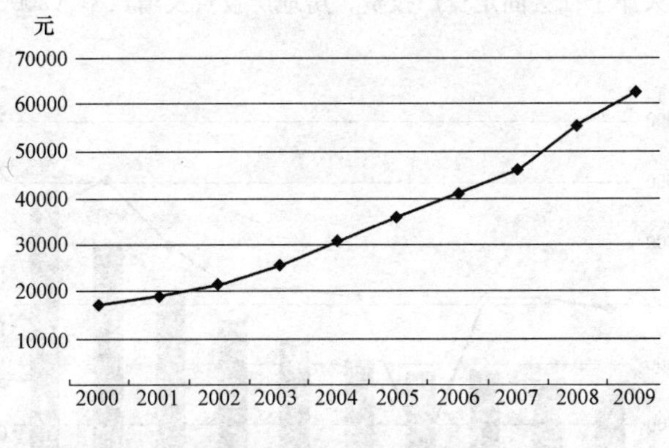

图2.7-2　天津市2000～2009年人均GDP

天津人均GDP自2000年逐年递增，2009年人均GDP为2000年的3.6倍。

（2）固定资产投资、房地产投资及其两者之间的变化、两者间的年增长率

天津固定资产投资增势强劲，房地产投资平稳提升。

2009年天津市全社会固定资产投资突破5000亿元，达到5006.32亿元，增长47.4%。为2000年来最高年增长率，增幅比上年提高4.6个百分点，有效地弥补了外需的下降，为保增长提供了强大动力。

天津市房地产业发展较快。全市房地产业实现增加值276.32亿元，比上

年增长 19.8%。市场信心的恢复、需求的增加及“房产新政”效应促使房地产市场迅速回暖。

（3）社会零售总额及年增长率

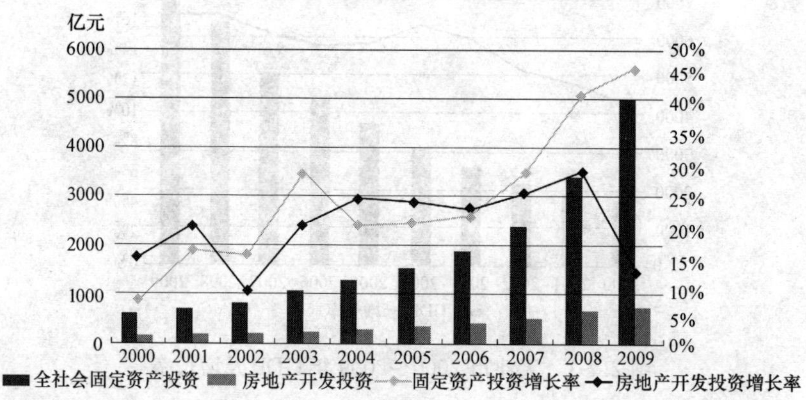

图 2.7-3　天津全社会固定资产投资、房地产投资及增长率（2000～2009 年）

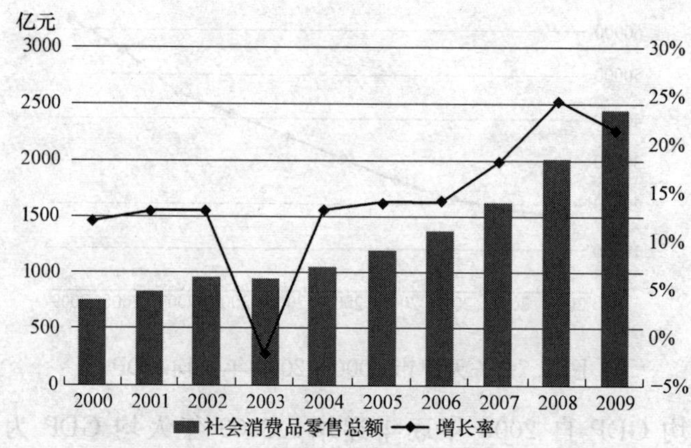

图 2.7-4　天津社会零售总额及增长率

2009 年天津实现社会消费品零售总额 2430.83 亿元，增长 21.5%。其中，批发和零售业零售额 2049.84 亿元，增长 21.3%；住宿和餐饮业零售额 376.26 亿元，增长 23.2%。

2. 人口统计分析（2000～2009 年）

（1）常住人口总量及自然增长率

天津常住人口平稳增长，2000 至 2003 年人口总量基本持平，呈小幅增长。自 2004 年，常住人口增长速度较前些年明显增快，常住人口总量明显增加。

（2）城镇居民收入及其年增长率

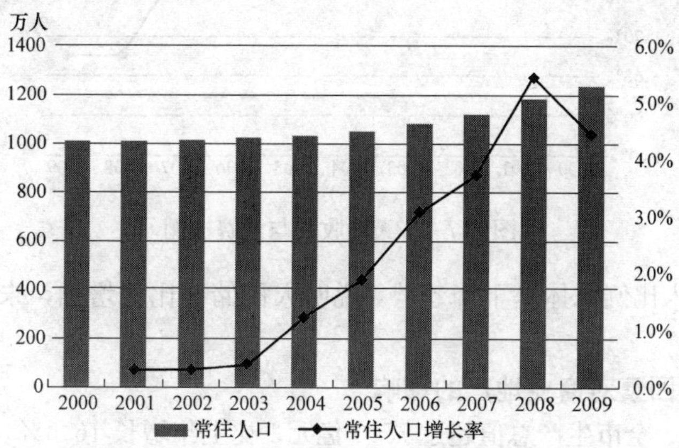

图 2.7-5　天津常住人口总量及自然增长率

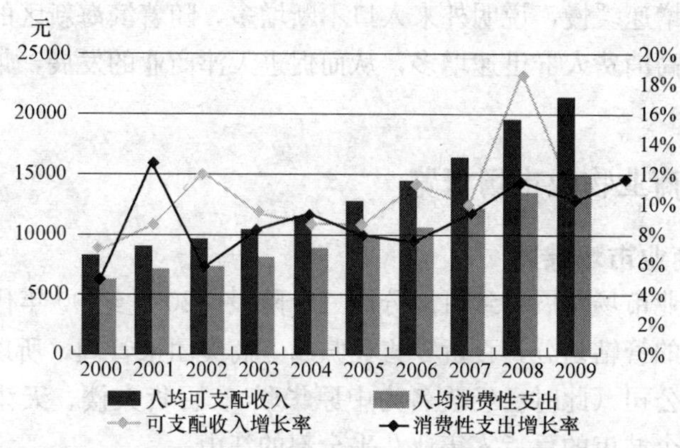

图 2.7-6　天津城镇居民收入及其年增长率

城乡居民收入再上新台阶。2009 年，城市居民人均可支配收入 21430 元，增长 10.3%，扣除价格因素增长 11.4%。城乡居民消费支出平稳较快增长。城市居民人均消费支出 14801 元，比上年增长 10.3%。人民生活水平的提高再次反映了经济的高速发展。

（3）收入与消费比例分析

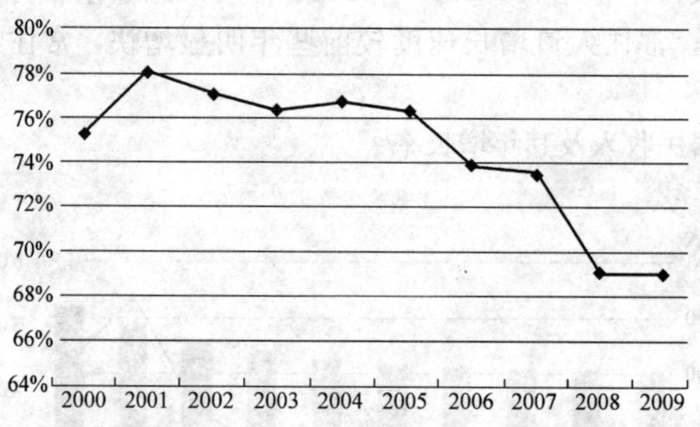

图 2.7-7　天津收入与消费比例

消费收入比例总体呈下降趋势，说明人民储蓄比例增加，未来消费潜力增大。

3. 上述因素对商业地产的影响

2009 年，全市生产总值超过 7500 亿元，比上年增长 16.5%。就业形势总体稳定，消费价格和生产价格双双回落，为商业地产的蓬勃发展奠定了坚实的基础。社会零售总额的快速增长将大力促进商业地产的发展。常住人口快速增长而户籍人口增速缓慢，说明外来人口不断增多，随着滨海新区的发展，外来人口中高收入高消费人群迅速增多，从而促进天津商业的发展，带动商业地产的发展。

2.7.2　商业物业市场概览

1. 本地商业市场综述

天津的商业市场发展大致可以分成三个阶段。20 世纪 90 年代之前，按照计划经济时期的管辖划分，百货零售业归属一商集团来管理，所以一商旗下的劝业场、中原公司（此时已经改名为中原华联）、百货大楼、天津商场和友谊商厦支撑着这个城市的百货零售业几乎全部的江山。

从 1990 年开始，伊势丹、滨江商厦、米莱欧等大型百货零售商厦陆续出现，百货业的垄断局面被打破，天津的百货行业进入了真正的市场化时代。

进入 2000 年代，城市新百货又开始随着新世纪新城市建设的步伐，加快了脚步。海信广场、乐宾百货、津乐汇等新一批体现高端、时尚的大型百货商厦登陆天津。与此同时，天津商业也逐步形成了以和平路—滨江道—南京路为一个主商圈，南市、小白楼等为多个副商圈的发展格局。

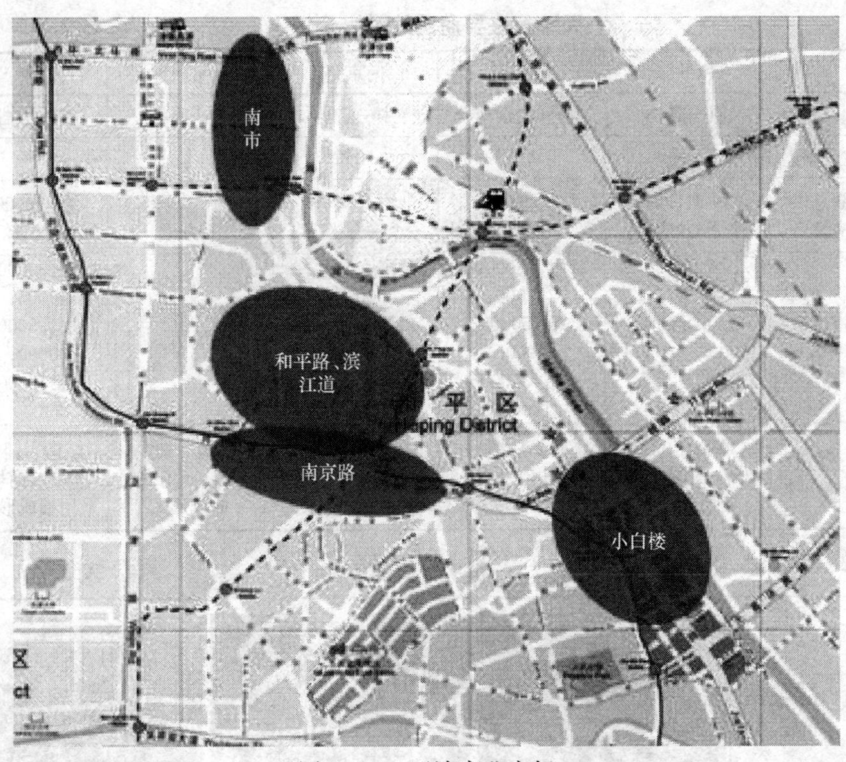

图2.7-8　天津商业市场

2. 本地商业市场商圈介绍

天津各主要商圈的对比分析1　　表2.7-1

类别商圈	南京路商圈	和平路商圈	滨江道商圈	小白楼商圈	南市商圈
现有物业	百货	商业广场、百货、街铺	百货、街铺	百货、街铺、地铁商业	购物中心、百货、商业街、小商品集散地
档次定位	中高档、中档百货	低—中档	中档	中档百货、餐饮	中端百货中低档批发市场
目标客群	高收入的年轻消费群体及商务人群	外地游客，年轻人	外地游客，年轻人	区域内白领、附近居民和外籍商务客群	区域内居民，批发市场辐射环渤海区域
未来发展	世纪都会、天津中心等项目入市将进一步扩容本区域商业体量	新增项目的入市将提升该商圈档次	未来供给项目较少	未来供给综合体项目较多，竞争相对激烈	未来供给项目较多，竞争相对激烈

天津各主要商圈的对比分析 2 表 2.7-2

	和平路	滨江道	南京路	小白楼	南市
档次及定位	中—高档	中档,大众消费	中—高档	中—高档	整体中档
空置率	3%	5%	10%	3%	12%
商圈总供应量	约 317300 平方米	约 397000 平方米	约 155000 平方米	约 133600 平方米	约 390000 平方米
销售价格(元/平方米)	首层店铺:30000～80000	首层:130000～210000;二层:50000～150000;三层:30000～120000	首层:40000～50000;二层:25000～35000;三层:20000～25000	N/A	首层:30000～40000;二层:25000～30000;三层:18000～23000
租金(元/天·平方米)	临街店铺:25～35,商场采用抽成形式	临街店铺:30～40(首层),商场采用抽成形式	临街店铺:25～30(一层),商场采用抽成形式	临街店铺:8～10,商场采用抽成形式	临街店铺:5～12,商场采用抽成形式

和平路商圈 表 2.7-3

主要商业项目	  		
道路和交通通达性	交通便利,公交体系发达	档次及定位	低—中档
主要商业构成	商业广场、大型百货、临街商铺	主要的业态组合	服饰等为主、餐饮少量
百货类型	中档、中高档	空置率	3%
商圈总供应量	和平路步行街总长度 1200 米 大型商业面积约 317300 平方米	销售价格	30000～80000 元/平方米
租金	和平路临街店铺:25～35 元/(天·平方米),商场采用抽成形式		
商圈总结及优劣势	天津传统商圈之一,拥有天津商业发展初期的三大百货的劝业场和百货大楼,另外还有 15 万平方米的万达商业广场; 作为天津的金街步行街,人流量大,并吸引了大量外地游客; 劝业场和百货大楼商业设施相对落后,和平路近年来新增大型商业物业供给较少		
客群特征	除了全市大众消费外,该区域也是外来旅游人口重要的消费场所之一。其中劝业场、百货大楼的首饰、服装消费人口中,有 50%左右为外来旅游人口消费,外来旅游人口主要来自北京以及天津的四郊五县; 和平路西北端的万达广场,主要为中等以上收入的本市人口,消费者年龄 18～45 岁,主力消费者 30 岁左右		
未来发展	恒隆广场、天河城等购物中心将陆续进入该区域,提升区域整体商业物业品质		

滨江道商圈　　　　表2.7-4

主要商业项目	  		
道路和交通通达性	交通便利，公交体系发达	档次及定位	中档，大众消费
主要商业构成	大型百货、临街商铺	主要的业态组合	服饰等为主、餐饮、娱乐少量
百货类型	中档为主	空置率	5%
商圈总供应量	大型优质商业设施面积约397000平方米 滨江道步行街总长度500米，临街中小型店铺约320间	销售价格	30000～80000元/平方米(散售)
租金	滨江道临街店铺：30～40元/(天·平方米)(首层)，商场采用抽成形式		
商圈总结及优劣势	商圈内百货商场林立，大型商业物业最为密集的商圈，天津市国营商业企业滨江、中原均在此有较大的市场占有率，是天津人流最为密集的区域； 主要以中低档、中档服装、鞋帽、饰品等店铺为主，区域内商场之间同质化经营比较严重，竞争比较激烈； 在中档商品消费方面，该区域在天津商业市场中占有主导地位		
客群特征	除了全市大众消费外，该区域也是外来旅游人口重要的消费场所之一		
未来发展	市场趋于饱和，未来新增供给项目较少，商圈提升档次难度较大		

南京路商圈　　　　表2.7-5

主要项目	  		
道路和交通通达性	内环线、地铁1号线，未来3号线，交通便利	档次及定位	中—高档
主要商业构成	写字楼裙房商业、大型百货、时尚主题店	主要的业态组合	服饰等为主，一定比例的餐饮娱乐设施
百货类型	中高档为主	空置率	10%

续表

商圈总供应量	大型商业面积约155000平方米	销售价格	20000～70000元/平方米
租金	临街店铺:25～30元/(天·平方米)(一层),商场采用抽成形式		
商圈总结及优劣势	该区域是中高档消费比较密集的商圈,与滨江路、和平路一带的商圈相比,档次偏高; 商务氛围浓厚,外资企业聚集度较高; 配套完善,购物的舒适感更强		
客户特征	以中高端消费人群为主,是高收入、高学历、拥有跨国公司工作经历和海外背景的新兴中高收入阶层购物的主要场所		
未来发展	随着天津中心、世纪都会等商业设施的入市,区域中高端商业氛围将更加成熟		

小白楼商圈 **表 2.7-6**

主要项目	  		
道路和交通通达性	地铁1号线,交通便利	档次及定位	中—高档
主要商业构成	大型百货、写字楼配套商业、临街商铺	主要的业态组合	服饰等为主,娱乐设施较少
百货类型	除海信广场品牌较高,其余以中档为主	空置率	3%
商圈总供应量	大型优质商业设施面积约133600平方米	销售价格	—
租金	临街店铺:8～10元/(天·平方米),商场采用抽成形式		
主要特征	受区域办公环境较好的影响,商业需求比较旺盛; 区域优质商业供应较小,休闲娱乐设施比较缺乏; 凯旋门百货和滨江购物定位中档,开业时间较早; 07年区域内有高档百货:海信广场开业,提升本区域商业档次		
客户特征	周边区域工作的白领和周边居民		
未来发展	未来大量综合类公建项目(天津国贸中心、吉美林、联合广场项目)内的商业部分将改变本区域商业设施不足的现状		

表 2.7-7

南市商圈

主要项目			
道路和交通通达性	交通便利	档次及定位	整体中档
主要商业构成	购物中心、大型百货、商业街、小商品集散地	主要的业态组合	服饰、古玩等为主
百货类型	中档、中高档	空置率	11%
商圈总供应量	大型优质商业设施面积约 390000 平方米	销售价格	15000～33000 元/平方米
租金	临街店铺：5～12 元/(天・平方米)，商场采用抽成形式		
主要特征	该区域是拥有南市食品街、老城厢、鼓楼、大胡同等天津老商业圈和特色文化商业； 区域商业格局尚不成熟。优质大型商业供应少；区域现有商业涵盖中低档、中档、中高档商业，整体商业档次处于中端水平，商业氛围较为混杂；业态分散，传统文化及小商品集散类专业卖场、百货及购物中心等多种商业形式均有		
客户特征	以天津北部中等收入的家庭和时尚青年为主，老城厢内新建高档居住区的居民区		
未来发展	大悦城、仁恒海河广场项目的启动将使区域商业氛围进一步提升。圈内原有商业将得到整合，潜在大型项目增多，整体档次将明显提升		

2.7.3 大型商业物业市场分析

1. 供应分析(2000～2009年)

(1) 现有存量

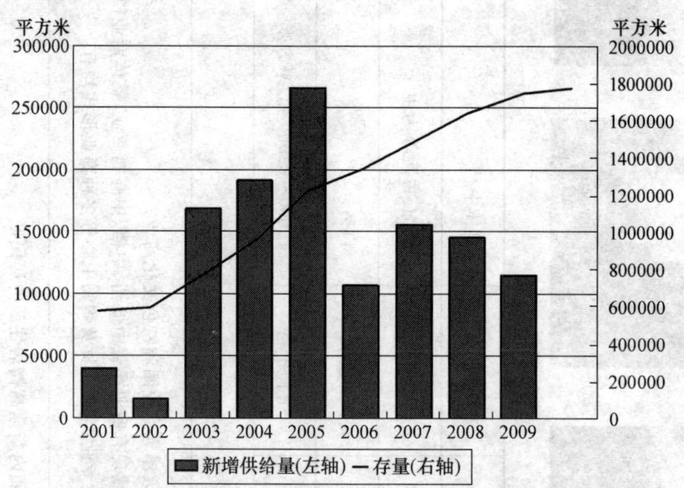

图 2.7-9 天津大型商业物业总供应量

天津大型商业物业总供应量呈现上升趋势，阶段性特征比较明显：

① 2000～2002年，新增供给量不大，存量平稳提升；

② 2003～2005年，新增供给量迅速放量，存量快速上涨；

③ 2006～2009年，中心城区主要商业物业市场开发渐趋理性，新增供给走势相对平稳。

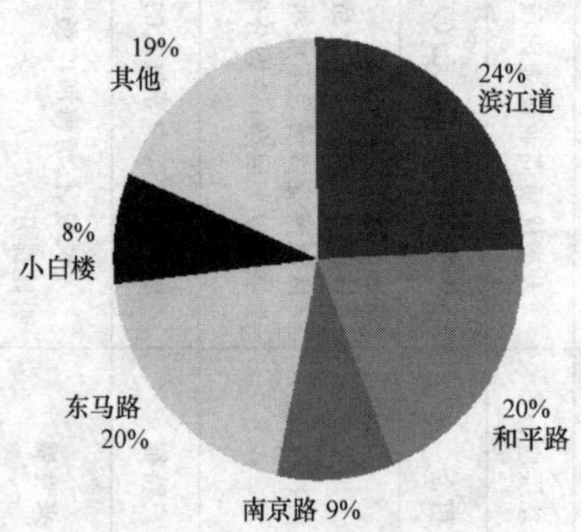

图 2.7-10 天津大型商业物业现有存量分布及构成

(2) 现有存量分布及构成

天津中心城区建筑面积1万m^2以上的中档以上商业物业分布较为集中，主要在和平路、滨江道、南京路、小白楼、东马路区域，其中滨江道所占比例最高，达到24%；其次为东马路及和平路区域，均为20%，南京路区域占到9%。

(3) 现有存量的质量分析

天津商业物业的供给具有较强的

集中性，主要集中在和平区、河西区和南开区，传统商业热点区域为和平路、滨江道、南京路、小白楼、南市区域。建筑以单体百货、专卖店为主，以中档为主，整体档次和硬件设施有待提高。

2. 经营状况（2000～2009 年）

（1）经营收入分析

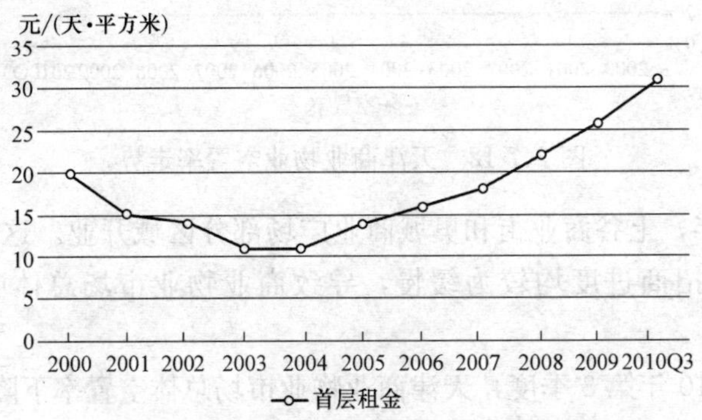

图 2.7-11　天津购物中心首层租金走势

① 2001 年以前，天津百货商店数量较少，在招商的谈判中处于强势地位，因此，首层租金水平较高；

② 2005 年以前，天津商业物业经历了 SARS 等商业衰退期，加之主要商业物业项目硬件设施逐渐落后，因此首层租金水平呈现下降的趋势；

③ 2005～2008 年，天津商业物业整体市场平稳增长，市场逐步回暖，商场首层租金价格逐步攀升；

④ 2008 年至今，天津商业整体市场需求旺盛，首层租金水平快速增长；

⑤ 2010 年第三季度，天津优质商业物业的首层平均租金达到 31 元（天·平方米），比 2008 年底增长近 20%。

（2）出租率分析

2000～2003 年，天津商业物业市场总体吸纳情况比较稳定：

① 2000～2002 年，天津商业物业每年的新增供给量不大，市场吸纳率均较高，因此，市场总体吸纳率为 95%左右；

② 2003 年，滨江金耀开业时招租情况较好，空置率较低，所以，2003 年，市场整体吸纳率并未出现很大变化。

2004～2005 年，天津商业物业市场总体吸纳率走低：

① 2004 年，滨江金耀女人街等区域因经营不善关闭。麦购休闲广场开业后空置率在 20%左右。

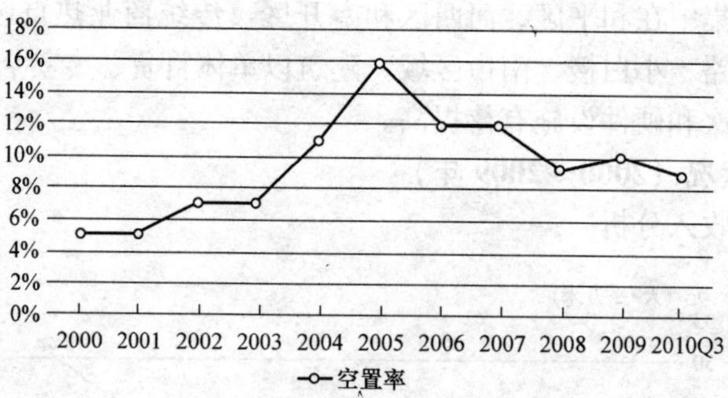

图 2.7-12　天津商业物业空置率走势

② 2005 年，上谷商业街和奥城商业广场部分区域开业。这两个项目均非传统商圈内，招商进度均较为缓慢，导致商业物业市场总体吸纳率进一步下滑。

2006～2010 年第 3 季度，天津商业物业市场总体空置率下降：

① 此阶段内总体空置率在 10%左右波动。其中新开业的商业物业，如乐宾百货、海信广场，均由专业的商业管理公司进行招商，凭借优越的地理位置和丰富的招商经验，取得了较好的招商业绩。

② 2008 年新入市的项目，如凯德置地管理的嘉茂和位于滨江道的欧乐时尚广场均取得了不俗的招商业绩，因此，空置率继续下降。

③ 2009 年，受津湾广场等新增供给项目影响空置率小幅提升，2010 年前三季度市场变化趋势平稳。

2.7.4　城市发展规划和未来供应分析

(1) 天津未来商业物业供给量将在 2012 年和 2013 年达到供给高峰；

(2) 天津未来商业物业供给项目将集中在传统商业区南京路，和平路和南市区域以及新兴商业区南站区域天津未来商业供应。

(3) 未来 3 年，将有超过 200 万平方米的商业供应，但主要集中现有核心商圈及未来商务核心区域；

(4) 未来新增商业项目，以传统商圈为主，多由有经验的外地开发商打造；大量集中入市，竞争加剧，商业市场重新整合；商业市场向多元化发展；商业业态结构比例变化，从传统单纯购物升级为强调休闲娱乐体验的商业模式。此外，购物中心和高档百货带来全新的商业理念和大批国际名品，未来新增商业集中在南市商圈和大型居住板块。

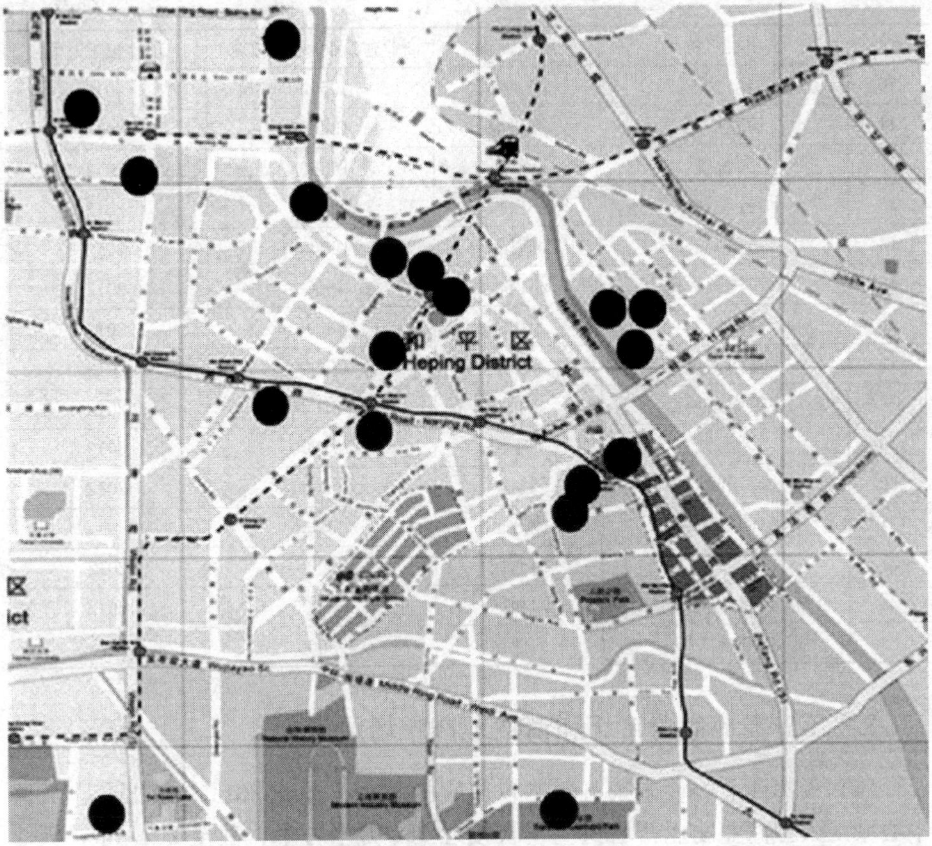

图 2.7-13　天津未来商业规划

天津未来商业供应　　　　表 2.7-8

	项目名称	所在商圈	商业建筑面积(平方米)	预计竣工时间
1	天津中心	南京路	45000	2010
2	金盛广场	南市	100000	2010
3	久光百货	滨江道	35000	2010
4	铜锣湾广场	南市	74000	2010
5	仁恒海河广场	南市	80500	2011
6	世纪都会	南京路	70000	2011
7	河东万达广场	其他	106000	2011
8	天津世贸大厦	友谊路	48000	2012
9	合生国际大厦	和平路	51000	2012

续表

	项目名称	所在商圈	商业建筑面积(平方米)	预计竣工时间
10	现代城	南京路	405000	2013
11	恒隆广场	和平路	132000	2012
12	大悦城	南市	163988	2012
13	吉美林	小白楼	38000	2013
14	嘉里中心	南站	120000	2012
15	天津国贸大厦	小白楼	48000	2012
16	联合广场	小白楼	60000	2013
17	中信南站项目	南站	186000	2013
18	中粮南站项目	南站	133000	2013
19	天河城	和平路	151000	2012
20	红星国际广场	其他	300000	2012
21	绿荫里项目	南开区	120538	—
22	九方购物中心	河西区	65000	2012
23	银河国际购物中心	河西区	235000	2012
24	新城市广场	河西区	99000	2011

2.7.5 本地商业市场和商业地产市场展望

(1) 天津商业物业未来五年内供应规模较大。预计2011～2013年，天津中心城区大型商业物业新增供应量将接近150万平方米，截至2013年，天津商业物业存量将达到350万平方米，比2008年底天津商业物业存量增加一倍以上。尤其是2012～2013年，天津商业物业新增供给将有若干10万平方米的超大型商业物业进入市场，成为天津商业物业新增供给的高峰时期。

(2) 结合未来3年内新增供给量的变化趋势，以及天津社会消费品零售总额历年增长速度，我们认为天津商业物业市场空置率在2011年将小幅上扬；2012～2013年，天津商业物业空置率将有较大上浮。

(3) 未来商业物业市场供给量的大幅增长，加剧了天津大型商业物业的竞争，会对租金的上升产生一定的压力。

2.8 杭州市商业地产市场报告

杭州国民经济高位稳定运行，地区生产总值增长率全国领先，人均可支配

收入及社会消费品零售总额稳定增长。区域商业地产发展稳定，商业街及百货等传统商业形式仍占市场主流，购物中心类新兴商业产品逐渐发展，市场结构处于转型升级阶段。市区传统商圈运营状况稳定，周边新兴商圈加速发展。

2.8.1　宏观经济和人口统计分析

1. 经济和商业性质指标分析（2000～2009年）

（1）GDP总量、GDP年增长率、人均GDP

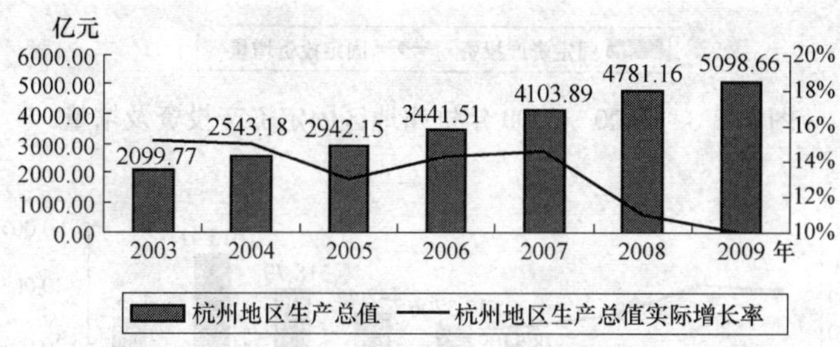

图2.8-1　2003～2009年杭州地区国民生产总值及增幅

数据来源：杭州统计信息网　数据分析：第一太平戴维斯

2007年以前，杭州市的国民经济发展在高增长的平台上稳定增长运行。2009年，杭州市实现地区生产总值（GDP）5098.66亿元，按可比价格计算，比上年增长10.0%，杭州与国内各大沿海省份的城市类似，经济发展中进出口业务占很大比重，因此受到全球金融危机的影响，GDP增长率较往年有所下降，但仍连续19年保持两位数增长，显示了区域经济强劲的增长动力，是国内经济发展稳定和具有活力的区域之一。

按户籍人口计算，2009年人均GDP为10218美元，继2008年实现了1万美元的跨越后继续稳步提升，此水平已与中等发达国家相当。按常住人口计算，2009年人均GDP为9292美元。

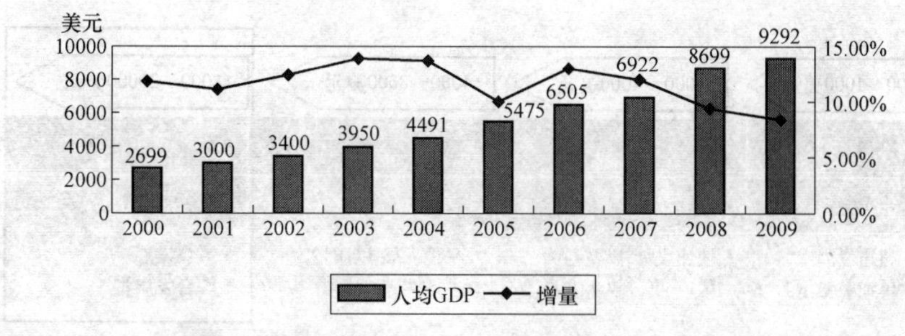

图2.8-2　2000～2009年杭州地区人均GDP及增幅

数据来源：杭州统计信息网　数据分析：第一太平戴维斯

(2) 固定资产投资、房地产投资及年增长率

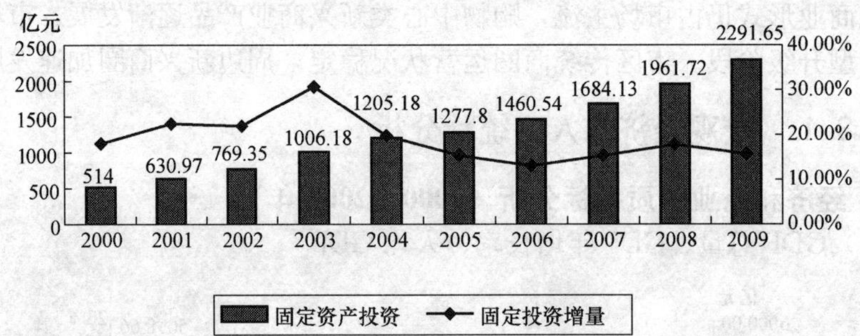

图 2.8-3　2000～2009 年杭州地区固定资产投资及增量

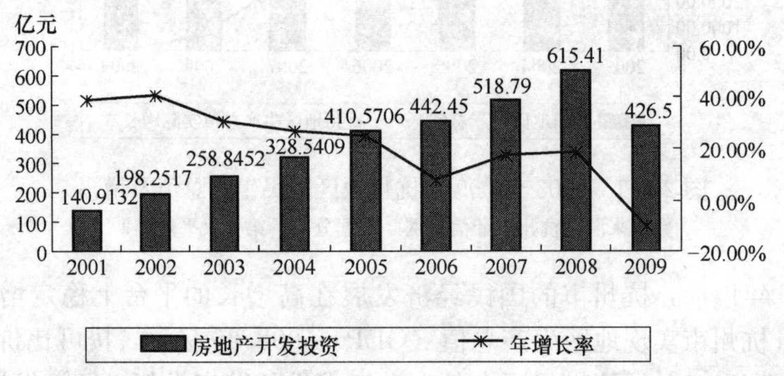

图 2.8-4　2001～2009 年杭州地区房地产开发投资及增幅

数据来源：杭州统计信息网　数据分析：第一太平戴维斯

2009 年杭州全市固定资产投资规模增长平稳，全市共实现固定资产投资累计达 2291.65 亿元，其中涉及房地产行业的开发投资为 426.5 亿元，较 2008 年之前的增幅有较大回落，这与全球金融危机的影响及国内宏观经济为调控需要频出的房地产调控政策有关。

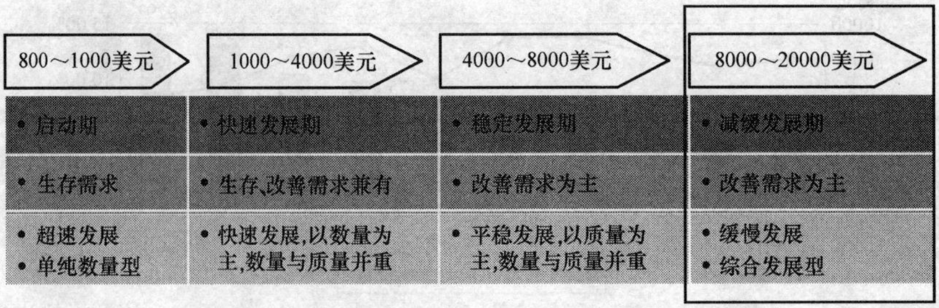

800～1000美元	1000～4000美元	4000～8000美元	8000～20000美元
• 启动期	• 快速发展期	• 稳定发展期	• 减缓发展期
• 生存需求	• 生存、改善需求兼有	• 改善需求为主	• 改善需求为主
• 超速发展 • 单纯数量型	• 快速发展，以数量为主，数量与质量并重	• 平稳发展，以质量为主，数量与质量并重	• 缓慢发展 • 综合发展型

图 2.8-5　人均 GDP 与房地产发展关系

国际通用衡量标准表明，宏观经济增长和人均GDP水平决定了一个地区房地产市场的发展阶段，以此为参照，2009年杭州人均GDP约10218美元，目前杭州房地产市场发展大致处于稳定的综合发展型阶段。

（3）社会消费品零售总额及年增长率

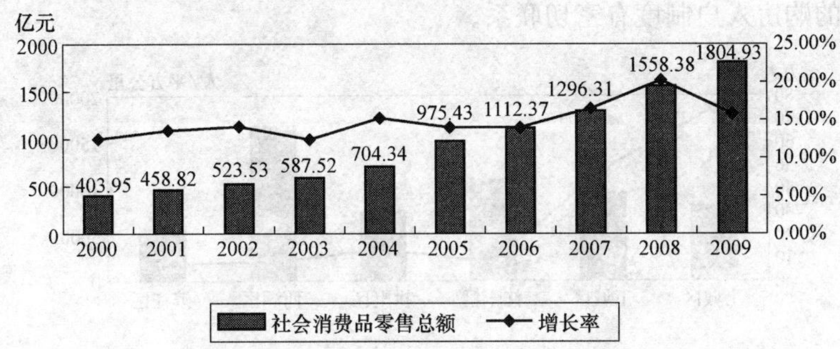

图2.8-6　2000～2009年杭州地区社会消费品零售总额及增幅

数据来源：杭州统计信息网　数据分析：第一太平戴维斯

杭州2009年全年实现社会消费品零售总额1804.93亿元，比上年增长15.8%，虽然整体仍呈稳定增长趋势，并保持两位数的增长，但增速已跌回2007年水平，2008年全球金融危机对地区消费的衍生影响仍然显著。

2. 杭州城市人口分析（2000～2009年）

（1）人口总量

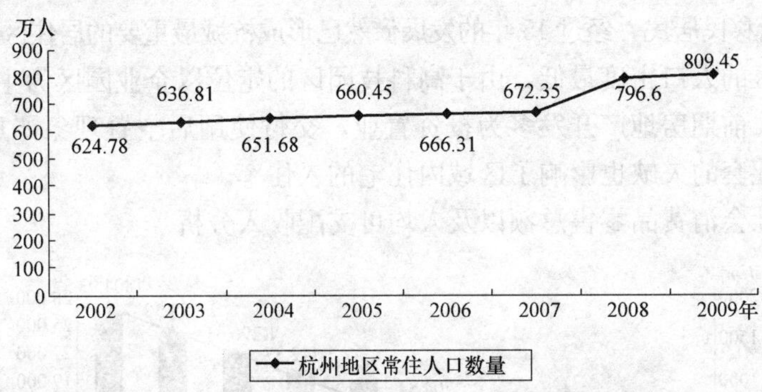

图2.8-7　2002～2009年杭州地区常住人口规模

数据来源：杭州统计信息网　数据分析：第一太平戴维斯

未来20年，杭州市人口变动将经历四个高峰：人口迁流高峰、人口向市区集中高峰、人口出生高峰、人口总量高峰，预计将在2020年前后进入负增长，从而完成人口数量的增长转变。

人口迁移在空间上表现为：新城大量迁入，近郊转为迁入，远郊持续迁出。新建城区和有新区扩建的城区表现显著。总体看，杭州城区 20 世纪 90 年代以来，特别是进入 21 世纪后，各区均处于净迁入状态。其中，江干区、西湖区和滨江区净迁入人口最多，这与该类区域近年来大规模的不动产开发建设及杭州的购房入户制度有密切联系。

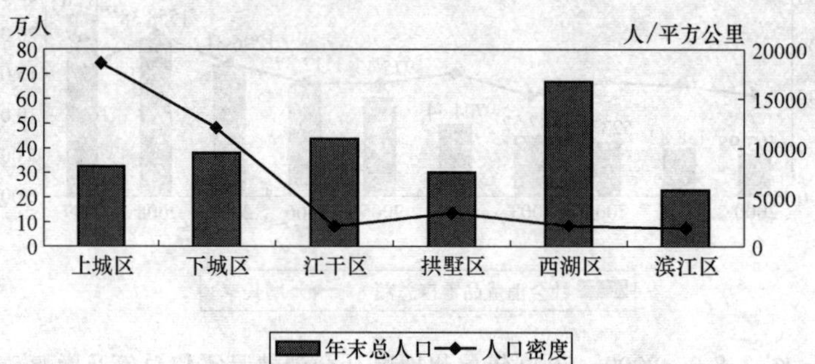

图 2.8-8　2009 年杭州市城区年末总人口及户籍人口密度

数据来源：杭州统计信息网　数据分析：第一太平戴维斯

根据图 2.8-8 可知，上城区、下城区和拱墅区的人口密度最大，尤其是上城区，其主要原因在于其是杭州市的中心城区及历史老城区，传统居住人口密集，且服务业发展迅速，特色街区经济发展稳步。人口密度保持高水平。

西湖区的总人口最多，这里集中了大量的杭州最早开发的商品房楼盘及其杭州最早的新移民居民，经过 15 年的发展俨然已形成杭城最重要的居住区域之一。

滨江区的人口密度最低，由于高科技园区的定位以企业园区为主导，入住人口稀少，前期房地产开发多为投资置业，交付使用后空置现象严重，同时，周边商业配套的欠缺也影响了区域内住宅的入住率。

(2) 社会消费品零售总额以及人均可支配收入分析

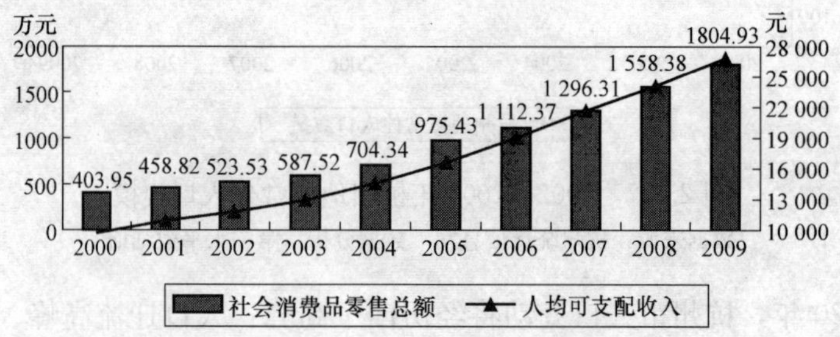

图 2.8-9　杭州市 2003～2009 年社会消费品零售总额及人均可支配收入

数据来源：杭州统计信息网　数据分析：第一太平戴维斯

杭州2009年全年实现社会消费品零售总额1804.93亿元，比上年增长15.8%。其中城市消费品零售额1716.49亿元，增长15.8%，较2008年增幅回落4.4%；县以下农村消费品零售额88.44亿元，增长15.0%。分行业看，批发零售贸易业零售额1597.26亿元，增长15.9%，较2008年增幅回落4%；餐饮业零售额203.28亿元，增长15.2%，较2008年增幅回落8.1%；其他行业零售额4.39亿元，增长4.8%，较2008年增幅提升4.2%。可见杭州消费者已不仅满足于日常性消费、购物性消费，进而转向其他更具特色的消费领域，如休闲娱乐类消费，这对今后商业市场的发展及更丰富业态、业种的引进有重要意义。

杭州市区2009年城镇居民人均可支配收入26864元，比上年增长11.5%。人均生活消费性支出18595元，比上年增长11.2%，扣除CPI增幅，实际增长6.4%。

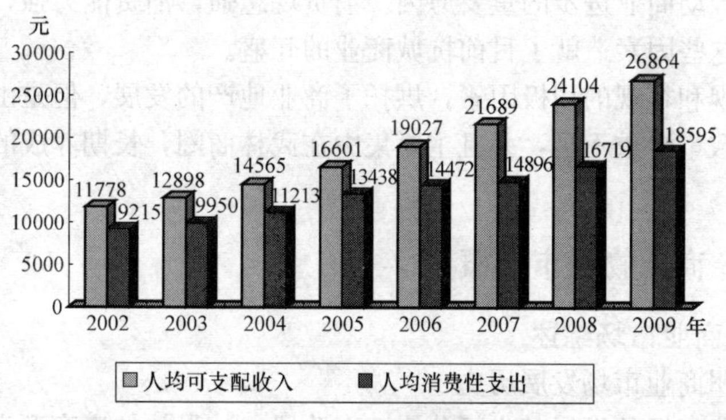

图2.8-10 2002～2009年杭州城镇居民人均可支配收入与人均消费性支出

杭州消费者偏好的消费类型非常注重休闲性。杭州自古就是一座流通频繁、商贾云集的消费型城市。杭州消费者热爱自然，热爱艺术。生活化的艺术不仅表现在伞、扇、剪、筷、席、杯、布艺和茶叶上，也体现在桥、塔、楼、阁、厅、院和园林中。杭州人极善于将生活艺术化，在衣食住行上都体现出独特的智慧和灵气，在日常生活中的吃、穿、旅游等方面，处处体现生活艺术。日常生活类消费非常注重休闲性，甚至连工作也能艺术化，在茶馆里谈公事亦是很寻常的事。

杭州消费者在精神生活的领域还远不及北京、上海等一线城市，消费的主流仍在吃穿用等日常购物性消费领域。

杭州人在精神生活方面尚远不如在吃穿用上肯花心思，如歌剧、图书、电

影、音乐等艺术文化生活上的消费较京沪穗尚有较大差距，根据2009年社会消费品总额的统计数据显示，杭州消费者在批发零售和餐饮领域的消费分别是其他类消费的364倍和46倍。

3. 杭州宏观经济因素对商业地产的影响

根据杭州主要的宏观经济指标、人口数据以及消费类统计数额分析，杭州区域在经济上目前处于稳定上升的阶段，由于杭州外贸企业较多，受到金融危机的影响也较严重，出现了短暂的经济低迷，但是在政府宏观干预的情况下，已经完成了复苏，走上了正轨。在常住人口数量上，没有出现过度的增长，有利于维持良好的社会氛围和环境，创造更好的就业条件，更有利于居民的安居乐业。就整体社会环境而言，已经创造了良好的开展商业的基础，适合第三产业的大力发展。

在主观条件上，杭州人对于消费需求较为理想，这是对于商业开发的重要因素，也是推动商业进步的重要原因。消费观念强，消费能力强，同时乐于消费的精神，这些因素造就了目前杭城商业的旺盛。

这些主观和客观的积极因素，烘托了商业地产的发展，但是由于杭州主城区商业项目数量严重不足，并且主要集中在武林商圈，长期养成的消费习惯较难以打破。

2.8.2 商业物业市场概览

1. 杭州商业市场综述

(1) 杭州商业市场发展历史

杭州商业市场的发展基本可分为四个阶段，从最初的底商型商业到目前方兴未艾的大型商业综合体，杭州花费了近15年。

第一阶段——起步阶段（1997年以前）

在这一过程中，杭州的商业业态以临时摊位、社区底层商铺、临街商铺以及中小型超市等初级业态为主，主要作为住宅公寓的配套使用，总商业体量不大，各商业项目间的联系也比较松散。因杭州系历史悠久的旅游城市，早期的集中商业多围绕景区，以服务外来游客的形式源起发展，在1992年至1997年之间，逐步形成了围绕西湖、吴山等景区发展起来的延安路南段商圈、吴山商圈、湖滨路商圈，代表项目如解百商场、河坊街等，它们成为杭州第一批成规模的集中式商业。

第二阶段——逐步成长（1997～2001年）

1998年以后随着银泰百货开业；1999年杭州大厦、杭州百货大楼经历调整后重新开业，以百货为主力业态的武林商圈正式形成，并在今后相当长的一段时间里占据着杭州核心商圈的地位，每年贡献着杭州最大比例的零售额增长。

第三阶段——快速发展（2002～2010年）

2001年以后伴随着杭州房地产业的蓬勃发展，杭州商业市场由武林广场单一商业中心的时代逐渐向多中心时代发展，这期间随着西湖区、滨江区、江干区、拱墅区的不动产开发迅速发展，新区人口迅速导入，逐渐形成了各区域的商业中心，如西湖区的西城广场、滨江区的星光大道、拱墅区的运河广场、钱江新城的万象城，虽然在短期内区域商业中心尚不能与武林核心商圈相抗衡，但随着大杭州城市规划的逐步落实，轨道交通的正式开通，杭州的商业格局必定会发生较大改变；特别是万象城的正式开业，首次将购物中心这种从未进入浙江市场的全新业态引入杭州，杭州的商业市场即将进入迅速发展成熟期。

第四阶段——发展成熟（2011年以后）

凭借轨道交通的逐步开通、新区建设、旧城改造等大型城市规划项目的落实，一大批外来优质商业地产开发运营商的落户，如华润、新鸿基、中粮、万达、龙湖、凯德置地、深国投商用，杭州商业市场将迎来商业的集中供应上市期，并在今后5～10年内逐步进入稳定增长阶段。杭州商业市场诞生了银泰、杭州大厦、杭州百大这样一批本土零售强势品牌，未来又有华润、龙湖、凯德置地等外来专业商业地产商所开发运营的商业，杭州的商业市场将进入一个百花齐放、多中心综合发展的成熟阶段。

（2）杭州商业市场发展现状

当前，杭州的商业格局已经呈现出日益鲜明的“多心多点”的发展特征。随着城市近郊住宅地产的开发，人口的导入及主城区交通拥堵的现状，区域消费渐成主流。根据杭州市商业网点规划，未来杭州将会形成一个市级商业中心、三个市级副商业中心、四个区域商业中心以及七条特色街为骨架的杭州商业格局，“一心多点”的格局业已形成，逐步展现并具备了向多心化发展的趋势。武林商圈是高档购物最为集中的区域，对于目前整个杭州来说，也是唯一的一个中心。钱江新城——这片过去为鱼塘菜地的处女地，未来将成为杭州的CBD，也是大体量新兴商业体的主要供应区域。2010年4月，杭州万象城正式开业，瞬间就成了杭州“潮人”们钟爱的购物、餐饮、娱乐场所；此外，波浪文化城的城市奥特莱斯即将开业、新加坡莱福士广场也已动工，至少七家超五星级酒店业已落户新城。钱江新城CBD商圈逐渐成形，并有望成长为能够与武林商圈相竞争的高端商业集中区域。

未来几年，杭州还将会形成临平副城、下沙副城、萧山江南城三个商业副中心。目前，临平副城已经有银泰百货临平店、中都百货、沃尔玛临平店进

图 2.8-11 杭州钱江新城 CBD 商圈

驻；萧山江南城也有包括汇德隆百货、解百萧山商厦、二轻购物中心、大润发超市、江苏时代超市、恒隆广场衣之家百货、萧山商业城等进驻；而正在成熟中的下沙沿江东部板块，因为有了保利、世茂、金隅、龙湖等诸多大牌开发企业的进驻，未来的商业地产市场也将逐步成熟起来。

当前的杭州除了上述正在形成的副城商业中心之外，包括城东庆春、城西翠苑、滨江、城北拱宸桥等板块，都将有望在今后几年，成为杭州成熟的区域商业中心。

2. 杭州商业市场商圈分布及特征分析

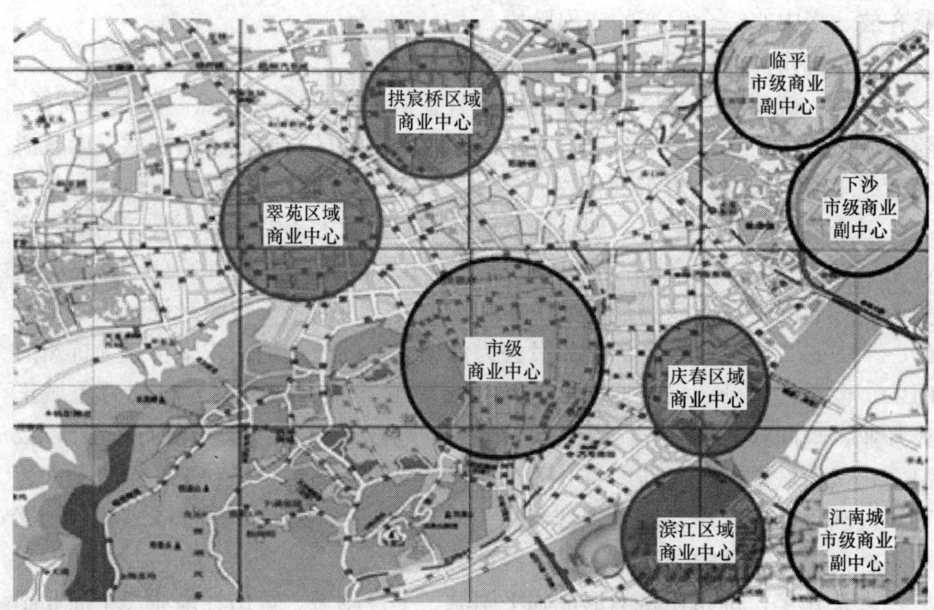

图 2.8-12 杭州市市级及次主力商圈分布图

杭州经过 15 年的发展，逐步形成了今天的商圈格局，目前杭州区域的主要商圈仍然集中在中心区，其中市级商圈为武林商圈、湖滨商圈、吴山商圈；区域商圈包括城西古墩路商圈、庆春路金融商圈、黄龙 CBD 商圈以及即将依托万象城渐渐成熟的钱江新城商圈。

现有商圈仍然以百货为主要业态，各区域商圈的形成则多依托社区商业及中型购物中心而形成，2010 年新开业的万象城则以购物中心的全新业态成为辐射全杭州的城市新商圈。

因大杭州"一主三副"的规划，带动了临平、下沙、滨江的商业繁荣，同时，主城区范围内因拱墅区拥有最充足的土地供应，未来也将成为新增商业的主要供应区域，因此，我们预计未来杭州城西、城北、城东、滨江都将是新商圈形成的主力区域；其中，拱墅区更是依托新运河文化推广而引进了远洋地产近 50 万平方米的城市综合体，同时由区政府主导的以餐饮为主要业种发展起来的运河商圈也迅速崛起。

表 2.8-1

商圈名称	代表项目	业态及品牌构成	发展策略	发展趋势
武林商圈	杭州大厦 银泰百货	以百货零售为主，娱乐及餐饮比例较少，中高档品牌	百货零售为主，无明确档次划分的著名传统商圈	随着旧城的改造、星级酒店、商务办公功能的不断增加，区内商业正面临档次和品味上的升级
湖滨商圈	西湖天地 延安路 湖滨名品街	餐饮休闲较为集中，零售以中高端及名品店为主	休闲文化特色突出的品质消费区域	高端文化休闲、餐饮消费进一步取代传统中低端零售的结构性升级
吴山商圈	西湖银泰 清河坊 吴山商城 南宋御街 南山路	以旅游文化的零售业为主，品牌特色为中高档	以旅游纪念品、传统特色商业为代表的旅游消费区	特色旅游消费区与现代商务相结合的综合发展趋势
庆春商圈	庆春银泰 乐购 中都百货	餐饮比例相对较少的综合性商业，中高档品牌	依托交通枢纽及产业集群优势形成的商贸区域	随着商务办公功能不断增强，商业聚集效应日益明显
文教区商圈	百脑汇 文二路商业街	以科技文化产业的周边零售为主，中高档品牌居多	依托高教区和科技文化产业发展起来的商业区域	产业聚集效应日益明显，业态向更加综合的方向发展，档次得到提升
滨江商圈	星光大道	零售业居多，缺少餐饮及娱乐业态，中低档品牌居多	依托交通枢纽优势形成的商贸区域	随着商务办公功能不断增强，商业聚集效应日益明显

续表

商圈名称	代表项目	业态及品牌构成	发展策略	发展趋势
萧山商圈	市心广场 新世纪广场	以服装零售为主,品牌构成多为低档	依托城市规划及交通枢纽发展的商业中心	随着高端商务的配套要求越来越高,商业将释放积聚已久的力量获得发展

3. 主力商圈分析

(1) 武林商圈

商圈概况

传统的商圈集中在武林门和武林广场一带，随着杭州城市迅速扩张，武林商圈已扩展到文晖路、凤起路、中山路、武林路，形成广义上的武林商圈。

武林商圈是杭州高档消费的聚集地，这里集中了杭州大厦、杭州百货大楼、银泰百货、国大百货等大型百货和武林路时尚女装街，四大百货以及武林路女装街的并立奠定了武林商圈市级商业中心的地位。

武林商圈同时还聚集了杭州剧院、白马大厦、华浙广场、中国联通、中国移动总部以及各手机卖场等各类配套商业，这里是目前市区商业最繁华地区。

随着 2009 年杭州大厦新开 C、D 座，总体量增至 13 万平方米，国大商场更新扩建 6 万平方米、西湖文化广场商业的交付及轨道交通地下商业空间的规划，预计未来武林广场的商业供应量将增至 40 万平方米，继续占据杭州核心商圈地位。

主要商业项目

武林广场地铁连接商业，杭州大厦 A、B、C、D 座，银泰百货，杭州百货大楼，国大 GDA PLAZA，西湖文化广场，浙江展览馆，浙江环球中心等。

代表主力商家与品牌

LV、GUCCI、DIOR、ZARA、Sisley、Lollipops、Paul Frank、GUSSACI、XOXO、Shine、Phard、TUXER、JESSI MODA。

经营现状

表 2.8-2

整体定位	高档	目标消费群	浙江地区高端消费者
商业类型	百货、商业街、超市	租金范围	50～100 元/(天·平方米)
百货扣点范围	8%～25%	出租率	95%以上

商圈消费对象分析

武林商圈因聚集了杭州大厦、银泰百货两家在国内知名度甚高的零售品牌，自 2000 年以后一直稳居杭州核心商圈地位，杭州大厦更是连续四年稳居全国百货年销售额第一，2009 年杭州大厦武林店单店销售额突破 40 亿元，这创造了国内百货单店销售额的记录。其消费覆盖力甚至不仅局限在杭州地区，更是辐射至整个浙江。

武林商圈以百货业态为主，辅以少量餐饮、休闲、酒店配套，因此消费者多以购物性消费为主，武林商圈的各大商业项目内进驻了目前国内最全的零售品牌，既有 LV、CHANNEL 等高端奢侈品牌，ZARA、H&M 等国际时尚品牌，也有国内原创的各类流行、休闲服饰品牌，能够满足从高端商务类到时尚休闲类、从成熟稳重到年轻时尚等各类消费群体的购物需求。

全方位、多品种的百货品类成就了武林商圈的消费对象为全客层。

未来新增项目

表 2.8-3

项目名称	建筑面积（万平方米）	建筑形态	预计开业时间	主营业态
国大广场	6	单体	2013	购物中心
武林门地铁商业综合体	10	地下商业广场	2013	地下商业
杭汽发地块项目	11	裙房、沿街商铺	2013	商业街

未来发展趋势

该商圈长期以来以百货业态为主，未来将受到购物中心这种“全时段”商业模式的较大挑战，单一商业功能仅能满足消费者购物性需求的商业定位亟须提升。

武林广场的空间发展受限，特别是交通及停车问题，已较显著的开始影响该商圈的聚客能力，特别是一部分高端消费客户开始流失至停车较容易、交通较通畅的钱江新城商圈，比如自温台地区抵达杭州的高端消费者，到达钱江新城的行程更为便捷。

武林广场作为杭州轨道交通的重要换乘枢纽进行规划，未来地铁地下空间与各商业单体的连接合理性及地下商业与地面商业的联动性都关乎整个商圈的活力和增长性。

（2）湖滨商圈

商圈概况

湖滨商圈商业集中在湖滨路及延安南路一带，紧邻西湖，是“一线三圈”市级商业中心的核心区块，是杭城商业仅次于武林商圈比较高档的消费集中地。

区域内整合了名品专卖、休闲餐饮及旅游商业，包括湖滨国际名品街、南山路酒吧一条街在内的湖滨商圈是杭州市规模最大，各类业态较为密集的高档消费集中地。

主要商业项目

解百商场、西湖天地、利星购物广场、工联精品服饰城、杭州龙翔服饰城、明珠商业中心、世纪联华凤起店、嘉里中心等。

代表主力商家与品牌

表 2.8-4

商业项目	品牌
利星名品广场	屈臣氏、ZARA、FBL、COXRFORD、派克、SAVANTI、万宝龙、BATA、CROCS、瑞贝卡、FONDBERYL、思加图、RIZZO、耐克、阿迪达斯等
湖滨国际名品街一期	爱玛仕、乔治·阿玛尼、多喜佳伴娜、范思哲、杰尼亚、史蒂芬劳·尼治、克莱利亚尼、保时捷、CERRUTI 1881、圣伽步、哨宾国宾轩、芭罗莎花园餐厅酒吧、必胜客、法尼亚、DQ 软冰淇淋、星巴克、美伊娜多、思妍丽、Y+瑜伽杭州西湖会所

经营现状

表 2.8-5

整体定位	高档	目标消费群	本地居民、国内外游客
商业类型	购物中心、百货、商业街、超市	租金价格	15～45 元/(天·平方米)
百货扣点范围	6%～20%	出租率	95%以上

商圈消费对象分析

湖滨商圈是杭州距离西湖最近的商圈，由于地理位置的特殊性，造就了湖滨商圈作为杭州城区最具小资情调的消费场所，所针对的消费群体多为游客及年轻时尚人群。由于距离西湖风景区近，商圈初期主要针对的消费群体为外地游客，实现外地游客对于杭州特产、饮食、娱乐和住宿的需求，但是随着时间的推移以及政府的规划，商圈档次得到了较大的提升，作为外来游客必经的商圈，肩负着展示杭州城市形象和商业繁华的责任，因此，引入了世界知名品牌以及能够充分展示杭州商业繁荣的商户，如外婆家餐饮、星巴克咖啡，形成了集国际名品零售、餐饮、休闲、娱乐为一体的特色消费商圈。

经过业态调整后的湖滨商圈，再加上未来即将上市的嘉里中心和银泰湖滨三期项目，湖滨商圈吸引的将是浙江地区最时尚的消费客群及外地游客消费。

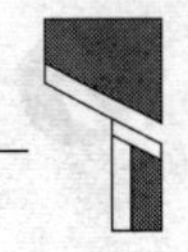

未来新增项目

表 2.8-6

项目名称	建筑面积（万平方米）	建筑形态	预计开业时间	主营业态
嘉里中心	7.6	单体	2013	购物中心
湖滨国际名品街二期	7.5	商业街	2011	零售、餐饮、休闲
湖滨国际名品街三期	1.2	商业街	2012	国际奢侈品零售、高尚休闲
湖滨国际名品街四期	16641	商业街	2013	休闲、精品酒店

未来发展趋势

随着杭州轨道交通的建设，湖滨地段优势将进一步显现，未来的湖滨商圈，将是大型百货、国际国内著名品牌专卖店、专业店集聚的时尚购物区。

湖滨商贸旅游特色街区被定位为杭州最主要的标志性商业街，集聚国际知名品牌、旅游商品、高档休闲餐饮等行业。

平海路将形成以开设中式酒楼、中西快餐店，汇聚中国饮食、法国西餐等为一体的中西风味美食区，延安路则以中高档消费层为服务主体。

以武林商圈相比，这里同样是百货占据主流地位，但这里集中了各种类型的休闲餐饮、旅游购物等，更有利于游客消费。

同样受制于交通及停车问题，湖滨商圈未来仍将以外地游客及时尚人群为主，较难吸引本地居民特别是家庭式消费。

（3）吴山商圈

商圈特征

吴山商圈沿延安南路北至解放路，南至吴山广场，东接清河坊街，西邻南山路。

依托旅游资源及本地中端消费群体，集合以银泰百货西湖店为代表的百货、河坊街、高银巷等特色街区满足其日常购物性消费。

主要商业项目

银泰百货西湖店、耀江广厦、清波商厦、涌金广场、吴山名楼、吴山花鸟城、定安名都、河坊街、高银街、南山路艺术休闲特色街等。

代表主力商家与品牌

泰迪熊概念馆、卡地亚（华东最大形象柜台）、GIVENCHY、POLA、

CD、Artini、Timberland、贝纳通、CK、MNG、MISS SIXTY、Jessica、odbo、古木夕羊、i'o、JOJO、oasis、E. LAND、HUM、MO&Co.、ONLY、VERO MODA、ESPRIT、EITIE、CHABER等。

经营现状

表 2.8-7

整体定位	中、高档	目标消费群	本地居民、外来游客
商业类型	百货、商业街、超市	租金价格	20～25元/(天·平方米)
百货扣点范围	6%～20%	出租率	80%以上

商圈消费对象分析

吴山商圈作为杭城传统的商业中心，由于武林商圈的崛起以及自身的定位问题，从而失去了商业核心位置。商业布局及定位缺乏前期规划，商业物业多为分散销售，产权不统一，较难令后期运营持续有效进行都是吴山商圈近年来逐渐没落的原因。

曾经很受本地居民欢迎的河坊街及高银巷美食街在运河商圈推出胜利河、大兜路美食街后逐渐冷清，曾经最能代表杭州夜生活特色的南山路则因停车及交通问题受到市区的大型娱乐中心的强烈冲击，目前吴山商圈的消费仍然以本地中低端消费及外地游客带动，客源不稳定性较高，受季节气候影响较大。

未来新增项目

表 2.8-8

项目名称	建筑面积（万平方米）	建筑形态	预计开业时间	主营业态
南宋御街	3	商业街	2011	各地特色零售及美食

未来发展趋势

吴山商圈自古以来是杭州传统的商业中心，现在拥有的商业体量也是在杭州众多商圈中首屈一指的，然而现在却是杭州商业空置最高的商圈。

前期定位、规划设计的失误，以及缺乏有效的招商和经营管理措施，是导致商圈内商业无法运营起来的最大原因，目前吴山商圈内商业发展仍然十分缓慢。

尽管如此，吴山因其优越的地理位置，商业发展仍被看好，特别是随着轨道交通的开通，政府主导之南宋御街项目的陆续开业，将极大促进吴山商圈发

展，推动吴山商圈向特色商业消费方向转型。

4. 次主力商圈分析

(1) 城西商圈

商圈概述

城西已经形成较多社区商业中心，其中文一路以物美及翠苑电影大世界为中心，形成文教区的商圈，其附近多为服饰店和餐饮店，这些商业大多定位不高，为中低档消费，以休闲类服饰为主，满足周边学生和社区居民的日常消费需求。

第二个商业中心就是文二西路的西城广场，周边为高档住宅区，拥有较为时尚的高端消费人群，因此该项目定位为城西一站式休闲购物中心，以满足城西时尚人群的休闲购物、餐饮和娱乐消费需求。

第三个商业中心为古墩路印象城，其消费人群辐射至整个城西，包括三墩板块，是目前城西体量最大、业种最丰富的区域商业中心。

经营现状

表 2.8-9

整体定位	中档	目标消费群	周边居民、学生、商务人士
商业类型	超市、底商、购物中心	租金价格	4～15元/(天·平方米)
百货扣点范围	10%～15%	出租率	90%

商圈消费对象分析

城西商圈崛起的最大因素便是新建住宅区对人口的大规模导入。城西的发展历史仅仅只有10年的时间，10年前的城西还是农田，10年后的城西，俨然是杭城精英集中的区域，绿城桂花城、紫桂花园、南都德迦等杭城最早的高端住宅项目均落户于此，随着城西建设规划的版图已经延伸至三墩、西溪，商圈辐射的人口规模超过了50万。在这样的人口基础和住宅密度上，商业的发展是势在必行，也是大势所趋。最为典型的项目为西城广场，它的开业及成功不仅意味着城西有了真正便捷全面的消费场所，更标志着杭州区域商业中心的形成及商业多元化的开始。

由于城西到市中心特别是武林商圈的交通一直较为拥堵，对于生活在城西的居民普遍拥有“城西情结”，即一般日常性、购物性消费都会选择就近解决，而不会长途驱车前往市区或其他区域消费。因此，城西商圈是杭州整个商业市场环境中发展最为迅速、与住宅发展最为配套的区域。

未来新增项目

表 2.8-10

项目名称	建筑面积（万平方米）	建筑形态	预计开业时间	主营业态
城西银泰	16	单体	2014	百货、餐饮、休闲娱乐
印象城	5.3	单体	2009	卖场（沃尔玛）、零售、餐饮
杭州五洲国际购物广场	4	裙房	2012	零售、餐饮、娱乐
杭州西溪深国投商业项目	18	单体	2011	沃尔玛山姆店、餐饮
同人广场	4	裙房	2012	零售、娱乐
西溪天堂	5	商业街	2011	零售、餐饮
三墩新天地	4	裙房	2012	餐饮、零售
浙商财富中心	3	裙房	2013	餐饮、服务性商业

未来发展趋势

城西商圈随着三墩板块的延伸、西溪板块的持续优质发展及天目山沿线的综合整治，未来新增供应量巨大，既有银泰的时尚购物中心，也有沃尔玛山姆店的来势汹汹，多种业态在该区域竞争并存。

城西聚集着杭州除钱江新城外最优质的消费者，文化层次高、消费实力殷实、追求品位，不排斥任何新兴消费理念，是进驻杭州新商业业态较易溶入的优质商圈。

随着城西庞大住宅房地产开发，未来该区域人口导入庞大，在轨道交通3、4号线开通之前，该区域的发展及增长潜力将受到交通瓶颈的一定遏制。

(2) 城北商圈

商圈概述

城北是杭州主城区商业环境最为落后的区域，原因有三点：第一，城北是属于老杭州居民较多的区域，包括人口年龄和住宅历史都较为久远；第二，该区块的居民数量众多，但多为原纺织厂工厂职工，在改革开放初期的企业改制过程中受影响较大，家庭经济条件较杭州主城区差，消费能力不强，进而影响了整个区域的消费水平；第三，该区域内许多核心地块被原国有企业占有，即工业留存较多，也是杭州工业留存体量最大的区域，基础设施条件较差，不利于商业的发展。

随着对老旧工厂的转移，以及工业遗存的重新定位利用，城北区块已经焕发了商业活力。目前拱墅区运河集团充分利用运河资源和文保单位资源，挖掘文化和商业的双重价值，打造杭州“老底子”的商业风情，形成了独具特色的

运河商业文化。

拱墅区政府对于招商引资以及商业改造的力度很强，包括古水街和大兜路特色餐饮街的招商，以及远洋城市综合体、中铁项目的引进开发，运河资源的开发和恢复，充分利用了现代商业思维来合理、有序地开发商业。

经营现状

表 2.8-11

整体定位	中档	目标消费群	本地居民、外地游客
商业类型	商业街	租金价格	3～6元/(天·平方米)
百货扣点范围	—	出租率	60%

商圈消费对象分析

城北商圈目前的商业氛围尚未成熟，除了古水街和大兜路以餐饮为主的业态带动了部分人气外，其余商业项目大多尚在建设中。

目前城北商圈的消费客群仍然以本区域居民为主，辅以近年来强推运河特色所带动的部分游客消费。

未来新增项目

表 2.8-12

项目名称	建筑面积（万平方米）	建筑形态	预计开业时间	主营业态
杭州新天地	47.2	裙房、单体	2015	购物中心、商业街
美达北城天地	4.2	单体、裙房	2012	购物中心
运河上街	8	沿街商铺	2011	商业街
远洋运河商务区	8.1	裙房、单体	2013	购物中心
野风·现代之星	0.7	裙房	2013	沿街商铺

未来发展趋势

城北拥有目前杭州主城区各区中最大体量的土地储备，未来新增商业项目众多，将是继钱江新城之后又一个值得关注的区域。

城北因大量品牌发展的进驻开发，如远洋项目、万通项目、中铁项目，必将带动区域房价的大幅攀升，进而为区域内导入一批更有消费实力的客群，进而带动区域内商业消费。

运河是杭州市政府继西湖、西溪之后又一个着力打造的旅游资源项目，运河游的开发进一步延长了外地游客在杭的停留时间，并将为运河沿线的商业贡献消费值。

(3) 黄龙商圈

商圈概述

黄龙商业圈包括保俶路、杭大路、黄龙路和东西走向的西溪路、曙光路、天目山路，该区域一直是杭州集生态、人文、旅游、会展、运动于一体的重要区域。

区域内相继落成了世贸中心、黄龙世纪广场、嘉华国际等高档写字楼，世贸丽晶、黄龙雅苑等高档住宅，是城市高收入者的聚集地，其消费能力普遍较高，包括浙江大学范围内众多外教、品牌企业及工作人员，构成了黄龙商圈内独有的高质素实力消费客群；目前黄龙区块已确立为杭州城区的高尚商务圈。

商圈范围内的曙光路则以茶楼、酒吧等休闲娱乐业种为主，是杭州高端商务类消费及本地居民娱乐消费的传统集聚地。

经营现状

表 2.8-13

整体定位	中档	目标消费群	周边居民、商务人士
商业类型	沿街店铺、底商	租金价格	5.3～7.3 元/(天·平方米)
百货扣点范围		出租率	95%

商圈消费对象分析

黄龙商圈是杭州首个 CBD 商圈，得益于周边数量众多的杭州首批高档写字楼和高档住宅。整个商圈的消费以商务消费为主，入驻的业态业种、消费价格及商品组合多以满足高端商务人士需求为主。因此，该区域积聚了杭州最具规模的商务消费场所，如大型商务餐饮、咖啡西餐、娱乐会所、精品酒店等。

未来新增项目

黄龙商圈已趋于成熟，周边暂无在建项目和可开发地块。

(4) 城站商圈

商圈概述

城站是杭州最重要的交通枢纽中心之一，平均日客流量达 3～4 万人，目前已建成物业有铁道大厦、利群大厦、红楼大酒店等。总面积近 30 万平方米，集中了外贸公司、金融财团、旅游集散中心等机构，交通便利，可达性强。

城站商圈并没有主力商业，而是形成以中高档商务写字楼为主体，餐饮、休闲娱乐为辅的商业格局。

城站现代化改造并没有繁荣该商圈，反而使周边的商业物业一直处于不温不火的状态，与国内其他城市火车站的商业相比有很大的差距。

经营现状

表 2.8-14

整体定位	中档、低档	目标消费群	周边居民、旅游流动人口
商业类型	超市、底商	租金价格	6～8 元/(天·平方米)
百货扣点范围		出租率	85%

商圈消费对象分析

城站商圈的客群因多为交通而来，停留时间短暂，且有极大的不稳定性和消费速捷性。

城站商圈的既有业态以楼宇裙房为主，商业个体之间的联系不紧密，互动性不强。

区域内的消费人群多为游客、流动人口或周边办公人群，但因这个区域内的写字楼档次不高，因此办公人群的消费力不及黄龙商圈。

未来新增项目

表 2.8-15

项目名称	建筑面积 (万平方米)	建筑形态	预计 开业时间	主营业态
西湖国贸大厦	6	裙房、单体	2015	特色卖场、零售

未来发展趋势

城站商圈在未来 5～10 年与杭州其他各大新兴商圈的竞争中将持续处于劣势。

优质新增商业的供应缺乏，铁路交通所带来的商业低端性都是制约该区域商圈升级发展的致命因素。

杭州新东站的扩建、南站的迁徙，未来将在一定程度上影响通过城战抵达中转的高端消费者，进一步削弱城站商圈的核心竞争力。

(5) 城东商圈

商圈概述

城东商圈处于正在开发的阶段，无论是城东区块、九堡区块还是下沙区块都在“城市东扩、沿江发展”的大背景下，大力发展商业，完善城区配套。由于拥有足够的土地储备和居住人口数量，发展潜力巨大。

目前城东缺乏大型商业项目，主要的业态以超市卖场为主，表明日常性消费仍是周边客群的主要消费需求。

目前城东主要的商业项目是天成路的衣之家、麦德龙，金海华购物中心和新美商城，这些商业项目都成为了区域中心，与商业匮乏不无关系。

经营现状

表 2.8-16

整体定位	中档、低档	目标消费群	区域内居住、办公人群
商业类型	底商、超市卖场	租金报价	2.7～5元/(天·平方米)
百货扣点范围		出租率	60%

商圈消费对象分析

城东商圈范围较大，所包含的群体和消费对象也较为复杂，在层次和消费能力上都有较大的差异，各商业项目针对的客群也不一致，但多以区域型的商业为主。整个商圈可划分为东站区域、九堡区域和下沙区域。

该区域商圈的消费对象主要以区域内居住、办公的生活人群为主，因为没有景观资源，多为城中村，外来消费者有限。

区域内消费与城西商圈有类似情况，即日常性消费多在本区域内解决，较少前往市区及其他区域，但整体消费档次较城西低，这与区域内消费人群文化素质不高、流动性人口多有关系。

未来新增项目

表 2.8-17

项目名称	建筑面积 (万平方米)	建筑形态	预计 开业时间	主营业态
下菩萨地块项目	5.3	裙房	2013	卖场、零售
世茂 COSMO	10	单体	2013	百货、影院
保利商业项目	约 10	单体	2013	百货、零售
龙湖天街	20	单体	2013	卖场、百货、影院
和达城	5.34	裙房	2012	零售、餐饮
IBC	1.5	裙房	2012	零售
东东城	2	单体	2012	餐饮、娱乐
地铁九堡站上盖物业综合体	2	地下广场	2013	餐饮、零售
金茂 MALL	50	单体	2012	家居、餐饮、零售
元成大厦	4	裙房	2012	物美卖场
万亚金沙湖 1 号	3.2	裙房	2012	零售

未来发展趋势

伴随着“城市向东、沿江发展”的大杭州规划逐步实现，大城东商圈将是

未来杭州最值得关注的商圈。

城东商圈涵盖了堪比上海虹桥枢纽的东站综合体，江东新城、空港新城、临江新城等沿江发展高达400平方公里的新城规划，未来新增各类商业体规模巨大；加之钱江新城的日渐成熟、钱江新世纪城的渐趋规模，钱江两岸楼宇林立，轨道交通纵横交错，各类商业发展潜力巨大。

城东是杭州轨道交通一、二号线的主力覆盖区域，因轨道交通导入的人流、消费将令该区域在2012年地铁开通后迅速升温。

目前进驻的异地品牌开发商基本集中在城东开发，万科、保利、龙湖、碧桂园、宝龙、世茂等所带来的先进城市开发理念也将进一步促进该区域的商业升级。

（6）滨江商圈

商圈概述

滨江区是杭州重点打造的高新技术产业园区，同时拥有大量的沿江景观带，区域内众多企业的白领阶层及新建住宅的住户，形成了目前滨江商业的基础。由于入住人口较少，同时缺少本地的原住人群，造成了商业氛围不浓的现实情况。

商业分散，零星布置，主要满足各楼宇配套需求。主要商业项目是星光大道项目。

经营现状

表2.8-18

整体定位	中高档	目标消费群	区域内居民、办公人群、学生
商业类型	底商，购物中心	租金报价	2.1～4.9元/(天·平方米)
百货扣点范围		出租率	70%

商圈消费对象分析

滨江商圈与下沙的情况相类似，高新区的前期定位导致了人流量的稀少，而人流量是商业成功的关键，因此滨江的商业发展仍需较长培育期。

该区域内的消费多以企业商务人群的商务消费和新建住宅新入住人群的日常性消费为主。

滨江区在杭州这一轮的房地产开发热潮中有极大体量的住宅供应，远超过了区域能够吸引的实际入住能力，且许多项目为投资性项目，在交付后不能带来有效的入住人流，导致区域内常住人口不足，难以支撑大体量商业及高品质商业的招商运营。

未来新增项目

表 2.8-19

项目名称	建筑面积(万平方米)	建筑形态	预计开业时间	主营业态
地铁滨康站综合体	4	裙房	2014	商业街
SM 城市广场	20	单体	2014	购物中心
宜家	8	单体	2014	零售、家居卖场
建设恒兴·第一国际广场	4	裙房	2015	零售
元光得大厦	2	裙房	2012	百货
中南天眼通	10	单体	2011	购物中心

未来发展趋势

滨江区依托高新区高级人才及产业的导入战略，备考萧山的强势经济发展，同样在商业方面有较大发展空间。

滨江的商业发展取决于滨江住宅的入住率，众所周知，滨江房地产市场的前期开发引入了相当规模的投资资产，直接导致今天的入住率低，人气淡薄，进而延迟了区域内商业的成熟度。

政府主导引进的优质商业项目迟迟不得落位，如宜家项目，影响了消费者对滨江的消费欲望，也进一步延缓了滨江住宅的入住进程。

交通问题是滨江商业发展的致命问题，即如何将江北的人流吸引过去，否则滨江的商业只能是区域性的，很难有对杭州城区的覆盖能力，这对滨江优质商业的引进造成了一定困难。

预计万达、中粮的项目落户滨江将正式启动滨江商业的高速发展期。

(7) 钱江新城商圈

商圈概述

未来杭州在钱江新城区域已开发和待开发的项目，包括购物中心、商业街、裙房底商等，以 24 万平方米的华润万象城、8 万平方米的凯德来福士、8 万平方米的波浪文化城、10 万平方米的高德广场为主，预计在未来五年内区域新增供应将超过 50 万平方米。

该商圈未来将成为杭州城区除武林商圈外，总规模最大、档次最高的市级商圈。随着城市新中心及 CBD 的崛起，轨道交通、过江隧道的开通，新城对岸钱江新世纪城的开发建设，区域内的商业将在激烈的竞争中蓬勃发展。

经营现状

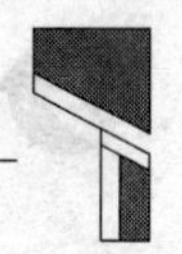

表 2.8-20

整体定位	中、高档	目标消费群	浙江高端客群、周边居住办公人群
商业类型	购物中心、底商配套	租金报价	2.9～5 元/(天・平方米)
百货扣点范围	15%	出租率	60%

商圈消费对象的分析

随着钱江新城建设的逐步落实及轨道交通的开通，区域内的办公物业、高档住宅将迎来一波入驻高峰，进而带动商圈内的商业消费。

钱江新城作为代表大杭州时代的标志性项目，未来将会吸引大批强势企业落户，大批高端零售品牌进驻，并进而形成城市级别的高端消费区域；新城目前业已落户至少七家超五星级酒店，钱江新城的吸引力可见一斑。

未来新增项目

表 2.8-21

项目名称	建筑面积（万平方米）	建筑形态	预计开业时间	主营业态
凯德莱福士	8	购物中心	2011	包括办公楼、商场、五星级酒店以及服务公寓在内的综合性项目
高德商业广场	8	购物中心	2012	以超 7 星酒店为项目主体,零售、餐饮和娱乐
中豪五福天地	7	购物中心	2012	天虹百货
中豪望江国际广场	2	裙房	2012	零售、百货
鑫亚・国际时代广场	3	裙房、地下广场	2012	餐饮、零售
百大庆春地块	8	单体	2014	百货

未来发展趋势

钱江新城是继武林广场后又一个轨道交通密集交汇的区域，未来导入人口规模巨大；同时，区域内密集高级写字楼、高档公寓、高星级酒店，大量高端消费者在此汇集，未来商业发展潜力巨大，且在高档消费领域有超越武林商圈的潜力。

钱江新城整个区域的前期规划合理，地下空间普遍连通，交通便捷、可达性强，停车位充足，这是市区内各个商圈都无法企及的独家优势，未来将会吸引大批消费，特别是因市区交通问题而外流的高端消费和家庭消费。

2010 年区域内首个集中式商业万象城正式开业，并在不到一年时间内获得巨大成功及浙江区域消费者的认可，他向整个浙江消费者展示了一种全新的业态，以迅捷之势引领了杭州消费的新时尚，这为钱江新城的整体商业发展奠定了绝佳的基础，不仅杭州地区，甚至浙江地区都对钱江新城其他在建商业及成熟后的新城商业充满期待。

2.8.3 商业物业市场分析

1. 商业物业供应分析

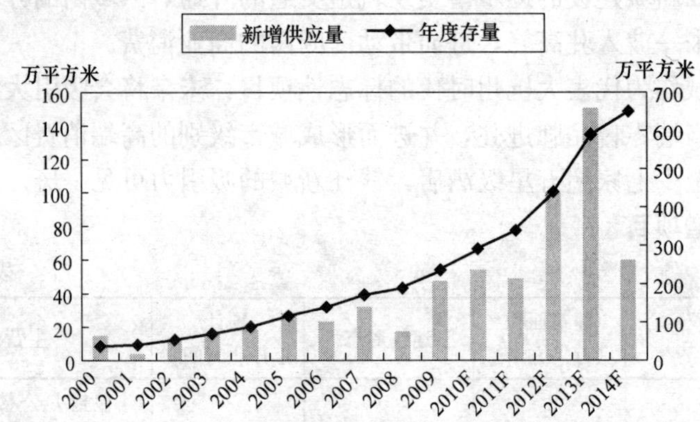

图 2.8-13 杭州年度商业物业体量变动趋势分析（2000～2014 年）

数据来源：第一太平戴维斯 数据分析：第一太平戴维斯

注：

1. 以上建筑面积数据均已全部扣除专业市场数据；
2. 2011～2014 年数据是根据现有项目信息进行预测的数据。

从图 2.8-13 可以看出，自 2002 年起杭州市区商业物业供应保持平稳快速上涨的趋势，其中 2005 年和 2007 年杭州商业物业的市场新增供应量分别达到 28 万平方米和 32 万平方米，相对供应量最高（非专业/批发市场）。

受 2008 年金融海啸的影响，2008 年新增商业体量仅为 17.1 万平方米，许多原本定于 2008 年开业的新项目不得不将开业时间推迟到 2009 年之后，使得 2009 年到 2011 年新增商业供应呈现较为集中的现象，新增供应将分别达到 47.4 万和 34.3 万平方米。

截至 2010 年年底，已开业的 1 万平方米以上的各类型商业总建筑面积约为 290 万平方米，商业类型主要包括有百货公司、购物中心、商业街和底商等。同南京等其他长三角区域的二线城市相比，杭州市区商业的总供应量，尤其是核心商业区的供应，还是相对比较少的。

2000～2008 年杭州市市区商业面积基本按照年均 25%的速度增长，其中

2005年和2008年新增供应较为集中，因此该年年增幅表现较为明显。

预计至2014年将会形成下一个杭州市市区商业面积高速增长的时期，由于钱江新城的交付，以及城市的东拓，拥有了更多的土地资源以及人口基数作为商业发展的保证。预计年度供应量都超过50万平方米。

杭州的商业市场也逐步地由单一业态向多元业态迅速发展，未来杭州市在开发和待开发的项目将是组成商业物业市场的主力。

一方面，由于受到政府宏观调控的影响，住宅市场出现了徘徊情绪，直接反映在商用市场上的强劲增长，另一方面全国知名的开发商纷纷入驻杭州，带动了商业市场的开发，预计到2014年年底，市场存量将会超过650万平方米。

2. 商业物业分布及状况分析

杭州市区商业市场的发展经历了业态逐步升级的过程，从整体上看，主要是经历了从百货商场到大型购物中心的发展过程。

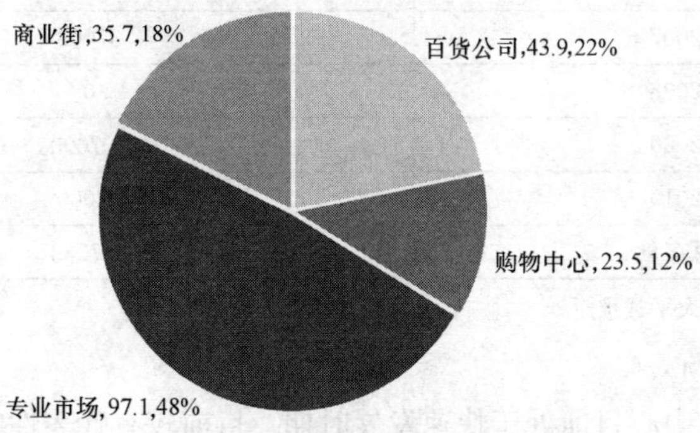

图2.8-14　杭州商业业态构成分析（万平方米）
数据来源：第一太平戴维斯　数据分析：第一太平戴维斯

从杭州商业业态的构成比例来看，专业市场类型商业占杭州商业供应体量的最大比例，为48%，其次为百货公司和商业街，而购物中心作为区域商业市场加快发展的新兴产物，其供应比例相对较小。

（1）百货公司

杭州的百货类业态起源较早，最早的一家百货商场——解放路百货商店，其开业时间可上溯至1918年。1989年，杭州百货大楼和杭州大厦相继开业，标志着杭州的百货进入较快的发展时期，1998年后，银泰百货、解百新世纪商厦等陆续开业。

百货公司主要经营的商品类型包括服装、鞋、儿童用品、餐饮、化妆品、电子和通信产品、装饰品、家电和图书等，品牌包括国际和国内品牌。目标客群主要是中等和中高收入的本地居民，也包括本省其他城市的购物者和小部分的游客。

从分布区域上看，杭州大型百货主要分布在湖滨和武林 2 个商业区域内。

杭州百货历年供应情况　　表 2.8-22

年　份	建筑面积(平方米)
2000 年以前	243400
2001	0
2002	0
2003	0
2004	48833
2005	84500
2006	25000
2007	37000
2008	0
2009	207000
2010	22000
总存量	667733

数据来源：第一太平戴维斯

(2) 购物中心

杭州的购物中心目前处于快速发展时期。目前较有代表性的购物中心是位于钱江新城的万象城，总建筑面积达 24 万平方米，已于 2010 年 5 月正式开业，项目只租不售；在此之前，杭州没有真正意义上的城市级别购物中心。

百货公司和购物中心最主要的区别是内部布局，消费者付款方式，租客付租方式以及商场管理方式等。百货公司的商品摆放主要是开放式柜台，消费者付款方式为中央收款；但在购物中心中，商业面积被分割成独立单位，消费者在各个店铺中分别付款。根据中国以及国际商业市场的发展规律，购物中心这种商业模式将越来越被消费者和零售商所喜爱和接受。

杭州购物中心历年供应情况　　表 2.8-23

年　份	建筑面积(平方米)
2004	41000
2005	0
2006	50000

续表

年　份	建筑面积(平方米)
2007	0
2008	144000
2009	213000
2010	230000
总存量	678000

数据来源：第一太平戴维斯

（3）专业市场

从商铺数量和面积上看，专业市场是目前杭州市的主要商业类型之一，杭州市现有专业市场主要以生活用品超市、服装市场、家居建材超市和家具广场为主，目前已经形成的大型专业市场供应面积超过100万平方米。

目前，杭州已经形成规模、具有一定档次的大型专业市场主要分布在江干区，其次为拱墅区和西湖区。其中，服装和家居家具类专业市场主要集中在江干区，电子类专业市场主要集中在西湖区。

杭州各类专业市场历年供应情况　　**表2.8-24**

年　份	新增供应量(平方米)
2002	80000
2003	27000
2004	150000
2005	226000
2006	34000
2007	138000
2008	100000
2009	150000
2010	210000
总存量	1431000

数据来源：第一太平戴维斯

通过这些专业市场的供应时间来看，2004年以后专业市场的供给量均保持在一个较高的水准尤其是2004～2005年和2009～2010年这两个时间段。

其中2005年杭州专业市场供量最高，其次为2010年；这与杭州东扩进程中将占据城区中心位置但经营形象不好的专业市场整体搬迁至近郊地块，并扩建的城市规划有密切联系。

随着市场日趋细分以及目前这种出售租赁模式的盛行，预计近年供给量会有较大提升。

(4) 商业街

杭州市的多数商业街从 2000 年后开始营业，截至 2010 年底，杭州市商业街的供应量超过 54 万平方米。杭州市的商业街主要集中在上城区，以南北向湖滨路和延安路为轴，有多条东西向的商业街分布，其中有代表性的为湖滨路国际精品街和南山路文化艺术休闲特色街。这些商业街大多经营业态较为丰富，其中主要的业态为餐饮和休闲娱乐。

杭州商业街的发展主要得益于多年来杭州旅游业带来的强劲的需求和很高的商品零售额。并且，政府将西湖地区规划为服务于游客和当地富裕阶层的休闲娱乐区。

杭州规模超过 1 万平方米的商业街历年供应情况详见表 2.8-25。

杭州市商业街历年供应情况 **表 2.8-25**

年份(年)	建筑面积(平方米)
2000 以前	139500
2002	81890
2003	58000
2004	0
2005	18000
2006	20000
2007	13000
2008	27000
2009	8000
2010	100000
总存量	537390

数据来源：第一太平戴维斯

2002 年～2005 年的供应量大幅增加，其中 2002 年是因为 30000 平方米的武林女人服装街开业，2003 年是 58000 平方米的西湖天地开业。2002～2003 年的放量增长源于中国加入 WTO 后承诺对零售业对外开放。

2010 年的供给量有较大提升，主要原因为一方面国家对住宅项目的控制，使得商业地产迎来了春天，另一方面，原有的商业配套的改善，以及老工业区内商业的增加和补充都对供给量的上升提供了基础。

2.8.4　城市发展规划和未来供应分析（2011～2014年）

1. 本地的城市发展总体规划

根据市政府关于杭州城区的发展规划计划，政府预计投资1500亿元人民币用于杭州城区东拓的发展，投资力度之大，充分表明了政府对于城东区域发展的决心。

由于杭州主城区面积偏小，又被西湖以及景区占去了一定比重的土地，在这样的基础上，向外扩展是必要的发展途径。城西作为城市发展的第一步，已经取得了令人满意的成绩，高尚住区已经形成，土地供应量也出现了严重下滑。随着钱江新城的逐步开发和交付，杭州将会真正地走出"西湖时代"，引来面向国际的"钱塘江时代"，钱塘江将会作为将来城市发展的核心区域，主要发展办公以及商业，着力打造与武林商圈并驾齐驱的商业核心，万象城的正式营业，充分证明了政府的执行力。

可以预见，钱江新城的成功开发是整个"东拓"过程的起点，包括九堡、下沙、滨江等沿钱塘江区域，都会引来极大的发展。目前九堡和下沙区域已经拥有了大批交付或在建住宅，楼盘价格也不逊于市区项目，表明了对于规划预期的可期待性，尤其是下沙区域，作为外来知名房企入驻最多的区块，将会开始新一波的造城运动。

2. 本地商业网点发展规划

杭州市区的商业相较于同为长三角地区的南京、上海甚至是宁波，都存在总供应量偏少的问题，这个问题的产生由几方面因素造成：第一，杭州城区面积较小，且主城区开发较早，整体商业均是以底商作为经营载体，直接影响了商业的发展以及人均商业的占有量；第二，主城区土地成本过高，很难维系商业运营，在前期土地成本方面投资过多；第三，消费的习惯性严重，较难被更改，也直接导致了其他区域商业的发展困难。

随着城西区域的日渐成熟以及西城广场的开业，才真正打开了杭城商业的发展，从中可以发现，政府对于商业的指导性。杭州市政府对区域规划的实施力度是毋庸置疑的，因此，在政府重点打造和发展的区域，都会有商业兴旺发展，如目前钱江新城的万象城。

主城区的武林商圈始终是杭城唯一的核心商圈，亦是不可替代的，只能在更新换代中逐步发展，如国大正在建设的国大广场。为了满足日益扩大的城区范围和日常性消费，将会着力发展社区型商业和区域型商业，在能级上无法与武林商圈相比，但是在社会功能上却能够弥补武林商圈所不能的日常性消费的需求。

3. 本地商业网点布局规划

目前重点发展的主城区有钱江新城板块、拱墅区和西湖区，主城区外的有九堡板块、下沙板块以及滨江区。除了钱江新城板块具有商务办公的功能，将会形成市级的商圈外，其余重点发展的板块始终以区域内居住群体为首要服务对象，消费结构和能力的差异直接导致了项目体量、品牌引入和商业布局的目的性强，细分客群。每个区域都有区域的商业核心，完全满足日常性消费和基本满足品质消费，缺少特色化消费。如城西的印象城、城北的美达北城天地、城东的衣之家百货等。

2.8.5 城市重点商业地产项目分析

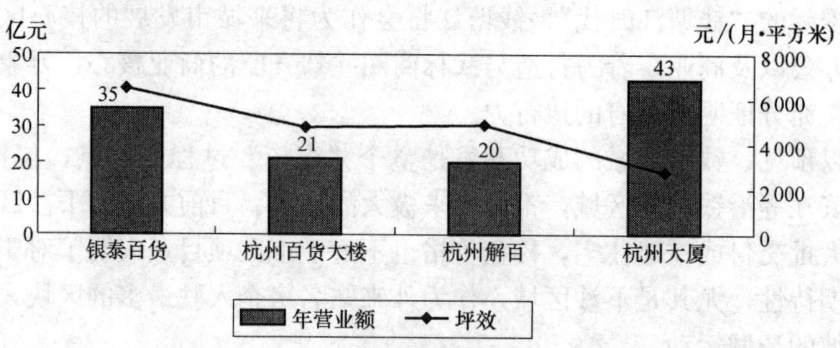

图 2.8-15　2009 年杭州百货店坪效分析

数据分析：第一太平戴维斯

杭州百货商业物业坪效分析　表 2.8-26

百货名称	档次	2009 年营业额(亿元)	坪效[元/(月·平方米)]
银泰百货	中高档	35	6500
杭州百货大楼	中档	21	4772
杭州解百	中档偏低	20	4878
杭州大厦	高档	43	2756

现有百货商业物业类型中平均购物业态占比重达到了 93%，引入餐饮、休闲娱乐的综合性购物中心在主力商圈内明显匮乏。

杭州大厦的坪效在 2009 年有了较大跌幅，这是因为其在 2009 年完成了 C、D 座的扩建，总体量达到 13 万平方米，虽然总营业额仍然位居全国之首，但坪效却不高，一方面，说明杭州大厦的调整尚未完成，新扩建部分对营业额的贡献值不高；另一方面也说明杭州新兴商业物业及新兴业态的上市对传统百货业的冲击不容小觑。

目前较为成功的百货在经营档次上基本呈现差异化竞争的局面；中高档的百货在单位经营效益上最佳。武林商圈内的三家百货营业额均达到20亿元以上，其经营水平在全国百货排名中挺进前十名。

杭州百货的坪效虽然较全国平均水准为高，但并不占据绝对优势，全国营业额最高的百货并未创造最高的坪效，距离坪效最佳的百货南京金鹰百货8000元/(平方米·月）的水准尚有差距，这是因为杭州的零售消费过于依赖百货，整个商业功能呈现单一性，未来消费增长持续性不强。

2.8.6 本地商业市场和商业地产市场展望（3~5年）

1. 杭州市区商业市场未来发展预测

目前杭州商业市场的发展已呈现以延安路贯穿的武林、湖滨、吴山三大商圈为主，城西、城东、沿江各区域商业中心为辅的“多中心”格局。

三大核心商圈未来成规模的商业供应主要包括嘉里中心、湖滨名品街以及国大广场和武林门地铁商业综合体等；其他各区域新增商业供应情况汇总如表2.8-27所示。

通过对几个项目的考察，未来推出商业项目中，有将近80%以上为购物中心业态。餐饮、休闲娱乐类比重明显加大，总体定位以中高档为主。三大商圈将以消费类型多样化，档次进一步提高等特点巩固其市级商业中心的地位。

2. 杭州市区未来项目分布及特点

目前杭州商业市场的发展主要以延安路贯穿的武林、湖滨、吴山三大商圈为主；新的核心商圈如钱江新城已经逐步形成和完善，其余商圈的区域型商业发展蓬勃。

未来供应项目大部分分布在轨道交通站点附近及拱墅区、江干区等土地储备丰富的区域，以购物中心业态为主。根据现有项目信息进行评估预测，到2014年杭州主城区未来商业总量将达到650万平方米。未来供应商业也基本以综合型商业为主，业态丰富，较现有商业在保证购物性消费的同时大幅提升了休闲娱乐类消费的配比，因此会在适当降低零售业态比例的同时，增加餐饮、娱乐以及休闲业态，强调体验型的消费。未来商业供应领域，值得关注的区域分别是钱江新城、拱墅区运河板块、城东沿江板块、城北新天地板块、城西三墩板块。

钱江新城作为杭州未来的CBD，在大量推出办公用地的同时，商业供应也占到了相当大的比例，同时，入驻的商业项目均为顶级的商业开发商打造，将是未来杭州高端商业的代表集中地。

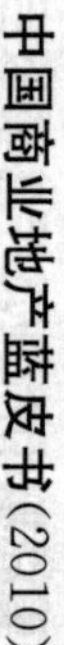

杭州市区未来商业供应 　　表 2.8-27

序号	项目名称	区域	建筑面积（万平方米）	建筑形态	预计开业时间	主营业态
1	高德商业广场	钱江新城	8	购物中心	2012	以超7星酒店为项目主体，零售、餐饮和娱乐
2	中豪五福天地	江干区	7	购物中心	2012	天虹百货
3	中豪望江国际广场	钱江新城	2	裙房	2012	零售、百货
4	鑫亚·国际时代广场	钱江新城	3	裙房、地下广场	2012	餐饮、零售
5	百大庆春地块	庆春	8	裙房	2014	百货
6	地铁滨康站综合体	滨江区	4	裙房	2014	零售、餐饮
7	SM 城市广场	滨江区	20	单体	2014	购物中心
8	宜家	滨江区	8	单体	2014	零售、家居卖场
9	建设恒兴·第一国际广场	滨江区	4	裙房	2015	零售
10	元光得大厦	滨江区	2	裙房	2012	百货
11	下菩萨地块项目	下城区	5.3	裙房	2013	卖场、零售
12	世茂 COSMO	下沙	10	单体	2013	百货、影院
13	保利商业项目	下沙	约10	单体、裙房	2013	百货、餐饮
14	龙湖天街	下沙	20	单体	2013	卖场、百货、影院
15	和达城	下沙	5.34	裙房	2012	零售、餐饮
16	IBC	下沙	1.5	地下广场	2012	零售
17	东东城	下沙	2	裙房	2012	餐饮、娱乐
18	地铁九堡站上盖物业综合体	九堡	2	地下广场	2013	餐饮、零售
19	金茂 MALL	下沙	50	单体	2012	家居、餐饮、零售
20	元成大厦	下沙	4	裙房	2012	物美卖场

续表

序号	项目名称	区域	建筑面积（万平方米）	建筑形态	预计开业时间	主营业态
21	万亚金沙湖1号	下沙	3.2	裙房	2012	百货
22	美达北城天地	拱墅区	4.2	单体、裙房	2012	世纪联华、金逸影院、唛唧KTV
23	杭州万通中心	拱墅区	7	裙房	2013	
24	杭汽发地块项目	拱墅区	11	裙房、沿街商铺	2013	零售、餐饮
25	远洋运河商务区	拱墅区	8.1	裙房、单体	2013	购物中心
26	野风·现代之星	拱墅区	0.7	裙房	2013	零售
27	城西银泰	拱墅区	16	单体、裙房	2014	购物中心
28	杭州五洲国际购物广场	西湖区	4	裙房	2012	购物中心、餐饮、娱乐
29	同人广场	西湖区	4	裙房	2012	零售、娱乐
30	西溪天堂	西溪	5	单体	2011	零售、餐饮
31	三墩新天地	西湖区	4	裙房	2012	餐饮、零售
32	浙商财富中心	西湖区	3	裙房	2013	餐饮、服务
33	国大广场	下城区	6	单体、裙房	2013	世纪联华、金逸影院、唛唧KTV
34	杭州新天地	下城区	47.2	裙房	2013	
35	武林门地铁商业综合体	下城区	10	裙房、沿街商铺	2013	零售、餐饮
36	嘉里中心	下城区	7.6	沿街商铺	2011	餐饮
	湖滨国际名品街二期	上城区	7.5	裙房、单体	2013	购物中心
	湖滨国际名品街三期	上城区	1.2	裙房	2013	零售
39	湖滨国际名品街四期	上城区	1.66	单体	2013	休闲，酒店
40	中南天眼通	滨江区	10	单体	2011	集休闲、教育、亲子、运动于一体
41	凯德莱福士	江干区	8	购物中心	2013	包括办公楼、商场、五星级酒店以及服务公寓在内的综合性项目

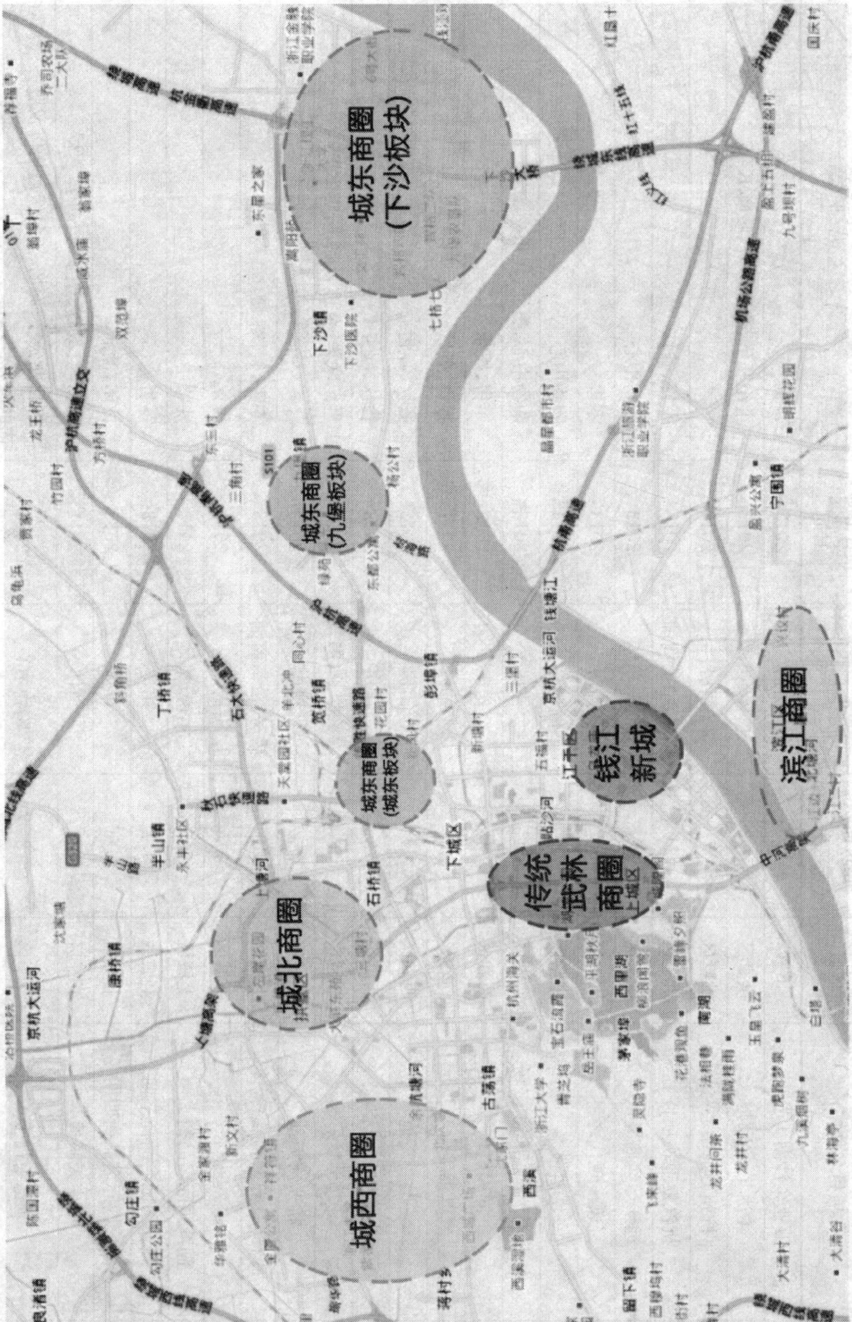

图 2.8-16 杭州市区未来项目分布及特点图

拱墅区大打“运河牌”，以运河景观资源、旅游资源为依托，全面整合区域内大量工业遗存，带动区域商业全面升级，将是未来杭州特色商业的代表集中地。

城东区域依托轨道交通枢纽中心及产业转移带来的商务人口大迁移，大规模开发各类商业项目，不仅局限于购物中心、超市、百货，更有专业市场、特色卖场，将是未来杭州最本土、业态最齐全的商业集中地。

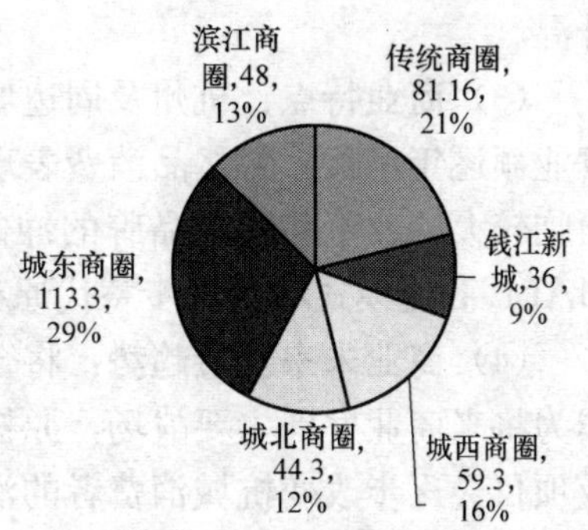

图 2.8-17 2010～2014 年杭州市区新增供应项目商圈分布

数据分析：第一太平戴维斯

城西区域依托西溪景观资源打造生态旅游商业项目，依托蒋村、三墩延伸板块继续大规模人口导入，未来将是杭州区域人口最稠密、消费者质素最高的消费集中地。

3. 杭州商业市场分析小结

（1）**主要商圈**：市区主要消费区域仍以延安路贯穿的武林、湖滨、吴山三大商圈为主。商圈的形成需要一定的时间积累，一个新的商业中心无法在短时间内取代其地位。

（2）**重点商业项目**：杭州目前重点商业项目大部分集中在三大商圈内，现有商圈内百货、商业街、大型卖场以及专业市场整体经营情况非常乐观，出租率平均达到 90%，成熟商圈内具有一定规模的商业仍有较大的市场发展潜力。而在新兴的钱江新城商圈，万象城的崛起已经是不容忽视，但是区域的发展成熟度不够，需要一定时间的培养。

（3）**未来商业供应**：主城区内商业供应紧张，未来商业供应主要集中在周边次商业圈内，城东区块、滨江区块、钱江新城、城西和城北区块都是未来商业供应的主要区域，城市多元化发展格局已逐步形成。会形成“双核心多区域中心”的商业格局。

4. 市场小结

（1）**消费品市场**：杭州整体消费环境发展态势非常乐观，依托活跃的民营经济发展，继续藏富于民的发展战略，杭州市场的消费力已受到国际零售品牌的高度关注，未来奢侈品消费、日常购物性消费以外的休闲娱乐类、文化生活类消费增长迅速。

（2）**轨道交通发展规划**：沪杭高铁的开通和杭州地铁的建设给杭州商业发展带来新的发展和机遇；尤其是地铁上盖物业和地铁沿线物业的开发迅速

升温。

(3) **商业特点**：杭州及周边城市的消费需求旺盛，现有高档百货行业的年营业额逐年增长，奢侈品消费表现突出；而现有商业市场的传统经营方式必将面临较大的改革和国际品牌的冲击，随着万象城的开启，新兴的SHOPPING MALL商业模式将会逐步替代原有的以百货为主的商业格局。

(4) **商业未来发展趋势**：将会跟着政府的城市规划进行开发，以城东区域作为将来商业发展主要战场，原核心商圈在稳固的同时，新兴的商业模式和商业项目会逐步改变杭城消费者的消费习惯和理念，大体量，多业态，以留住客群为主要目的的商业项目将会作为商业主力。

(5) **商业消费模式**：购物中心的消费模式已经慢慢渗透到杭州消费者生活之中，购物之外的消费方式逐渐被引导和形成。

(6) **丰富旅游资源带动城市消费**：杭州在西湖之后成功开发西溪、运河等旅游资源，丰富了杭州的旅游产品内容，延长了外来游客的在杭停留时间，进而提升了杭州商业的消费空间。

(7) **境内外著名商业地产商进驻带来全新商业理念**：华润、新鸿基、嘉里、中粮、万达、龙湖等一大批国内外著名商业地产开发运营商的进驻，为杭州带来优质商业项目的同时，也为杭州商业市场的发展注入了新的活力和国际影响力。

2.9 银川市商业地产市场报告

2.9.1 2007～2010年银川市经济发展状况

1. 社会国民生产总值

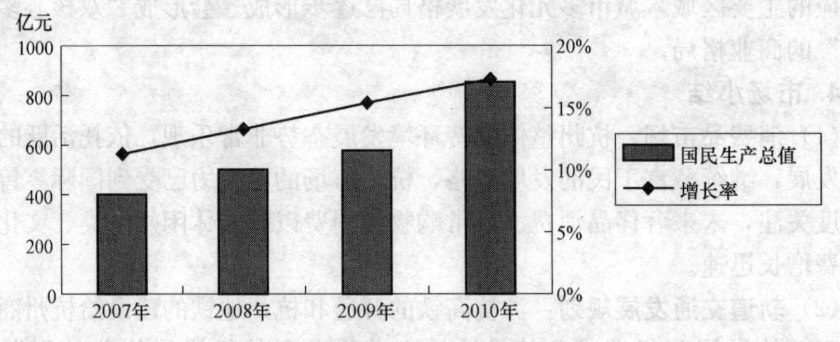

图2.9-1 银川社会国民生产总值

2. 社会零售业总额及年增长率

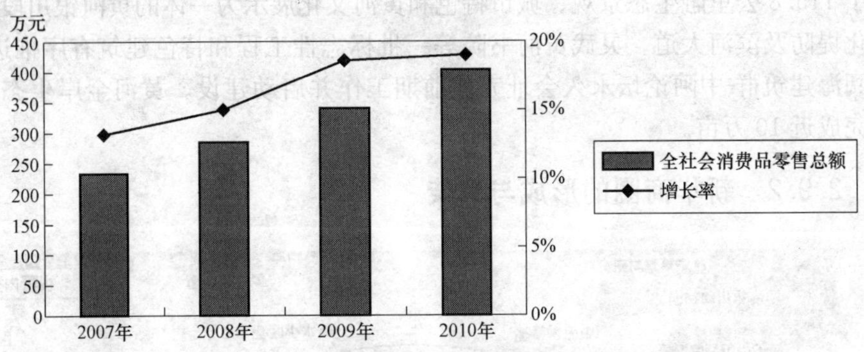

图 2.9-2　全社会零售业销售总额

3. 人均收入增长情况及人均可支配收入增长情况

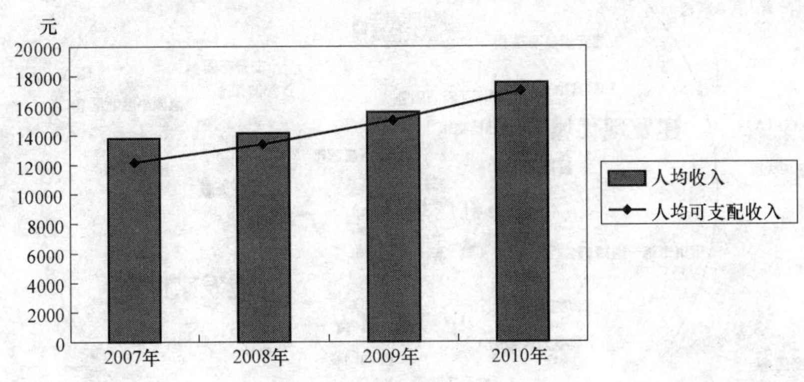

图 2.9-3　银川人均收入及可支配收入（元）

4. 固定资产投资和房地产投资

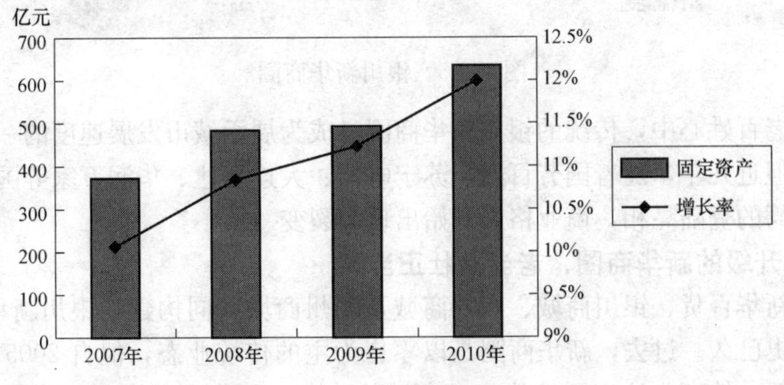

图 2.9-4　银川固定资产投资及增长率

集中力量打造黄河金岸。按照“六个一体化”和“一堤六线”的要求，建成了115.8公里融生态景观、城市特色和黄河文化展示为一体的黄河银川段标准化堤防及滨河大道。灵武黄河书院等一批标志性工程和特色建筑有序推进。环阅海建筑群-中阿论坛永久会址完成前期工作并启动建设。黄河金岸生态绿化完成近10万亩。

2.9.2 新华商圈的形成与繁荣

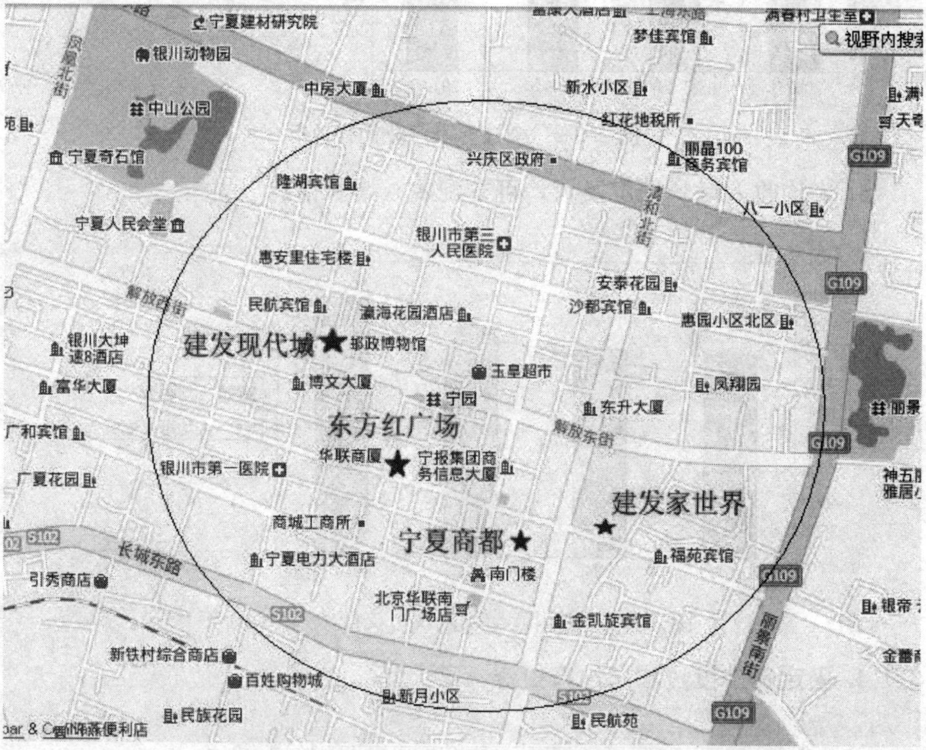

图2.9-5 银川新华商圈

在老百姓心中，传统的银川新华商圈已成为展示城市发展速度的一个重要窗口。但近几年，随着国芳百盛、苏宁电器、大连万达、华润万家等国内知名商业大鳄的登陆亮相，商业格局开始出现大裂变。

1. 升级的新华商圈，老当益壮正当时

由新华百货、银川商城、东方商城及温州商城共同构建的银川新华商圈，形成历史已久。过去，新华商圈是以零售为主的传统业态，但自2005年以来迎来了新一轮商业地产开发热。老商城的改造，新华百货东方红商场强势推

出，以及之后国芳百盛、苏宁电器的进驻，加上已经开业的建发·现代城，让这条街的商业地产重新焕发生机。经过漂亮转身，新华商圈除了具有商务功能外，更辅以娱乐、餐饮、旅游等配套，在丰富性和集中性上做足文章。不仅吸引了大批的宁夏人，也吸引了内蒙古、甘肃、陕西等周边省区近20万人前来购物，“购物在银川”品牌初具人脉优势，彰显出银川作为现代化区域中心城市的地位。新华商圈以其得天独厚的地理位置，经久不衰的繁荣基底和浓厚的现代时尚都市商圈氛围，在重重新商圈来势汹汹的包围下，仍然处于霸主地位。

2. 崛起的新区商圈，来势汹汹震天响

随着政务机关及企事业单位从稠密的集中区西移，距离城市集中区10余里的西面，与新华商圈遥相对应的另一个市级商业中心新区商圈也即将亮相凤城，成为银川市又一商业重地，其规模、档次毫不逊于新华商圈。

大连万达的入驻，填补了新区缺乏高端购物中心的空白，给城西片区带来的触动首先映射在商业领域。银川金凤万达广场是首个大型城市综合体项目，建成后不仅可最大限度满足市民一站式消费和多元化服务的需求，且大幅度促进了金凤区商圈的升级换代。与之呼应的水上商业航母，拉普斯水上购物广场，吸引了嘉禾影业、物美集团和西安世纪金花等国内商业“大鳄”。

3. 东西两大商圈，后起之秀亮特色

虽然不如新华商圈和新区商圈气势浩大，但作为银川商贸的两翼，东西两大商圈的潜力也不容忽视。

过去西夏区商贸不发达，当地居民购物都要集中在周末赶到新华商圈“淘宝”。近几年，随着城市版图的扩张，西夏区也逐步成为城市发展的主要组成。2008年、2009年，新百、双宝、东港海逸、迎宾楼等较大商贸流通企业入驻西夏区，尤其银川商城的“落户”，使西夏区形成了以怀远路商业中心和同心路市场及浙江商城为主的区域商圈，满足了当地百姓和学子的消费需求。

位于丽景街以东，由宁夏宝丰能源集团有限公司投资建设的中国穆斯林国际商品交易中心暨中国宁夏国际小商品交易中心，与新世纪冷链物流中心、众一物流市场共同构成了又一商圈。其中，中国穆斯林国际商品交易中心经营30万种以上商品，是集批发、贸易、展览、休闲、娱乐、餐饮、酒店、商务办公于一体的商业综合体，将建成高档电影城、西北最好的奥林匹克标准真冰溜冰场、大型海鲜量贩饮食广场、大型儿童翻斗乐广场等。该项目最终目的是将银川建成国际化小商品交易批发中心，形成“东有义乌、南有广州、西有银川”的格局。

目前银川商业地产已摆脱早期的单一业态，多元化、规模化特点尤为明显，大多集购物、餐饮、文化娱乐、商务办公、公寓、高档住宅于一身。这对提升城市形象、增强城市功能、提高城市品位，都有着举足轻重的作用。未来的商业竞争不再是商店与商店的竞争，而是商圈与商圈的竞争，城市商圈所形成的购买力，从一个侧面反映了城市的经济活力，不仅推动了商贸，乃至经济的发展，且缓解了新华商圈的压力，提升了消费环境和档次。尤其是国内知名零售企业的入驻，引进许多银川没有上市的国内、国际品牌，百姓选择空间更大，且对银川市商贸零售形成良性竞争，商品零售价格会有所变化，百姓可从中得到更多实惠。

2.9.3 银川建发集团商业地产项目运营情况

1. 宁夏商都

宁夏商都是由银川建发集团于1993年8月投资建设的，1994年10月投入使用，占地4.2万平方米，建筑面积7.5万平方米，由12栋楼组成，整体建筑采用下沉式设计；开敞式方块城堡型建筑群将仿古连廊与现代化建筑相结合，8条街道四面贯通，形成商业氛围浓郁的街区。以振能、振兴、佳洁、爱得利等知名品牌为主的塑料日杂批发市场，营业面积4800平方米，除了零售以外，现有65家经营户开展了连锁产品配送业务，目前已形成本市固定销售网络。批发毗邻的外省区商品也占有一定的数量。市场前景广阔，有广泛的发展空间。

位于市场的东侧，现有摩托车批发及配件销售经营户54家，代理86种品牌摩托车，产品主要销售到区内外的周边外省区县市。位于市场的西侧，是全区书刊集散地。现有经营户30多家，营业面积达3100平方米，产品销售到区内及周边毗邻省区，是银川市大型的图书批发市场，主要经营批发文学读物、知识类读物、中小学教辅读物，教辅读物中，外语类书籍占有一定比例，销售额稳中有升。位于3、4、5号楼的三层大厅，产品有内衣、袜子、文胸、家居服、床上用品等。著名的品牌有“朵彩”、“红豆”、“曲美”等数百种。位于商都市场3、4、5号楼的四层，汇聚了“华强”、“幸福”、“新天地”等为主的窗帘布料花边装饰、配件装置等23个大展厅，营业面积达到5100平方米。占据了宁夏窗帘布艺、布料批发市场80%的份额。产品种类达数百种，花色繁多，除中式窗帘外，还有不少具有异国情调的欧式窗帘。

2008年商都的成交交易额：7.8亿元；2009年成交交易额：7.3亿元；2010年成交交易额：6.6亿元。

2. 建发家世界

银川建发家世界商业广场创建于2003年，是由银川建发集团股份有限公

司投资建设的宁夏业态丰富、功能完善、规模化、规范化发展的家居建材市场。

广场位于宁夏银川市新华东街和清和南街交汇地带，交通便利，占地面积2.3万平方米，建筑面积6万多平方米，进驻客商300多家，主要经营地板、洁具、橱柜、家具、灯饰、套装门、楼梯、散热器、壁纸、窗帘、家饰、画艺、油漆等十几大类数万个品种。

图2.9-6　银川建发家世界

家居广场已形成了地板、卫浴、橱柜、整体衣柜、门类、楼梯、家具、壁纸、家饰九大精品专区，在宁夏中高端家居市场占有绝对的优势。为消费者提供了一站式购物，又有“先行赔付”做保障，消费者在这里可放放心心购物，明明白白消费。

家装设计广场作为家居广场的有机组成部分，为消费者提供从设计到选材、施工的全程服务。家装设计广场现有9家装饰公司，除了正规的装饰公司之外，还有专业的监理公司，为消费者的装修质量提供了保障。

现有40多家电动自行车专卖店进驻建发家世界，已成为全区最大的专业电动自行车市场。建发家世界经营的品牌电动自行车有捷安特、雅马哈、力帆、永久等，产品不仅风格迥异、新颖时尚，而且质量优良，得到不少顾客的青睐。

在餐饮娱乐广场经营方面突出特色化经营。休闲会所有豪宫花园俱乐部、统领会所、100点俱乐部和贵临商务宾馆；时尚婚纱影楼有台北风情影楼；特色餐饮有老毛手抓、西麦莜面村、巴山蜀地川菜精品馆和庆风楼。

建发家世界 2008 年至 2010 年每年平均交易额达 1.9 亿元。

3. 建发东方红广场

建发东方红广场位于银川市商业最繁华的新华东街，是由银川建发集团股份有限公司投资近 6 亿元开发的宁夏第一座规模宏大、功能齐全的现代综合购物中心，集购物、美食、娱乐、休闲、康体、数码影院等多功能于一体，在宁夏开创了一种全新的消费概念，把宁夏商业的发展提高到了一个新水平。

图 2.9-7 银川建发东方红广场

建发东方红广场 2004 年 4 月开工建设，2006 年 1 月 22 日营业。广场占地 1.7 万平方米，总建筑面积 8.5 万平方米，主体地上八层，地下二层，有近万平方米的室外休闲广场和 300 个泊位的地下停车场。主体内设中央空调、智能化监控系统、广播系统、消防自动喷淋系统，拥有 35 部自动扶梯、垂直客梯、货梯、商场专用供电系统等设备。

建发东方红广场集市民日常消费之大成，功能涵盖方方面面，规划设计上充分考虑了大型购物中心的特点及市民消费的视觉感受和消费心理。广场商业定位于中高档，因此不仅设计精良、布局考究，而且装饰豪华、设备先进。广场全部实行租赁经营，有 3 个品牌主力店、3 个品牌次主力店、5 个旗舰店，近百家商户入驻，年营业额达 6.5 亿元。广场自运营以来，主题餐厅、特色休闲、影院与高档百货的比例搭配，经细节、人性化的服务引导消费取向，营造出和谐、愉悦的购物环境，引领了银川时尚消费新潮流，成为区内外广大消费者理想的购物休闲的新天地。

建发东方红广场 2008 年成交交易额达 8.5 亿元；2009 年成交交易额达

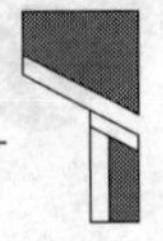

10.3亿元；2010年成交交易额达12.1亿元，呈逐年增长趋势。东方红广场租赁价格2007年为53元/m²、2008年为53元/m²、2009年为54元/m²、2010年为55元/m²，租金呈逐年上涨趋势。

建发东方红广场在2008年获得中国建设行业综合大奖——广厦奖。

4. 建发现代城

图2.9-8　银川建发现代城

建发现代城项目位于银川市兴庆区解放街之中心区域，东临教育巷，西靠进宁北街，南沿解放西街，北临新立巷。

总建筑面积近12万平方米，共28层。地下2层为银川首家1.3万平方米大型地下双层立体停车场；地上26层，其中裙楼1～6层为购物中心，全国百强大型零售企业之一的银川新华百货股份有限公司已签约现代城，运营情况良好；双子塔楼7～26层，西塔楼宁夏黄河农村商业银行已经入驻。东塔楼是为领袖级企业和城市精英量身打造的商务中心。楼宇内配备了现代化的办公智能化系统、先进的通讯传输智能系统、消防报警及联动控制系统、保安监控系统、中央空调新风设备、多部高速客梯和国际水准的物业服务模式，是一个全新的现代化5A级商务中心。该地标建筑打造成为银川领袖企业形象总部和时尚商务空间。现代城东西塔楼整体出租率达92.56%，东塔楼8～27层出租率达70.27%，业主委托公司出租率达53.89%。现代城现写字楼租赁价格在67元/m²左右，市场招商及销售情况运营良好。

经过多年的发展，房地产业发展迅速，随着市场的发展，竞争会越来越激烈，而要在激烈的市场竞争中立于不败之地，了解、把握市场变化及趋势是必需的。以科学的发展观从市场的发展规律来观察和判断目前银川的房地产市场状态，才能使我们保持客观和清醒的头脑，所有的判断依据都要来源于科学、全面的市场数据及严谨的科学态度。